Cuentos para Dormir

Una colección Especial de Cuentos Infantiles de Hadas, Princesas, Unicornios y sus Amigos Mágicos para Hacer que tus Niños se Relajen y Duerman Toda la Noche Evitando Despertarse

Michelle Perry

Índice

La Reina Malvada y el Unicornio 1
El Hada con una Hélice 8
La Primavera Mágica 14
La Sirena del Estanque 21
La Chica del Cabello más Lindo del Mundo 29
La Habitación Prohibida y el Libro Mágico 36
La Magia Del Cerebro Robado 44
El Cumpleaños de la Reina de los Elfos 53
Papá el Demasiado Gruñón 58
No Hay Recompensa sin Trabajo Duro 62
Edward la Oveja del Sueño 66
El Intrépido Wilber 69
Heinrich El Gallo Está Causando Asombro 73
Loris y Loran 78
¿Dónde está Mamá Pato? 83
El Hermoso Cuento de Pascua 88
La Abuela y el Lilius 93
La Noche de Halloween y el Pequeño Vampiro 98
El Conejito de Pascua Happel 106
El Pollo Frida de Headstrong 111
La Historia de las Abejas de Charlotte 116
El Comienzo del Invierno 120
El Abuelo Heinz y la Sirena 124
Un Muñeco de Nieve Salva la Navidad 132
Un Amigo Brillante 139
La Gran Magia del Caballo 146
El Huevo Parlante 156
Buscando Granos de Arena 161
El Tigre de una Belleza única 164

El Príncipe y el Hombre del Bosque	171
Magia en el Cielo	180
Bendición de la Sirena por Amor y un Anillo	184
El Rey Sapo	191
Por Qué las Hojas de Otoño son Rojas	196
Gracias a Dreamweaver	200
Las Aventuras de Billy	206
La Duda Eterna	211
El Robo de la Casa de Luz	216
El Árbol de los Sueños	221
La Oscuridad de los Maniquíes	227
La Sirena Dorada	230
La Tierra de los Elfos	233
La Privación del Sueño	240
La Burbuja Dormida	246
Las Increíbles Historias de los Perros Espaciales	250
El Espejo Mágico	255
Pulgarcita	259
El Patito Feo	274
Bebé de la Jungla	288
La Chica que Ama los Peces	294
La Leyenda del Mar Negro	298
Crazy Goose y Tigerwood	304
Pulgarcito	317
Cueva y Cóctel	329
Las Piedras de Plouvinec	346
Queendom Anait	357
El Festival de los Lamentos	369
Un Niño Pequeño como Sam	371
La Reina de las Hadas	376

La Reina Malvada y el Unicornio

Había una vez una hermosa princesa. Ella vivía en un gran castillo en un reino donde los prados exuberantes y los campos fértiles se extendían por todo el país. El séquito del castillo, así como la gente común, amaba a la princesa por su cálida naturaleza. Pero había una hermana malvada, cuyo entorno no era tan amigable. Era sólo prudente por su bien, pero en realidad era egoísta y a veces insidiosa. No podía soportar que su hermana fuera más bonita que ella, y mucho menos que la gente la quisiera más. Así que siempre pensó en lastimar a su hermana. En el cumpleaños de la princesa buena, la gente lo celebraba exuberantemente, llena de alegría y felicidad. La princesa no quería ningún regalo. Las caras felices de la gente que lo celebraban eran su regalo.

Por otro lado, la hermana malvada, pedía grandes y magníficos regalos en sus cumpleaños, así que la gente trabajaba y luchaba para cumplir las expectativas de la codiciosa princesa. Pero la princesa malvada rechazaba la mayoría de los regalos. No era lo suficientemente noble o bonita. Tiraba los regalos. En sus cumpleaños, tiraba todos los regalos al patio y gritaba: "¿No aman a su princesa? ¡No les queda nada más que basura y paquetes sin amor!

"Cuando la princesa buena veía esto, corría hacia su hermana:

"Pero, hermana, no tienes corazón ni siquiera tú puedes ser tan cruel. El duro trabajo de los artesanos, la ropa hilada es con amor y tú la tiras. "Entonces la princesa malvada se daba la vuelta:

¿Corazón, hermana? Probablemente me estás confundiendo contigo mismo. ¿Un sentimiento amoroso, dices? ¿Han hecho un trabajo duro? Bueno, tal vez nuestros eruditos e hilanderos no han ofrecido suficiente sudor y sangre. O tal vez sólo se están burlando de mí… …y esto se ve porque me traen estos regalos inútiles, querida hermana. ¡Hoy es mi día, y no el tuyo!"

Entonces sonó la fanfarria y se abrió la puerta del castillo. Un regalo único traído de muy lejos. El rey tenía información de que era un ser único que se había encontrado en las profundidades del país. Así que envió a sus leales seguidores a darle a su hija este regalo único. La princesa malvada se apresuró a examinar su bien merecido regalo, uno que finalmente debería coincidir con su singularidad y belleza. Esperó por el regalo perfecto, y entonces vio una pequeña criatura parecida a un caballo.

El pequeño animal tropezó con ella, de forma muy torpe. Pero la princesa estaba indignada:

"¿Debería ser este mi regalo? "Ella lloró.

"Un feo, pequeño y débil caballo. ¿Con un asqueroso abrigo de piel? Incómodo y malformado. ¿Qué le crece en la frente? ¿Una pequeña lanza? ¿Es un caballero y un caballo al mismo tiempo?"

Se rio burlonamente y ordenó al cazador que disparara al animal. El cazador ató el perno a la ballesta y lo preparó para matar al pobre animal por orden de la malvada princesa. El pequeño unicornio, sin embargo, no entendió la gravedad de la situación y saltó temblorosa pero alegremente hacia el cazador. Al mismo tiempo, la princesa buena se precipitó delante del unicornio y gritó:

"¡Alto, buen cazador! Quiero ocuparme de ello."

Pero la princesa malvada apretó sus puños y gritó:

"¡Despeja el camino, hermana! ¡Es mi regalo, y puedo hacer lo que quiera con él!"

La Reina, sin embargo, tomó la mano de su esposo seguida de una valiente intervención - la princesa buena – por lo que el rey se animó y contradijo a la princesa malvada.

"Ya que no lo quieres, tu hermana debería tenerlo. Que el animal no sufra." Dijo, y el cazador se detuvo. La gente aplaudió, y la princesa enojada corrió furiosa a sus aposentos. El tiempo pasó, y las princesas crecieron. Entonces un día sucedió, y el rey y la reina murieron. La princesa malvada heredó legalmente el trono como la hija mayor. Amanecieron tiempos oscuros, cuando la nueva reina gobernó el país con una mano fría y de hierro.

Pero el unicornio floreció más y más espléndidamente. De la pequeña y torpe criatura, ya no se podía ver nada. Incluso la piel del pelaje había desaparecido por completo. Era un magnífico y robusto animal adulto. Grande y con una cola y una melena doradas. El animal estaba completamente dedicado a la princesa buena. Sólo ella podía montarlo. Y cuando lo hizo, el unicornio fue el animal más rápido y noble de todo el país. Y más que eso. El unicornio tenía poderes mágicos. Pero la princesa buena estaba completamente en silencio, porque la magia no era bienvenida y la princesa temía por su amado animal. La reina malvada se molestaba y se afligía año tras año porque algo tan magnífico salía del animal que una vez despreció, y que incluso quiso matar.

Mientras tanto, el pueblo trabajaba día a día y sufría por las frías reglas. La malvada Reina se estaba volviendo codiciosa y adicta al veneno. Todo el castillo fue dorado a mano. Todo parecía ser perfecto. Si no fuera por un magnífico animal con melena dorada, cola y pezuñas doradas, que sería una excelente adición a su riqueza, le habría encantado llamar suyo al unicornio de oro. Pero no podía quitarle el animal a su hermana. ¡La confusión de la gente habría sido demasiado grande! Desafortunadamente, un día la buena princesa cometió un grave error. Debería permitir que la reina malvada se llevara el unicornio dorado. Un día, la buena princesa no pudo soportar más el sufrimiento de la gente y empezó a llevar comida y bebida a los granjeros y artesanos.

Cuando la reina malvada se enteró, se puso furiosa. Pero también se alegró de la oportunidad.

"Estúpido, estúpido corazón el tuyo hermana." Ella susurró. Luego ordenó que la princesa buena fuera encadenada por la traición a la corona. Pero el unicornio debería ser traído a ella. Si es necesario, con violencia. La guardia real se abrió paso entre la multitud para arrestar a la princesa y atrapar al unicornio para domarlo con todas sus fuerzas en caso de oposición. Cuando la princesa buena se apoderó de ella, la gente protestó, y los granjeros y comerciantes trataron de detener a los guardias.

Mientras tanto, el unicornio relinchaba y respiraba. Se rascó las pezuñas delanteras y se levantó. En este frenesí, la princesa buena saltó sobre su animal y se alejó. El unicornio era tan rápido que ningún guardia podía alcanzarlo.

Lejos y a salvo, la princesa buena se sintió aliviada de haber escapado de los guardias reales. Pero le llenó de verdadera tristeza que la gente aún estuviera sufriendo, y ahora probablemente más que nunca. Decidió entregarse voluntariamente y cabalgó hasta el castillo. Allí fueron arrojados al calabozo, el unicornio llevado a la Reina. La Reina estaba encantada. Su hermana estaba finalmente fuera del camino, y el unicornio era suyo.

"Bonito animal. " Ella dijo. "Con una melena y una cola doradas. Ahora eres todo mío. ¡Que así sea! "Se acercó al animal y el unicornio inclinó la cabeza.

"Una señal de sumisión", dijo la Reina. "Eres un animal muy inteligente. "Pero entonces el cuerno del unicornio comenzó a brillar. La malvada Reina se asustó. Pero cuando intentó llamar a la guardia, su lenguaje falló. No salió ni una palabra de la boca real.

Entonces la Reina se congeló y no pudo moverse. Ni arriba, ni abajo, ni a la izquierda, ni a la derecha. Entonces el unicornio dijo, "Has traído mucho daño a este país. Pero tus días están contados, mi Reina. He anhelado este día y ahora finalmente ha llegado. "De repente la Reina se estremeció, y el calor se extendió desde el frío corazón a los dedos de los pies y las puntas de los dedos. De repente comprendió lo malo que era, y eso rompió su corazón congelado. Las lágrimas fluyeron por su cara. Cuánto sufrimiento había causado a su gente y a su familia. ¿Cuántos años esparció el miedo por todo el país? Ahora lo entendía y haría todo de forma diferente, pero el dolor de sus acciones era insoportable. Estaba conectada con el unicornio y hablaba sin hablar.

"Déjame morir, querido animal. Deberías ser libre, como mi pueblo y mi hermana, de todo el sufrimiento que traje."

Pero el unicornio no quería que ella muriera. Quería la perspicacia de la Reina y había conseguido lo que buscaba. Así que hizo que toda la ira, la rabia, el dolor y el sufrimiento de la malvada Reina desaparecieran. Pero el recuerdo de sus acciones quedó en sus manos. La Reina se tiró en el suelo y lloró lágrimas de alegría. Nunca se había sentido tan liberada. Liberó a la princesa buena y desde entonces gobernó el país con su hermana de una manera mansa y misericordiosa. El país floreció de nuevo en todo su esplendor. El pueblo volvió a ser feliz, como lo fue una vez en tiempos del rey y la reina. El unicornio, sin embargo, no se volvió a ver nunca más. Aunque la princesa buena había perdido a un amigo así, sabía que el trabajo del unicornio ya estaba hecho. Y así las hermanas vivieron y gobernaron con dulzura y felicidad hasta el final de sus días.

El Hada con una Hélice

Fabián está presionando el bloque rojo. El helicóptero esta casi terminado. Prepara el motor y la batería. Ahora el rotor. Empuja las grandes partes individuales juntas.

"¿Estás jugando conmigo? "Una muñeca rubia con alas de plástico se posa en la mesa, haciendo que las palas del rotor giren en el aire.

"Puedes tener el hada más hermosa", dice Miri.

"¿Estás loco? "Fabián lanza el muñeco de la mesa y regresa a buscar todos los componentes de su avión.

"¡Has arruinado todo! No estoy jugando con hadas ahora; ¡estoy construyendo mi helicóptero! " Miri recoge la muñeca.

"¡Rompiste un ala! ¡Eres un estúpida!"

"¡Y destruiste mi hélice!"

"Estúpida hélice "Miri pone un trozo de cinta en el ala de su hada y empieza a jugar junto a la mesa. Fabián la observa peinando el cabello de sus muñecas.

¿Cómo puedes jugar con esas cosas como si nada? Se encoge de hombros y se gira hacia su helicóptero. Le falta una pieza del rotor. ¿Dónde podría estar? Oh, ahí está, se deslizó detrás de la caja de lápices. Busca el tornillo que mantiene el rotor unido en el medio y empieza a unir las piezas. Miri canta y deja que sus muñecas de hadas bailen. Sólo quedan dos partes. Fabián empuja una sobre el tornillo y llega a la última. Algo se estrella contra la mesa. Fabián mira fijamente el lugar donde estaba su helicóptero. Sólo quedan unos pocos bloques de construcción… y otra estúpida muñeca.

"¡Miri!" grita Fabián.

"¿Por qué hiciste eso? "

"¿Qué cosa?" Mientras Miri mira hacia arriba.

"Sólo estoy jugando."

"Romper mis cosas no es un juego."

"¡No he roto nada!" y entonces Fabián toma la muñeca.

¡Vaya! Se siente tan diferente de la última. Mucho más suave y cálido.

"¿Y qué es eso?" Miri mira la muñeca.

"No me pertenece." Dice Miri

"Entonces, ¿de dónde viene?" Fabián sacude la muñeca.

"¡Ay! Me has hecho daño", dice una voz.

"La has lastimado", dice Miri.

"Nada daña a una muñeca, está hecha de plástico", explica Fabian.

"Pero lo dice ella misma", dice Miri. Fabián pone los ojos en blanco.

"Las muñecas tampoco pueden hablar."

"Sí, pueden", responde Miri. Al mismo tiempo, la brillante voz suena de nuevo:

"¡Pero no soy una muñeca en absoluto! "La pequeña criatura está ahora pateando sus brazos y piernas y golpeando la mano de Fabián con sus pequeños puños.

"Waah!" Fabián, grita. Miri mientras tanto salta hacia adelante y atrapa la muñeca. Se sacude y dice:

"¡Necesito mucho la miel! "

¿" Cariño"? "Fabián no puede creer lo que oye.

"Traeré un poco", dice Miri.

Pone la muñeca en la mesa. Pone su vestido en su lugar y busca sus alas transparentes. Fabián la mira fijamente. Se ve exactamente como una de las muñecas de Miri, sólo que viva.

"¿Qué eres cuando no eres una muñeca? "Le pregunta a ella. La muñeca gira la cabeza y está mirando sus alas. Ahora mira a Fabián.

"¡Es bastante obvio! ¡Un hada! Me llamo Gloria. "Fabián la mira fijamente. Luego Miri regresa. Pone un plato de miel en la mesa y mira cómo lo hace el pequeño visitante.

"¿Eres un hada? "Entonces ella pregunta. El hada asiente con la boca llena.

"Se llama Gloria", dice Fabián. Miri mira de un lado a otro entre él y el hada.

"¿En serio? "Fabián asiente con la cabeza.

"Sí". Ella dice.

"¿Y por qué te caíste en la mesa?" Miri pregunta.

"Ella no dice nada. "El hada parece estar muy hambrienta.

Mientras lame la placa completamente limpia.

"Siento haberme caído aquí", dice.

"No quise hacerlo. Quería entrar en su rotor para luego poder apoyarme en la lámpara. Se supone que no debo dejar que la gente me vea.

"No se lo diremos a nadie", dice Miri. Fabián sacude la cabeza. No, definitivamente no se lo diremos a nadie. Nadie nos creerá de todas formas.

"¿Estás llena? "pregunta Miri. Gloria asiente con la cabeza.

"Si". "Pero tengo un problema. Un ala se rompió durante el aterrizaje forzoso. No puedo regresar a casa así."

"¿Duele? "Miri pregunta preocupada.

"Para nada", dice Gloria. Señala una grieta en su ala.

"Pero tomará tiempo para que vuelva a crecer." Mientras Miri recoge una cinta.

"¿Podemos pegarlo?"

"¡No!" llama a Gloria.

"El pegamento destruye el polvo de las alas. Entonces no podré volver a volar." Mientras Fabián escuchaba en silencio.

Ahora recogeré todas las piezas del rotor y las atornilla.

"¿Qué estás haciendo? "Pregunta Gloria.

"¡Espera un momento! "Fabián empuja la batería en el motor, pone el rotor en él y saca dos tiras de color de una caja. Las ata al motor.

"Es la mejor hélice de hadas del mundo", dice, ayudando a Gloria a atar el motor a su espalda, con cuidado de no desgarrar su ala.

"Con el botón, se enciende y se apaga el motor. Con esta palanca, cambias la velocidad. Inténtalo", dice. Gloria presiona el botón y el rotor comienza a moverse con una suave sacudida y se hace cada vez más rápido. Gloria responde.

"¡Hurra! "Ella grita alrededor de la lámpara.

"¡Gracias, me has salvado! ¿Pero sabes qué? Ahora que me has visto, podemos seguir jugando juntos."

"¡Oh, sí!" Llama a Miri.

"Claro", dice Fabian. Un hada con una hélice es mil veces más excitante que un helicóptero.

La Primavera Mágica

Durante una semana y tres días, los jirones habían estado volando en la casa de las cuatro estaciones. No porque estuvieran discutiendo… no, no. En la habitación de la primavera, el hada de la primavera siseaba, burbujeaba y estallaba. A veces un humo negro salía de la puerta y las ventanas; otras veces era más blanco. Y de vez en cuando había incluso humo con estrellas brillantes y burbujas de colores. Cuando eso sucedía, la primavera no exultaba inmediatamente, sino sólo después de comprobar la brillante niebla. La primavera era desesperada. La mezcla adecuada de polvo de hadas, que tan urgentemente necesitaba para la magia de la primavera, simplemente no tenía éxito ese año. Las otras tres hadas estaban seriamente preocupadas por su amiga hada.

"La primavera está cayendo este año", dijo la primavera en el desayuno a la mañana siguiente.

"Algo está mal. El polvo de hadas siempre explota cuando lo revuelvo. "Huraña, dejando caer su cuchara en el cacao. La leche con chocolate salpicó en todas las direcciones. Silla, el hada del invierno, de repente tenía manchas marrones por toda la cara.

"Excelente, ahora tienes tus nuevas pecas", dijo el hada de verano Sunny, mientras reía.

"¡No podría haberlo hecho mejor!"

"Muy gracioso", dijo la primavera.

"Suerte para ti. Tampoco es tu turno con tu temporada de magia. Y siempre lo has hecho bien año tras año. Has mejorado aún más." Ella miró celosamente los muchos certificados que cuelgan en la pared. La silla había sido premiada varias veces por su nieve que era particularmente adecuada para los muñecos de nieve. Marine, el hada de otoño, había recibido un premio por su viento de dragón, y Sunny hizo la maravillosa y refrescante tormenta de verano después de un día caluroso.

Sólo la primavera nunca había recibido un certificado. Después de todo, ella había logrado desencadenar la primavera cada año hasta ahora. Pero este año, parecía no tener éxito.

"Si esto continúa, tengo que dejarlo", dijo con tristeza. Chair abrazó a Spring.

"Oh, no digas tonterías", consoló a la pequeña hada de la primavera.

"¡Estoy seguro de que tu magia primaveral estará lista en unos pocos días! "La primavera sollozó.

"Lo siento mucho", susurró en el oído de ella.

"Sé que no puedes ir a la fiesta de los copos de nieve de este año si la primavera no llega pronto."

"Muy bien, Primavera", dijo Chair.

"No estás haciendo esto a propósito. Todavía resisto un poco. ¡Este año los niños pueden ir a pasear en trineo hasta marzo! "La primavera la miró agradecida. Luego volvió a su habitación con la cabeza inclinada.

"Seguiré practicando", murmuró, cerrando la puerta tras ella.

Las otras hadas se miraron entre sí.

"Tenemos que ayudarla", dijo Marine.

"Esto no puede continuar así. ¿Tienes alguna idea de por qué su polvo de hadas no funciona este año? "

"Mm", pensó Sunny.

"Siempre pienso en una sorpresa especial para la temporada. El año pasado añadí un poco más de semillas de flores, ¡y eso hizo que el verano fuera particularmente colorido! "

"Y también olía bien", recordó Chair.

"Siempre cambio un ingrediente", dijo Marine.

"¿Tú también, Chair?" Ella asintió.

"Sí, la receta nunca es la misma", dijo.

"A la primavera le puede faltar un nuevo ingrediente" Pero la primavera tiene que averiguar qué ingrediente es," dijo Marine. Mientras las tres hadas bebían su cacao.

"¡Tengo una idea!" Exclamó Sunny.

"¿Qué piensan si celebramos un festival de primavera? Seguro que le hará cambiar de opinión."

"¡Sí, eso suena bien! "Dijo Marine y Chair al mismo tiempo, riéndose.

"Desafortunadamente, no entiendo mucho sobre la primavera", dijo Sunny.

"Vamos, piensa en lo que piensas de la primavera... "Las dos hadas pensaron mucho.

"Estando afuera, las primeras flores, los rayos de sol." Pensó Marine.

"Buscando conejos de Pascua de chocolate y huevos pintados de colores brillantes en la hierba y el olor a tierra mojada", añadió Chair. Mientras Sunny se rió.

"Genial, eso es mucho", dijo.

"Y hay rollos de primavera con cuajada de primavera para la cena. Y antes de todo, la sopa de primavera," dijo Marine con entusiasmo. Las hadas de las tres estaciones comenzaron inmediatamente a prepararse.

Chair se asomó a su cajón de dulces y exultó: "Oh no, no hay conejos de chocolate, sólo Papá Noel de chocolate". Bueno, vamos a tomarlos." Y como todavía había mucha nieve afuera, prefirió esconder a Santa Claus en las habitaciones. Sunny arrastró todas las macetas a la cocina y regó las plantas extensamente. Pronto el olor a tierra húmeda se extendió por todas partes. Marine trajo todas las lámparas que pudo encontrar e hizo una iluminación festiva de rayos de sol para las macetas. Finalmente, Chair colocó un paquete de rollos de primavera congelados en el horno y revolvió el requesón mientras la sopa se cocinaba a fuego lento en la estufa. Todo lo que faltaba ahora era la primavera. Sunny llamó a su puerta. En ese momento, hubo una explosión dentro.

Sunny abrió con cuidado. El humo negro era tan espeso que Sunny ni siquiera podía ver a la pequeña hada de la primavera. Puso su mano sobre su boca y tosió:

¿Primavera? Deja de lado tus experimentos. ¡Tenemos una sorpresa para ti! "La primavera se acercó, con su cara embadurnada de hollines.

"¿Qué es? No tengo ganas de seguir intentando", dijo.

"Entonces ven", dijo Sunny misteriosamente. Cuando la primavera entró en la cocina, Marine apuntó una de las lámparas a su cara.

"¡Que el sol de la primavera esté contigo de ahora en adelante! "Ella lloró. Chair sostenía una maceta bajo la nariz de la primavera.

"Que el olor de la tierra suave y húmeda te recuerde la nieve derretida y las primeras flores", dijo solemnemente.

"Y que los rollos de primavera llenen tu vientre hambriento", dijo Sunny.

La primavera se rió.

"Eres la mejor. Tengo que admitir que mi mal humor se ha esfumado." Las tres hadas se alegraron de que su sorpresa haya funcionado tan bien. Sunny aplaudió.

"Antes de comer, buscamos el Santa Claus de chocolate de Pascua. ¡Necesitamos un postre, después de todo!" Ella gritó y se fue furiosa. La primavera no lo pensó dos veces y la persiguió. ¡En poco tiempo había encontrado dos Santa Claus! Con orgullo, sostuvo su presa y la vitoreó:

"¡Yo lo tengo! ¡Deliciosas cláusulas de Santa Claus de Pascua!" Exuberantemente, bailó con ellas en su habitación y alrededor del caldero de polvo de hadas. Y otra vez. Y otra vez. Dio tres vueltas alrededor del caldero. De repente, burbujas de colores emergieron de él. Luego hubo un silbido y estrellas de plata bailaron por toda la habitación porque su sorpresa había funcionado tan bien.

"Hu, ¿qué pasa ahora?" La primavera dijo, sorprendida.

"¡Rápido, ven aquí! "Sunny, Marine y Chair corrieron a la habitación de Spring y miraron curiosamente al caldero.

"Bueno, parece que el polvo de hadas lo está haciendo", dijo Sunny. La primavera miró a sus amigos con impotencia.

"Pero ¿cómo es posible?" Preguntó desconcertada.

"Pusiste el ingrediente que faltaba en él", respondió Marine. La primavera sacudió su cabeza. "No puede ser. No hice nada", murmuró, mirando incrédula al polvo rosa y brillante del caldero. Chair se rió. "Sí, has añadido algo. Aunque no lo hayas notado: ¡diversión! ¡Y buen humor!" Los ojos de la primavera se iluminaron.

"¡Tienes razón! "Magia primaveral mezclada con pensamientos oscuros. ¡Eso no podía funcionar!

La Sirena del Estanque

Una vez hubo un molinero que vivía una vida feliz con su esposa. Tenían dinero y bienes, y su prosperidad crecía año tras año. Pero la desgracia llego de la noche a la mañana. A medida que su riqueza crecía, disminuía de año en año, y finalmente, el molinero apenas podía nombrar el molino en el que estaba sentado. Estaba afligido, y cuando se acostaba después del trabajo diario, no encontraba descanso, sino que se revolcaba en su cama con preocupación. Una mañana se levantó antes del amanecer, salió y pensó que eso ayudaría a su corazón. Mientras caminaba sobre el Milldam, el primer rayo de sol acababa de salir, y escuchó algo que crujía en el estanque. Se dio la vuelta y vio a una hermosa mujer saliendo lentamente del agua. Su largo pelo, que había agarrado sobre sus hombros con sus tiernas manos, fluía a ambos lados y cubría su blanco cuerpo.

Vio que era la sirena del estanque y dudó si debía alejarse o detenerse. Pero la sirena soltó su suave voz, lo llamó por su nombre y le preguntó por qué estaba tan triste. El molinero se quedó en silencio al principio, pero cuando la escuchó hablar tan amablemente, se animó y le dijo que, algún tiempo, el había vivido en la felicidad y la riqueza, pero ahora estaba tan débil que no podía entenderlo.

"Tranquilízate", respondió la sirena, "quiero hacerte más rico y feliz que nunca, sólo tienes que prometerme que me darás lo que acaba de convertirse en joven en tu casa". "

"¿Qué podría ser eso," pensó el molinero, "como un perro joven o un gatito?". Y aceptó lo que pidió para que la sirena descendiera al agua de nuevo. Se apresuró a su molino, reconfortado y de buen humor.

Aún no la había alcanzado cuando la criada salió de la puerta principal y le llamó para decirle que se alegrara de que su mujer le había dado un niño. El molinero se paró como si le hubiera caído un rayo, vio que la sirena traidora lo sabía y lo engañó. Se dirigió a la cama de su esposa, con la cabeza gacha, y cuando ella le preguntó.

"¿Por qué no estás contento con nuestro bebe?" Le dijo a quien había conocido y la promesa que le había hecho a la sirena.

"¿Qué bien me me pueden hacer la suerte y la riqueza", añadió, "si voy a perder a mi hijo? ¿Qué puedo hacer? "Los parientes que habían venido a desear buena suerte tampoco sabían qué hacer. Mientras tanto, la felicidad volvió a la casa del molinero. Lo que hacía, tenía éxito; las cajas y cajones se llenaban solos y el dinero en el armario aumentaba de la noche a la mañana.

No pasó mucho tiempo antes de que su riqueza fuera más significativa que nunca. Pero no podía ser feliz por ello. La promesa que le había hecho a la sirena atormentaba su corazón. Cada vez que pasaba por el estanque, temía que ella apareciera y le recordara su culpa. No dejó que el niño se acercara al agua.

"Cuidado", le dijo, "si tocas el agua, una mano sale, te agarra y te tira hacia abajo. "

Pero a medida que pasaba el año y la sirena no volvía a aparecer, el molinero empezó a calmarse. El chico creció para ser un joven y aprendiz de cazador. Cuando terminó de estudiar y se convirtió en un cazador capaz, el señor del pueblo lo tomó a su servicio. Había una chica hermosa y fiel en el pueblo, al cazador le gustaba, y cuando su amo se dio cuenta, le dio una pequeña casa; los dos celebraron su boda, vivieron tranquilos y felices y se amaron con todo su corazón. El cazador una vez persiguió a un ciervo. Cuando el animal salió del bosque al campo abierto, lo siguió y finalmente lo abatió de un disparo. Al notar que estaba cerca del peligroso estanque, después de eviscerar al animal, fue al agua a lavarse las manos manchadas de sangre. Pero apenas la había sumergido, la sirena subió, lo abrazó riendo con sus brazos mojados y bajó tan rápido que las olas se estrellaron sobre él. Cuando llegó la noche, y el cazador no volvió a casa, su esposa se asustó. Salió a buscarlo, y como él le había dicho a menudo que debía tener cuidado con las representaciones de la sirena y que no se le permitiera aventurarse cerca del estanque, ella ya intuía lo que había pasado.

Se apresuró a ir al agua, y cuando encontró la bolsa de su cazador en la orilla, ya no pudo dudar de la desgracia. Llorando y luchando, llamó a su amado por su nombre, pero no sirvió de nada. Se apresuró a ir al otro lado del estanque y lo llamó de nuevo. Reprendió a la sirena con palabras duras, pero no hubo respuesta. El espejo del agua permaneció en calma; sólo la mitad de la cara de la luna la miró fijamente sin moverse. La pobre mujer no salía del estanque. Con pasos rápidos, sin descanso ni calma, ella lo rodeó una y otra vez, a veces en silencio, a veces emitiendo un grito violento, a veces en un suave quejido. Al final, sus fuerzas se acabaron, se hundió en el suelo y cayó en un profundo sueño. Pronto un sueño se apoderó de ella.

Se levantó temerosa entre grandes rocas; espinas y zarcillos se le engancharon en los pies, la lluvia le golpeó la cara y el viento le erizó el pelo largo. Cuando llegó a la cima, hubo una visión completamente diferente. El cielo era azul, el aire suave, el suelo descendía suavemente, y una cabaña limpia se erguía en un prado verde y brillantemente florecido. Subió a ella y abrió la puerta; había una mujer mayor con el pelo blanco que la saludó amablemente. En ese momento, la pobre mujer se despertó. Había amanecido, y ella decidió seguir el sueño. Luchó por subir la montaña, y todo fue como lo había visto por la noche. La mujer mayor la recibió calurosamente y le mostró una silla para sentarse.

"Debes haber tenido un accidente", dijo, "porque estás visitando mi cabaña solitaria". "

La mujer le dijo entre lágrimas lo que le había sucedido.

"Consuélate", dijo la anciana, "quiero ayudarte". Ahí tienes un peine de oro. Espera a que salga la luna llena, luego ve al estanque, siéntate en el borde y peina tu largo pelo negro con este peine. Cuando termines, acuéstalo en la orilla, y verás lo que pasa. "La mujer regresó, pero el tiempo hasta la luna llena pasó lentamente.

Finalmente, el disco brillante apareció en el cielo, luego salió al estanque, se sentó y se peinó su larga cabellera negra con el peine dorado, y cuando terminó, lo dejó en la orilla del agua. No tardó mucho, desde abajo se escuchó un rugido, una ola se levantó, rodó hasta la orilla y se llevó la cresta con ella. No fue suficiente tiempo para que la cima se hundiera hasta el fondo, así que el nivel del agua se dividió y la cabeza del cazador se elevó.

No habló, pero miró a su esposa con ojos tristes. En ese mismo momento, una segunda ola se acercó corriendo para cubrir la cabeza del hombre. Todo había desaparecido, el estanque estaba tan tranquilo como antes, y sólo la cara de la luna llena brillaba en él. La mujer regresó sombría, pero el sueño le mostró la cabaña de la mujer mayor. A la mañana siguiente, se puso en marcha de nuevo y se quejó con la sabia mujer de su sufrimiento. La anciana le dio una flauta dorada y le dijo:

"Espera hasta que vuelva la luna llena, luego toma esta flauta, siéntate en la orilla, toca una hermosa canción en ella, y cuando termines, ponla en la arena; verás lo que pasa." La mujer hizo lo que la mujer mayor dijo. Tan pronto como la flauta estuvo en la arena, rugió desde las profundidades: una ola se levantó, tiró de ella y se llevó la flauta con ella.

Pronto el agua se partió y no sólo se vio la cabeza del hombre, sino también se elevó hasta la mitad de su cuerpo. Extendió sus brazos hacia ella con deseo, pero una segunda ola se precipitó, lo cubrió y lo bajó de nuevo.

"Oh, quien me puede ayudar", dijo la desafortunada mujer, "que sólo miro a mi amado para perderlo de nuevo". El dolor llenó su corazón de nuevo; el sueño la llevó a la casa de la anciana por tercera vez. Se puso en camino, y la sabia mujer le dio un torno de oro, la consoló y le dijo:

"No está todo hecho todavía, espera hasta que llegue la luna llena, entonces toma la rueca, siéntate en la orilla y gira la bobina llena, y cuando hayas terminado, pon la rueca cerca del agua y verás lo que pasa." La mujer siguió todo cuidadosamente.

Tan pronto como apareció la luna llena, llevó la rueca dorada al banco y se mantuvo ocupada hasta que el lino llegó a su fin y la bobina se llenó con el hilo. Pero tan pronto como la rueda se paró en la orilla, se escuchó un rugido aún más violentamente que de costumbre en las profundidades del agua, una poderosa ola se precipitó y se llevó la rueda con ella. Inmediatamente la cabeza y todo el cuerpo del hombre se elevaron con un chorro de agua. Saltó rápidamente a la orilla, tomó a su esposa de la mano y escapó. Pero tan pronto como estuvieron a corta distancia, todo el estanque se levantó con un terrible rugido y se vertió en el vasto campo con una fuerza violenta. Los que huían vieron la muerte ante sus ojos, la mujer en su miedo llamó a la anciana. En ese momento se transformaron, ella en un sapo, él en una rana.

La marea que había entrado no podía matarla, pero los separó a ambos y se los llevó. Cuando el agua se perdió, y ambos tocaron el suelo seco de nuevo, su forma humana volvió. Pero nadie sabía dónde había ido el otro; estaban entre extraños que no conocían su hogar. Altas montañas y profundos valles yacían entre ellos. Para mantenerse vivos, ambos tenían que cuidar de las ovejas. Condujo rebaños a través de campos y bosques durante muchos años y estaba llena de tristeza y anhelo. Cuando la primavera había brotado de la tierra, ambos se mudaron con sus rebaños, y la coincidencia quiso que se acercaran el uno al otro.

Se reunieron en un valle, pero no se reconocieron, pero estaban felices de no estar tan solos. A partir de ahora, condujeron su rebaño lado a lado todos los días, no hablaban mucho, pero se sentían reconfortados. Una noche, cuando la luna llena brillaba en el cielo, y las ovejas ya estaban descansando. El pastor sacó la flauta de su bolsillo y entonó una hermosa pero triste canción. Cuando terminó, notó que la pastora estaba llorando amargamente.

"¿Por qué lloras? "Preguntó.

"Oh", respondió, "así fue también como brilló la luna llena cuando la última vez que soplé esta canción en la flauta y la cabeza de mi amante salió del agua." Él la miró, y fue como si una manta cayera de los ojos, reconoció a su querida esposa. Y cuando ella lo miró, y la luna brilló en su cara, ella también lo reconoció. Se abrazaron y besaron, y fueron felices para siempre.

La Chica del Cabello más Lindo del Mundo

Había una vez un hombre que vendía perfumes. Tenía una hija, Dorine, y la amaba profundamente. Dorine tenía una amiga que era un hada. Tanto Dorine como su amiga hada cantaban muy dulcemente y bailaban mejor que nadie en el reino. Por lo que, eran muy apreciadas por el rey o el príncipe del país de las hadas. Dorine tenía el cabello más lindo del mundo porque era como oro hilado y olía a rosas fresca. Pero su cabello era tan largo y hermoso que a menudo era insoportable. Un día, se envolvió el pelo en grandes hojas y lo tiró al río bajo la ventana. El hijo del rey fue de caza y se fue a beber a la orilla del río, donde una hoja flotante flotó hacia él, exudando la fragancia de las rosas.

La abrió y encontró un montón de pelo como si fuera oro, emitiendo un delicado aroma. Cuando el príncipe llegó a casa ese día, parecía triste y no tan tranquilo que su padre quiso saber si estaba enfermo y le preguntó qué le había pasado. El joven recogió el pelo que encontró en el río. Levantó la mano y le respondió: "Mira, padre, ¿alguna vez ha habido tanto pelo así? A menos que pueda casarme con la chica con este mechón de pelo, ¡debo morir! "Por lo que, el rey envió inmediatamente enviados a todas sus regiones gobernantes para buscar muchachas con pelo como el oro de hilar. Finalmente, se enteró de que era la hija de un comerciante de perfumes. El rumor se extendió rápidamente. Pronto Dorine se enteró de esto. Y le dijo a su padre:

"Si este cabello es mío y el rey quiere que me case con su hijo, entonces debo casarme con él. Pero pídele al rey que me permita hacerlo: después de la boda, aunque me quedaré en casa todo el día en el palacio, espero volver a mi ciudad natal cada noche. "Su padre la escuchó sorprendido, pero no respondió, porque sabía que ella era más inteligente que él. Por supuesto, el rey convocó rápidamente al comerciante de perfumes y le dijo que quería que su hija se casara con el príncipe. El padre bajó la cabeza al suelo tres veces. Él respondió: "Su Alteza es nuestro amo; haremos todo lo que nos pida. La virgen sólo pide hacer esto después de la boda, si se queda en el palacio todo el día, se le puede permitir volver a la casa de su padre todas las noches. "

El rey pensó que era una petición extraordinaria, pero se dijo a sí mismo que, después de todo, era asunto de su hijo, y que la chica se aburriría pronto. Por lo tanto, sin esfuerzo arregló todo rápidamente, y la boda fue un éxito. Al principio, las condiciones que trajo la encantadora boda de Dorine trajeron pocos problemas al príncipe, porque pensó que vería a su novia al menos durante el día. Sólo pudo sentarse en un taburete todo el día y arrodillarse con la cabeza en las rodillas. Nunca pudo convencerla de que dijera una palabra. Cada noche, la lleva a casa una plataforma cubierta, que se lleva a hombros de cuatro hombres, llamada silla de sedán. Cada mañana, Dorine regresaba poco después del amanecer. Sin embargo, sus labios nunca dijeron una palabra, ni mostraba signos de haber visto u oído a su marido todo el día.

El príncipe era infeliz y estaba en problemas. Cuando conoció al viejo jardinero, que servía al bisabuelo del príncipe, deambuló por un antiguo y hermoso jardín cerca del palacio. Cuando el jardinero vio al príncipe, se inclinó ante él y le dijo: "¡Chico! ¿Por qué pareces triste? ¿Qué es lo que pasa?" "El príncipe respondió: "Soy desafortunado, viejo amigo, porque estoy casado con una mujer tan encantadora como las estrellas, pero no me dice nada y no sé qué hacer. Debo llevarla a la casa de su padre, día tras día, mientras en mi casa se sienta como si se convirtiera en una piedra, no importa lo que yo diga o haga, ella no dice nada. "El jardinero le pidió al príncipe que le esperara. Después de un rato, volvió con cinco o seis paquetes y los puso en las manos del chico.

Dijo: "Mañana cuando tu novia salga del palacio, rocía uno de los polvos sobre tu cuerpo. Aunque continúes viendo todo claramente sobre ti, los demás no lo verán. No puedo hacer más, pero tal vez sea bueno para ti que te vayas." El príncipe le dio las gracias y colocó el paquete cuidadosamente en el turbante. La noche siguiente, después de que Dorine dejara la casa de su padre, el príncipe se roció con polvo mágico y la persiguió a toda prisa. De hecho, aunque sintió a todos los demás, como de costumbre, seguía siendo invisible y podía ver todo lo que pasaba. Rápidamente alcanzó el senador y se dirigió a la residencia del perfumista que estaba a su lado. Su novia entró en la casa. La siguió en silencio. Dorine entró en su habitación y colocó dos grandes ollas en la habitación, una llena de perfume de aceite de rosa y la otra llena de agua.

Con estas ropas, se lavó, y luego usó una túnica de plata, envuelta alrededor de la cuerda de perlas alrededor de su cuello, y un ramo de rosas atadas sobre su cabeza. Después de vestirse, se sentó en un taburete de cuatro patas cubiertas con cortinas de seda. Pintó esto a su alrededor. Luego gritó: "¡Vuela, pequeño taburete, vuela! "El taburete se elevó inmediatamente en el aire. El príncipe invisible observó todos estos procedimientos con asombro, lo agarró con una pierna mientras se alejaba volando. Poco después, llegaron a la casa de los amigos de cuento de hadas de Dorine. Como les dije antes, ella también era la favorita del rey del reino de los cuentos de hadas (rajá). El hada se paró en el umbral y esperó, vestida como la misma Dorine.

Cuando el taburete se detuvo en su puerta, la amiga de Xian gritó sorprendida: "¡Por qué el taburete vuela tan torcido hoy! Sospecho que ha estado hablando con su marido, así que no volará derecho." Pero Dorine anunció que no le había dicho nada. No sabía por qué el taburete volaba hacia un lado. El hada pareció desconcertada, pero sin responder, se sentó al lado de Dorine, y el príncipe apretó una pierna con fuerza otra vez. Entonces el taburete se extendió en el aire hasta que llegó al palacio del príncipe Indra. Durante toda la noche, las mujeres cantaron y bailaron delante del príncipe Indra, y el laúd solista fue la música más hermosa que el príncipe había escuchado. El príncipe estaba fascinado por ella. Antes del amanecer, el príncipe envió una señal de parada. Una vez más, las dos mujeres se sentaron en el taburete.

El príncipe apretó una pierna con fuerza y voló de vuelta a la tierra. Dorine y su marido llegaron a salvo a la tienda del perfumista. El príncipe fue directamente al palacio. Cuando superó el umbral de su habitación, se hizo visible de nuevo. Luego se acostó en el sofá, esperando que Dorine llegara. Tan pronto como llegó, se sentó y permaneció en silencio como de costumbre, arrodillada con la cabeza hacia abajo. No hubo ningún sonido durante un rato. Entonces el príncipe dijo: "Anoche tuve un sueño curioso. Aunque se trata de ti, quiero decírtelo, aunque no prestes atención a nada." En efecto, la chica no respondió a sus palabras y se quedó quieta. Pero a pesar de todo esto, continuó contando todo lo que vio la noche anterior, sin dejar ningún detalle.

Cuando él la alabó cantando, su voz tembló, Dorine sólo lo miró, pero no dijo nada, aunque, en su propio corazón, estaba llena de sorpresa. "¡Qué sueño!" Ella pensó. "¿Esto podría ser un sueño? ¿Cómo podría saber todo lo que hice en el sueño? "Ella permaneció en silencio. Sólo vio al príncipe una vez, y se quedó todo el día como antes, arrodillada con la cabeza hacia abajo. Al caer la noche, el príncipe se hizo invisible de nuevo y la siguió. Lo mismo ocurrió de nuevo, pero Dolan estaba cantando mejor que nunca. Por la mañana, el príncipe le contó a Dorine todo lo que vio por segunda vez, fingiendo que soñaba. Acababa de terminar de comer y Dorine lo miraba fijamente. Le dijo: "¿Estás soñando de verdad o estabas ahí? "Estaba ahí", respondió el príncipe.

"Pero ¿por qué me sigues?" La chica preguntó. El príncipe respondió: "Porque te amo, estar contigo es mi felicidad." Esta vez, a Dorine le temblaron los párpados, pero no dijo nada, y permaneció en silencio el resto del día. Pero, por la noche, al entrar en su coche, le dijo al príncipe: "Si me amas, demuéstramelo y no me sigas esta noche. "El príncipe hizo lo que ella quería y se quedó en casa. Esa noche, cuando ella y su amiga hada volaban en el aire, su vuelo era tan inestable que apenas podían mantener sus asientos. Finalmente, el hada gritó: "Sólo hay una razón: ¡Debes estar hablando con tu marido! "Dorine respondió: "¡Sí, ya lo he dicho! "Pero ella no quiso repetirlo.

Esa noche, Dorine cantó tan bien que el príncipe Indra se levantó y prometió pedirle lo que quisiera y se lo daría. Al principio, ella estaba en silencio. Pero cuando él la presionó, ella dijo: "Si insistes, entonces te pediré la flauta mágica. "Después de escuchar esta noticia, Raja no estaba contento con su precipitado compromiso, porque pensaba que la flauta mágica, que tocaba, superaba todas las propiedades. Pero, como prometió, debe tocar bien. Dijo con brusquedad: "No debes volver nunca más, porque una vez que has pedido tanto, ¿cómo estarás satisfecha con regalos más pequeños en el futuro? "Dorine inclinó su cabeza en silencio mientras recogía el laúd. Atravesó la puerta con el hada, donde el taburete les estaba esperando. Está más inestable que nunca, volando de vuelta al suelo.

Cuando Dorine llegó al palacio esa mañana, preguntó si el príncipe había vuelto a tener un sueño. Él se rió; felizmente, esta vez fue ella quien le dijo su libre albedrío. Él respondió: "No, pero empecé a soñar ahora, no lo que pasó en el pasado, sino lo que podría pasar en el futuro." Dorine se sentó muy tranquila ese día, pero cuando el príncipe le habló, ella le contestó al príncipe. Por la noche, cuando se fue, seguía sentada allí. El príncipe se acercó a ella y le dijo en voz baja: "¿No vas a volver a tu casa esta noche, Dorine? "Después de eso, se levantó y susurró: "¡Nunca más! No, ¡nunca más te dejaré! "Por lo tanto, el príncipe se ganó a su hermosa novia. Aunque ninguno de los dos discutió más sobre el hada y su maldición, aprendieron más sobre el mal del amor cada día.

La Habitación Prohibida y el Libro Mágico

En las montañas polacas, había una vez un molinero y sus tres hijas. Lo que más le gustaba a la hija mayor era mirarse en el espejo del estanque, girarse a un lado y posar, levantarse el pelo para ver si era más encantador, y luego sacudirlo suavemente. La hija del medio se pasaba todo el día bailando, saltando, dando vueltas y sumergiéndose. La más joven de las tres hijas del padre era más tranquila. A menudo se perdía en pensamientos o sueños. Pero admiraba a sus dos hermanas y aplaudía a su hermana mayor por elegir siempre un lazo rojo al final de su trenza, y luego daba palmaditas al ritmo de la otra hermana que bailaba a su alrededor. El padre amaba profundamente a las tres hijas, pero a veces esperaba poder enseñarles a leer.

Había pocas personas en el pueblo que sabían leer, pero estaban demasiado ocupadas y eran demasiado importantes para atreverse a preguntar. Además, no tenían monedas extra en sus bolsillos, y aunque pudieran asistir a las clases, no gastarían ese dinero. Un día de otoño, una anciana temblorosa llamó a la puerta del padre y le pidió algo de comer. Él la llevó rápidamente a la casa y le dio un tazón de sopa espesa guisada con salchichas. Después de la cena, la anciana sacó un libro y comenzó a leer para sí misma en silencio. El padre dijo inmediatamente: "Querida mujer, me gustaría preguntarte, ¿has considerado pasar el invierno con mi familia? Tendrías una cama suave y comidas calientes. A cambio, ¿le leerás a mis hijas? "Ambas partes acordaron el horario de primera clase para la mañana siguiente.

La hija mayor habría venido, pero desapareció en el campo esa noche, recogiendo flores silvestres para la fiesta. La hija del medio también vendría, pero el bardo del viaje lleva el acordeón por el pueblo, y no se perdería el ritmo del baile. Sólo la hija más joven estaba allí. Con la gentil enseñanza de la anciana, la niña comenzó a entender los extraños patrones de las páginas. Esa noche, su padre regañó a sus dos hijas mayores. Inclinaron sus cabezas y dijeron que lo sentían, y prometieron venir a la mañana siguiente. Desafortunadamente, después del desayuno, la hija mayor se apresuró a enhebrar y bordar las tapas, la hija del medio tuvo que practicar nuevos pasos de baile en su mente. Por lo tanto, la hija menor volvió a estudiar sola con la anciana.

Las mismas cosas pasaban todos los días y todas las noches, el padre condenó a sus dos hijas mayores, y prometieron tener clases a la mañana siguiente. Pero una cosa u otra dificultaba el aprendizaje, y sólo la hija menor aprendió a leer. Un día, un malvado hechicero vino al pueblo a buscar una esposa. Mirándolo, a ti o a cualquier otra persona, no le parecía ser malvado, sólo parecía rico, así que la hija mayor llamo su atención. Pronto aceptó convertirse en su esposa, y al día siguiente de la boda, el hechicero llevó a su novia a la casa en un castillo lejano. Le dijo que allí podría disfrutar de docenas de ropas y chalecos caros, así como de joyas para decorar su cabello. El castillo encantado es realmente asombroso.

El armario de la habitación estaba lleno de faldas con volantes, delantales, camisas de manga larga y chalecos decorados con cuentas y bordados. Los cajones estaban llenos de bufandas de varios colores y montones de cuentas. En la mayoría de las paredes había grandes marcos para cuadros. La hija mayor estaba contenta y sorprendida por su buena suerte. Un día, su marido dijo: "Necesito irme por un tiempo. Mientras tengas hambre, ve al comedor, siéntate en la mesa, cierra los ojos y apunta lo que quieras comer. Un festín humeante estará ante ti. Pero, "frunció el ceño", tienes que saber una cosa. Nunca debes entrar en la habitación al final del pasillo. Fue fácil acceder a esto, y la hija mayor prometió que nunca haría tal cosa.

Sin embargo, a medida que pasaban los días, después de que la emoción de disfrazarse desapareciera, después de todo, ¿quién se disfrazaba? -La idea de entrar a hurtadillas en la habitación la atrapó. Poco después, no esperaba nada hasta que se aventuró a entrar en la habitación. Pero en el momento en que abrió la más pequeña grieta, ésta se abrió, y ella entró, lo cual fue muy diferente a su voluntad. Entonces, la puerta se cerró detrás de ella, y se dio cuenta de que estaba encerrada dentro. Cuando el hechicero regresó, supo inmediatamente lo que pasó después de salir. Se apresuró a entrar en la habitación. "¡No me obedeces! Exclamó y la señaló: "¡Ya no eres mi esposa!" Al momento siguiente, la hija mayor se convirtió en una curruca amarilla atrapada en una jaula dorada. volvió a la aldea y la dejo con el encantamiento maligno.

Cuando la hija de mediana edad lo vio corriendo hacia la plaza del pueblo, corrió hacia él con ansiedad y le pidió noticias a su hermana. "¿Por qué no nos visitas en persona?" Él dijo. "En mi villa, te interesará saber que tengo la mejor elección de instrumentos musicales de todos los Estados." Ella aceptó felizmente y se despidió de su familia. Cuando el hechicero llegó, le dijo que su hermana mayor había estado en el mercado por un tiempo, pero que volvería pronto. Al mismo tiempo, ella es bienvenida a disfrutar de todo lo que le gusta con los instrumentos musicales del castillo. Le dijo que tenía algo que hacer y que tenía que irse, y le dio a la hija de mediana edad las mismas instrucciones que le dio a su hermana.

Puedes vagar por cualquier lugar del castillo y disfrutar de su satisfacción interior en la mesa mágica, pero en ninguna circunstancia puedes entrar en la habitación al final del pasillo. Al principio, la hermana del medio se contentaba con apreciar y tocar el violín, el acordeón y la flauta. Pero no mucho después, la idea también se le ocurrió, y esperaba vislumbrar la habitación tabú. Pronto, ni siquiera pudo mantener el ritmo de la música, porque la idea de la habitación alejaba todo lo demás. "Oh Dios mío, mejor lo bajo y echo un vistazo a esa habitación. De lo contrario, nunca estaré en paz. "¡Desgraciadamente! Al igual que su hermana, cuando abrió la puerta con la más pequeña grieta, se abrió y la atrajo con fuerza. Luego la puerta se cerró.

Cuando el hechicero regresó, supo inmediatamente dónde estaba la hermana del medio. Se apresuró a entrar en la habitación tabú y gritó: "¡Eres como tu hermana! ¡Compartirás su destino!" Al momento siguiente, se convirtió en un pájaro cantor amarillo en una jaula dorada. Después de regresar a la casa de la aldea durante mucho tiempo, no había ninguna carta de ninguna hermana. La hija menor comenzó a preocuparse. Cuando el hechicero apareció en el pueblo, se sintió aliviada y le hizo algunas preguntas ansiosas. "Oh, son felices. "Él le aseguró. "Están demasiado ocupadas; no tienen tiempo ni para escribir notas. Pero me pidieron que viniera y te dijera que si vienen a visitarnos, les gustará mucho. "La hermana menor aceptó, aunque sintió que no había ninguna hermana que la acompañara. Es extraordinario.

La hermana menor también quedó impresionada por el castillo encantado y la pila de libros en casi todas las habitaciones. Porque, como estoy seguro de que ya has creído, los encantamientos malignos pueden determinar las cosas más preciosas del corazón de la joven y llenar el castillo con estos objetos. El hechicero instó a su hija a que se sintiera más cómoda, diciendo que sus dos hermanas volverían pronto, advirtiéndole que no entrara en la habitación del final del pasillo, y haciéndole saber qué hacer si tenía hambre. La hija más joven podría haber satisfecho el humor de sus dos hermanas durante unos días. Todos los lindos libros ilustrados le permitirían pasar, pero la idea de la habitación al final del pasillo se fue haciendo más y más difícil hasta que no pudo concentrarse en una página más.

"¿Por qué se ve tan espantosa esa estúpida habitación?" Ella pensó. Caminó con cuidado hasta la puerta al final del pasillo. Giró el pestillo tan lentamente que no hizo ningún ruido. Sin embargo, aunque agarrara la puerta e intentara salir, en el momento en que la abrió, la más pequeña grieta se abrió completamente, y la chica entró en la habitación. La puerta estaba cerrada, y un fuerte viento sopló a través de su cabello, haciendo que algo detrás de ella crujiera. Se dio la vuelta y notó que un estante de libros en el medio de la habitación abrió un armario polvoriento, y el viento hizo crujir algunas de las páginas. Mientras caminaba hacia el libro, notó algo más: en un extremo de la habitación había filas de jaulas doradas, cada una con un pájaro cantor amarillo, y todos los pájaros se movían salvajemente.

Cuando lloró por la libertad perdida, la hermana desaparecida y el cruel destino que le esperaba, las lágrimas corrieron y la golpearon. Primero, su hermana mayor se había ido, y luego su siguiente hermana mayor. Entonces, se encontró a sí misma encarcelada en la habitación de los pájaros enjaulados. ¿Podría ser que sus hermanas también estuvieran atrapadas y luego se convirtieran en pájaros? ¿Son otras los otros pájaros? ¿Qué hay del gran libro abierto? ¿Hay alguna pista? Ella buscó en la página con ansiedad. Es un gran libro de hechizos, con horribles ilustraciones dibujadas en los bordes y en períodos que apenas puede leer. ¿Cuál puede disipar el encanto de su hermana? Los pasos distantes indican que el mago estaba entrando en el castillo. Navega frenéticamente por las páginas, hay un hechizo que cautiva de inmediato.

Uno es un hechizo que expresa el deseo más profundo de una persona, otro es de enojo, el siguiente es para domar a un dragón, y otro es para convertir a una criatura en un ratón de cabeza estaba irritada. El sonido de los pasos estaba más cerca y más fuerte que nunca, hasta que el último estallido de ira, el poseedor de la magia entró en la habitación. "¿Cómo te atreves? "Gruñó. Le señaló el dedo de las joyas. La hermana menor gritó inmediatamente: "¡Becker! "Rápidamente, todos los pájaros de la jaula recuperaron la longitud de su cuerpo, incluyendo sus dos hermanas mayores. Viendo la puerta abierta, salieron corriendo y pasaron junto al sorprendido encantador. Después de que la última chica huyera, él maldijo enfadado, y luego se volvió para perseguirlos enfadado. La hija menor lo vio en pánico. Antes de que él las fascinara de nuevo, ella señaló y gritó:

"Reducin Musa Bacteria" -el último hechizo que había visto- el mago se redujo inmediatamente a un pequeño ratón. Las chicas aplaudieron, pero la hija menor sabía que incluso un ratón era peligroso. Una jaula de pájaros se arrastraba detrás de la falda de una niña (después de todo, su hechizo no funcionaba correctamente), así que pronto, la hija menor agarró la jaula, atrapó al ratón en un rincón y lo forzó a entrar en la jaula, la puerta de la jaula estaba cerrada y con llave. La hija menor y sus dos hermanas regresaron a casa, donde abrazaron felizmente a su padre. La hija menor dejó la jaula cerrada, y poco después, su gato doméstico encontró la forma de abrir la jaula y alimentarse con un montón de ratones. Este malvado hechicero fue derrotado. Las hermanas experimentaron una sentida reunión familiar, y desde entonces, todas ellas han vivido felices.

La Magia Del Cerebro Robado

Saludar a dos duendes altos, oscuros y de orejas puntiagudas es una visión extraña. Bajo el arbusto del acantilado, había un bebé que tenía alas y estaba envuelto en una manta. Sólo su pequeña cara desordenada y ninguna alma a su alrededor. "Quiero esas alas", un hada levantó las cejas. "Sí". La otra parte miró a su alrededor. "Nadie puede detenernos. "En un instante, las dos hadas se fueron con los brazos en forma de garras y desaparecieron. Unos minutos después, dos pescadores que navegaban por ahí notaron que la figura de una mujer cayó sobre la roca, con sus mechones dorados caídos. "¡Esto es un asunto trivial!" Uno dijo. Otro dijo: "¡No te detengas! "Retira el separador de la empinada orilla rocosa. "¡Nuestro barco se romperá! "Pero mira, debe estar herida, o peor", dijo el primero.

"No podemos ir a casa a cenar porque sabemos que estaba herida" Por lo que, los dos pescadores, anclaron cuidadosamente el barco en las altas aguas rocosas del acantilado, y luego subieron a la hierba a lo largo de las rocas, y la encontraron todavía acostada en las rocas. "¿Crees que todavía está con nosotros?" La otra parte dijo: "Sí, pero será mejor que la llevemos de vuelta al pueblo lo antes posible. "Las mujeres del pueblo le dieron a la forastera raíces de helecho y té de violeta bañado en suero. Finalmente, la mujer abrió los ojos. "Mi bebé" murmuró. "¿Dónde está mi bebé? "Perdido", dijo una mujer mayor, mirando con preocupación a las otras mujeres. "Te encontré sola. "La joven se sentó derecho, toda aturdida. "¡Está bien! Cuando caminé un rato para traerle agua, até a mi bebé firmemente alrededor de los arbustos.

Debo haber caído en la roca. ¡Mi bebé debe estar todavía allí!". Los aldeanos formaron rápidamente un equipo de búsqueda y rescate y regresaron al acantilado. Buscaron un día entero, y caminaron arriba y abajo por el sendero, a través de toda el área, preguntando a todos los que pudieron encontrar. Pero nadie sabía nada sobre el bebé encontrado en el acantilado. Uno de los pescadores tuvo que darle a su madre esta desafortunada noticia. Dijo, "Vive con nosotros en nuestro pueblo. Este puede ser tu nuevo hogar. Tenemos mucha gente buena. No hay ninguna ambigüedad. Pronto tendrás otro bebé. Contuvo la respiración. "Gracias. Sé que tienes buenas intenciones. Pero ahora tengo que encontrar a mi bebé. "Así que la mujer fue de la granja al pueblo y buscó y preguntó a todos los que conoció sobre su bebé perdido.

Mientras su pelo revoloteaba y había una expresión de locura en sus ojos, mucha gente pensó que estaba loca; tal vez estaba un poco loca. Un día, la mujer entró en el campamento gitano. "¿Dónde está mi bebé? ¿Alguien puede ayudarme? "La mujer se veía tan sola y cansada. Una madre con tres hijos se compadeció de ella. Llamó a la joven a la tienda. Lavó los pies de la visitante y la alimentó de su olla. "¿Dónde está mi bebé? "La chica sólo podía decir. La joven madre dijo: "No lo sé. Pero mi abuela es la mujer más inteligente que conozco. Si alguien puede ayudarte a encontrar a tu bebé, es ella." Se llevó a la joven a otra tienda. Dentro había una anciana arrugada, vestida de negro de pies a cabeza, sentada en una mesa. La abuela escuchó esta triste historia.

Sin decir nada, sus manos agarraron fuertemente la mano de la chica. Se sentaron allí, tomándose de las manos hora tras hora hasta que cayó la oscuridad. A medianoche, la abuela recogió hierbas de la cesta y las roció en el fuego. El fuego se elevó y el humo espeso de las hierbas ardientes se cernió sobre la cabeza de la anciana gitana. Cerró los ojos y escuchó el sonido del fuego. Cuando desapareció, volvió a tomar la mano de la muchacha. "Abandona tu búsqueda, pobre chica", dijo la abuela con tristeza. "Porque las hadas te han robado el niño. Vive con ellas. Será mejor que lo aceptes. Las hadas son mucho más fuertes que nosotros mortales. La mujer se quedó en silencio. Luego dijo oscuramente: "Si no puedo recuperar a mi bebé, mejor muero". "¡No!"

La vieja abuela la hizo llorar. "Tal vez haya una manera... "¡Ah, tan simple como eso!" Dijo la antigua abuela gitana.

"Las hadas son gente vanidosa, disfrutan de cosas raras y bellas, pero no del arte. Si ven cosas bellas, escasas y extraordinarias, las querrán. Y, si tienen algo tan inusual, podrías negociar con ellas, pero esto es algo que no es igual en ninguna parte del mundo. Me temo que necesitarás dos tesoros, uno para entrar en la colina de las hadas donde viven, y el otro para negociar por tu bebé. "La anciana suspiró. "Y, el tiempo para conseguir dos tesoros es corto. ¡Si sólo fueran diez años! Pero la verdad es que dentro de diez días, las hadas se reunirán para elegir un nuevo gobernante para la próxima vida.

Después de eso, ¿quién sabe dónde podría estar su bebé? Ahora, "ella dijo", sólo puedo hacer más por ti. "La vieja abuela gitana puso su mano en la cabeza de la niña y lanzó un hechizo para protegerla del fuego, la tierra, el viento y el agua. Son impotentes; se despiden. La idea de que finalmente encontrara a su hijo despertó su instinto. Entonces, de repente, se siente como si hubiera golpeado el acantilado de nuevo. Estaba tan débil, ¿cómo podía conseguir tesoros raros y exóticos? Su cabeza daba vueltas, y puso su mano en el árbol para estabilizarse. ¿De qué hablará la gente sorprendida? Todo lo que podía pensar eran dos objetos excepcionales de los antiguos reyes: la famosa capa blanca del Rey Bachman y la cuerda dorada del Rey Ride.

De repente supo qué hacer. Se fue directamente a la orilla, donde anidaban unas aves marinas llamadas patos. En la playa se encuentra el plumaje del pato. Las suaves plumas del pato cayeron del pecho, y las delicadas plumas blancas se deslizaron de las alas. Se arrastró arriba y abajo por las rocas, recogiendo las plumas de algodón y las plumas blancas. La roca afilada le arañó el pie pero no le atravesó la piel, el sol ardiente le quemó el rostro, pero no hizo que su cara se enrojeciera. El viento rompió las olas en las rocas, pero su ropa y sus piernas permanecieron secas. Ah, pensó con agradecimiento que el hechizo de la abuela gitana la había salvado de los efectos adversos del barro, el fuego, el viento y el agua. La mujer reunió todo el plumón y las plumas que necesitaba. Entonces comenzó a tejer una gran capa.

El manto era tan suave y grueso que parecía sacar una nube del cielo. Luego, para decorar el borde alrededor de la cubierta, tejió las delicadas plumas blancas alrededor del borde. Hizo tres cortes rápidos y se cortó el largo cabello rubio que le caía hasta la cintura. Guardó un mechón de seda para usarlo más tarde y luego tejió el resto en un borde similar a una pluma para hacer flores y hojas doradas, todas brillantes. Trabaja día y noche, no había momento que perder. Después de coser la última puntada, dobló cuidadosamente la suave capa blanca, la colocó bajo el arbusto y volvió al mar. Al llegar a la playa, la mujer buscó una forma de hueso adecuada para construir el arpa. Afortunadamente, encontró un hueso curvado que fue arrastrado por las olas a un estado muy suave y perfecto, similar al marfil.

Puso los huesos de nuevo en los arbustos y los ató juntos para hacer un marco de arpa. De la hebra de pelo que había dejado antes, tejió cada pequeña lana en finos hilos y luego retorció varios hilos finos para formar una cuerda resistente y elegante. Apretó la línea y ajustó el tono. Cuando recogió la nota, estaba llena de anhelo y tristeza, e incluso el pájaro que volaba hacia el mar se detuvo en el aire y levantó la cabeza para escuchar. La mujer se envolvió el manto alrededor de los hombros, abrazó el arpa delante de su pecho, y luego se fue al montículo donde el hada. Cuando estaba viajando, los aldeanos se hicieron a un lado para dejarla pasar, presentando sus respetos a la princesa.

Pero no encontró nada y siguió conduciendo por la carretera y el camino con los ojos al frente. Finalmente, cuando salió la luna, llegó a la entrada de Kiangsi. Extendió la capa ondulada en el camino y se hizo a un lado. Pronto, un hada se acercó a ella. El hada la señaló. "¡Tú! No se permite a nadie aquí. ¡Andate ahora!" El hada notó la capa blanca. "Bien", "Guardián del descubridor". "Se agachó. "¡No!" Dijo la mujer. "Esto es mío. ¡No puedes tenerlo!" Rápidamente tomó la capa del suelo y la envolvió alrededor de sus hombros para hacerla girar sobre su cuerpo, con sus pliegues brillando al sol, y el hilo de oro brillando. "¡Persona real, no seas estúpido! Te daré unos cuantos hilos dorados." Esta capa no está en venta.

Esto está bordado con mi pelo rubio. ¡No existe tal chal en el mundo! "¿No hay mucho oro?" Se burló del hada. "Me haces reír… todos se derrumbaron cuando el oro brilló. Muy bien, te llenaré los bolsillos con oro, y entonces podrás sujetar todo con fuerza. ¡Allí! ¿Estás satisfecho ahora?" Repitió: "La capa no vende ninguna cantidad de oro ni a un precio regular. "¿Y entonces qué? "Dijo el hada, sintiendo que podía regatear. "Llévame a un montículo de cuento de hadas. Esa capa será tuya, y serás bienvenido. "Es una tontería. "El hada murmuró para sí misma, pero abrazó a la mujer con fuerza, y entraron juntos al montículo del cuento de hadas. Después de registrarse, el duende tomó la suave capa blanca del hombro de la chica, y la chica sonrió.

Miró hacia atrás y vio al hada mostrando su máscara, rodeada por un grupo de otros elfos altos y oscuros, acariciándola, rogándole que se la probara una vez. Pero la mujer tenía el arpa en la mano y caminó en línea recta hasta llegar al borde del montículo del trono alto. Sentado en el trono había una criatura alta, tabú, con la oreja en punta, sus cejas fruncían el ceño profundamente, y ella se dio cuenta de que debía ser el nuevo rey de las hadas. Tomó el trono sin miedo. "¡Te atreves a acercarte al trono! "El rey siseó. "La mujer señaló al hada que la había aceptado. El hada de blanco se volvió y dijo: "Su Alteza Real, ella entró conmigo. "El rey frunció el ceño. "Entonces, ¿quién es ella? "

Dijo, asintiendo con la cabeza al arpa que estaba sujetando el pecho con fuerza. "Es mi arpa", dijo. El rey se encogió de hombros: "Tengo muchas arpas. "La mujer dijo: "No es así. "Tiró de algunos acordes y sonó una nota tan pura y extraordinaria que aturdió al rey. "Hada, ¿me estás dando esto como un regalo?" Russ dijo rápidamente: "El arpa puede ser un regalo en circunstancias apropiadas. "No puede ser vendida a un precio regular." El rey se encogió de hombros: "No es nada, pero es un arpa normal, ya sabes. "Echas mucho de menos tu juguetito. "Luego añadió astutamente: "Pero puedo quitártelo. Llévatelo. ¿Qué es lo que quieres?" Russ dijo: "El arpa superó el precio. "Estaba tejida con mi pelo rubio. Para mí, sólo hay un trato interesante. "

El rey arqueó una ceja. "¡Mi bebé!" Ella dijo. "Dame a mi bebé, lo dejé en la manta del acantilado negro. Devuélveme a mi bebé. ¡El arpa es tuya! "¡Tonterías! "No tenía prisa por soltar al bebé con alas. Ordenó a unas hadas que trajeran oro, y luego apilaron un montón de preciosas pepitas de oro en los tobillos de la mujer. Sonrió y dijo: "Por supuesto, esto es suficiente para cubrir el costo de un arpa ordinaria. "¡Oh, no quiero tu oro!" Ella lloró. "¡Mi bebé! Quiero a mi bebé,

¡nada más! "Chasqueó su dedo, y más hadas trajeron más gemas. Esta vez las esmeraldas y los rubíes se apilaron en el oro hasta que una gran pila de joyas se elevó hasta su cintura. Ella miró fijamente al rey sin mirar las joyas.

Dijo con ojos de acero: "¡Mi bebé! ¡Dame a mi bebé, nada más! "Cuando la vio incapaz de moverse, el rey gruñó: "Entonces, niña, ¿qué quieres? "Dijo: "Dame a mi bebé primero, y luego te daré el arpa", ella lo sabía bien y estaba dispuesta a soltar el arpa, o de lo contrario, nunca volvería a ver a su hijo. El rey chasqueó su dedo. Pronto, el bebé fue llevado a él. El bebé reconoció inmediatamente a su madre y extendió su mano. La mujer agarró el arpa con fuerza y levantó su barbilla. Repitió: "Primero cúbreme. "Entonces, el bebé regresó con su madre, y la mujer le dio el arpa al rey. Él tocó algunos acordes, y sonó la más fina y dulce melodía que se escucha en el reino de los cuentos de hadas. Todas las hadas se reunieron y se alegraron con el talento del nuevo rey y se asombraron.

Sosteniendo a su hijo, la mujer se apartó del rey, se escabulló de la colina de las hadas y caminó hacia el pescador que la cuidaba tan tiernamente. Para su deleite, regresó a su pueblo, ¡con su bebé! Es donde la mujer y su pequeño bebé vivieron felices durante muchos años.

El Cumpleaños de la Reina de los Elfos

Las dos niñas elfas Luna y Violina se sentaron en una rama sobre el río y lavaban sus ropas de domingo. "Mañana es el momento", dijo Luna. ¡Estoy tan emocionada! "Violina asiente con la cabeza. "Yo también. Nunca hemos tocado delante de tanta gente. ¡Y también para el cumpleaños de la Reina Elven! Esperemos que todo salga bien. "Luna sonríe. Todo saldrá bien, seguro. Al menos eso es lo que ella espera. ¡Después de todo, practicaron tanto! Ella saca su vestido del agua. Está bordado por todas partes con brillantes notas de plata, como debería ser para un duende cantor. La falda brilla al sol. "Hecho", llama Luna. "¡Lo colgaré para que se seque! "Entonces Violina levanta su vestido del agua. Como es una elfa violinista, pequeños violines dorados bordan su vestido. Luna y Violina rápidamente cuelgan su ropa sobre un rosal.

¡Cuando se secarán, olerán a rosas preciosas! "¿Vamos a ir a la isla otra vez y hacer algo de práctica? "Pregunta Violina. Luna está de acuerdo. Se suben a su bote de flores y agitan sus alas. Llegaron a la pequeña isla en poco tiempo. "Qué bueno que ninguno de los otros elfos pueda oírnos aquí", dice Luna.

Eres el duende más hermoso de aquí,

Gracias por su amabilidad.

Nos gobiernas de forma real,

todos los elfos te aman.

Le deseamos

sol y suerte y bendiciones en su camino!

Los pequeños elfos practicaron su canción una y otra vez. Pronto, muchos pequeños escarabajos, orugas, abejas y mariposas se reunieron a su alrededor, escuchándolos embelesados. Aplauden con entusiasmo una y otra vez. Y Violina y Luna seguían cantando. Ni siquiera se dieron cuenta de que el sol se estaba poniendo y sus oyentes desaparecieron uno a uno. Cantan y tocan hasta que finalmente se duermen, y a la mañana siguiente son despertadas por el zumbido de un abejorro gordo. Violina presiona cansadamente a su abejorro peludo. "¡Cállate, viejo despertador! "Gruñe con sueño. "Bueno, tengo que pedir mucho", se queja el abejorro indignado. Violina abre los ojos sorprendida. ¿Cuánto tiempo lleva sonando su despertador? Entonces descubre que no está en su cama.

"Oh querido", llama en voz alta y sacude a Luna en el hombro. "¡Luna, nos quedamos dormidos! ¡Tenemos que darnos prisa! El festival está a punto de comenzar, y queríamos ayudar con los preparativos. "Luna asiente con la cabeza adormecida. Violina presiona el violín en su mano y lo empuja hacia el barco. Luego lo dirige rápidamente a través del río hacia su ropa. "Aquí, todavía están un poco húmedos por el rocío de la mañana, pero puedes ponértelos", dice Violina y le entrega su vestido a Luna. Los ojos de Luna están todavía medio cerrados. "Bueno, podrías ser un gorro de dormir para mí", murmura Violina y ayuda a Luna a ponerse el vestido. Luego continúa dirigiendo el barco hacia el recinto ferial. Eres afortunada. El festival aún no ha comenzado, y los preparativos están en pleno apogeo. Todos los elfos tienen algo que hacer y corren con entusiasmo.

Largas mesas con techos blancos se encuentran alrededor del gran escenario. Algunos elfos traen vasos de cristal brillante a las mesas; otros distribuyen cubiertos de plata. Los elfos con altos sombreros blancos de chefs colocan enormes pasteles con fresas y cerezas en las tablas. Y los elfos más pequeños se escabullen entre ellos y esparcen flores de colores. Junto al escenario está el trono de la Reina elfa, que ya está adornada con flores. "¡Oh, ¡qué bonito! "Violina susurra. "Vamos, Luna, practiquemos de nuevo rápidamente", dice, alcanzando su violín. "¡Uno, dos, tres, ya! "Pero ¿qué es? Sólo se oye un graznido. Luna ha abierto bien la boca, pero no sale ni un solo sonido. Se esfuerza tanto que su cabeza se pone completamente roja. Violina también trata de obtener algunos sonidos hermosos de su violín.

Pero sólo hay un chillido fuerte. "¿Qué será? ¿Es esa tu sorpresa. El maestro elfo Chacal se para detrás de ellos y se ríe. "Oh, Sr. Chacal, tiene que ayudarnos", dice Violina desesperadamente. "¡Dormimos afuera esta noche, y mi violín se empapó de la cuerda! Y creo que Luna se resfrió; ¡no puede hacer ningún sonido! "Gruesas lágrimas de elfo ya están rodando por las mejillas del violín.

El Sr. Chacal pone cómodamente su brazo alrededor de sus hombros. "Oh, lo tendremos enseguida", dice tranquilizadoramente. "Puedes tomar prestado mi violín; lo traeré de casa. Y Luna primero bebe té caliente. "Violina asiente y le trae té a Luna. Los elfos se sientan tristemente en una sábana, esperando al chacal maestro y bebiendo té. "¿Ya puedes decir algo? "Violina pregunta después de cada sorbo que Luna toma. Pero Luna sacude la cabeza una y otra vez. Finalmente, el Sr. Chacal regresa. Le da a Violina su violín. "Aquí, practica un poco más para que puedas cuidarte", dice con una sonrisa. Violina acaricia cuidadosamente el arco sobre las cuerdas. Pronto suena perfecto. "Es una lástima que no puedas prestarle tu voz a Luna", dice Violina con tristeza. "Sí, eso estaría bien" dice Luna. El Sr. Chacal sonríe. "¿Por qué se ríe? "Pregunta Luna. "¡No es gracioso! "

El Sr. Chacal sonríe aún más. "¡La voz ya ha vuelto! ""Claro" ", dice Luna, "¡Dije algo! "Ahora ella también tiene que reírse. "Bien, ahora rápido a sus asientos", murmura el Sr.

Chacal. "La reina elfa acaba de llegar; ¡el festival está empezando! "Ni siquiera se han dado cuenta de que todos los demás elfos ya están sentados en las mesas. La reina elfa está ahora caminando majestuosamente hacia su trono.

Luna y Violina se lanzan al escenario. Ellas esperan excitadas detrás del telón hasta que es su turno. El duende ceremonial está diciendo: "Querida Reina, estamos encantados de que celebre su 127 cumpleaños con nosotros. Todas las hadas te felicitan de todo corazón y te desean una maravillosa celebración. Y al comienzo de nuestro aniversario, dos pequeños elfos quieren que recites el poema por ti misma. ¡Levanten el telón para Luna y Violina! "

Los dos elfos dan un solemne paso adelante. Luego tocan y cantan su pequeña melodía. Suena hermoso y mágico. Todo el pueblo de los elfos aclama, e incluso la Reina dice que es la canción más hermosa que ha escuchado. Los pequeños elfos brillan. Se abrazan y saludan agradecidos al Sr. Chacal. ¡Nunca han sido tan felices en sus vidas!

Papá el Demasiado Gruñón

Leandra está poniendo sus peluches en la cama de su cuarto de niños. Hasta hace unos minutos, todavía era la anfitriona de una glamorosa fiesta de cumpleaños. Debido a que su osito de peluche tiene un año de edad, se puso su tiara y sirvió el té como una princesa. Después de que su orgulloso oso gruñón se comió todo el pastel sola, Leandra decidió terminar la fiesta. Reprendió brevemente al oso y se disculpó con Frosch, la rana y Schilt, la tortuga. Justo cuando Leandra ha puesto todos los peluches en su cama, su madre entra en la habitación. "Bueno, mi pequeña princesa, ¿estás jugando con tus peluches? "Leandra sacude la cabeza. "Ahora no", dice. "El orgulloso oso gruñón se comió todo el pastel él solo. Frosch y Schilt no tienen ni una sola miga. La fiesta ya ha terminado. Ahora lo tiene"

La madre acaricia a Leandra en la cabeza. "Bueno, tu orgulloso osito de peluche es casi tan gruñón como papá. " Ella se ríe. "Pero eso encaja bien. Papá acaba de llegar a casa y se muere de hambre. Lávate las manos rápidamente para que podamos comer. "Cuando Leandra sale del baño, mamá y papá ya están sentados a la mesa. Papá ya tiene la primera rebanada de pan en su plato. Leandra pone sus pequeñas manos en sus caderas y se queja: "Papá malo. Espera a que todos estén sentados a la mesa. "Entonces mueve su dedo índice, va a su asiento y se sienta. "Eres tan codicioso como mi osito de peluche. "La madre tiene que sonreír. "Y no sólo eso. "Dice la madre y hace un mohín. Luego dice con voz profunda: "Hoy, papá también está más gruñón que de costumbre. Demasiado gruñón. "

Y acaricia la mejilla del padre con su mano. Entonces Leandra se ríe: "Ahora lo entiendo. ¡Papá es demasiado grande para ser un cultivador! "Cuando la madre de Leandra oye eso, también tiene que reírse. El padre mira a Leandra con curiosidad: "¿Yo soy qué? "Luego pregunta. "Bueno, papá, no hables con la boca llena. "Leandra agita su dedo índice de nuevo. "Eres demasiado grande para crecer. ¿No sabes lo que es eso? "La madre apenas puede evitar reírse, y el padre deja de comer ahora. "¿Qué pasa ahora? "Él pregunta. Pero la mamá no tiene suficiente aire para responder, volando la mano frente a su boca, jadea. "Lo siento, cariño, pero es muy gracioso. Sólo te imagino como un cultivador. "Después de unos minutos, la madre tiene lágrimas en los ojos por reírse. Pero se ha calmado y puede volver a hablar:

"Este es un cuento para niños. "Leandra inmediatamente comienza a contar: "Hay un oso en el bosque, y zumba, y lo hace a menudo y… "La madre de Leandra la interrumpe. "Tu papá no vendrá por ti tan rápido. Tal vez debería contar la historia, querida. "Leandra asiente con la cabeza y se desliza excitada de un lado a otro de su asiento. La madre apenas puede dejar de reír y empieza a contar la historia. "Había una vez un oso que vivía en un bosque. Como este oso gruñía el doble que los demás, todos lo llamaban Gruñón. Un día el oso gruñón tuvo ganas de ir a dar un paseo. Así que se adentró más en el bosque. Entonces conoció a otro oso. "¿Quién eres? "Preguntó el otro oso. "Soy el oso que gruñe. Porque gruño el doble que los otros osos", dijo el oso gruñón.

"¿Y quién eres tú? "Soy el gruñón gruñón. "Respondió el otro oso. "Porque gruño tres veces más que los otros osos. "Y así, los dos siguieron juntos. Luego conocieron a otro oso. "¿No quieres preguntarle al oso cómo se llama? "El oso gruñón le preguntó al oso gruñón. Y el gruñón le preguntó al otro oso su nombre. "Yo soy el oso gruñón. Porque gruño cuatro veces más que los otros osos. "Respondió el otro oso y se unió al gruñón y al oso gruñón. Entonces, los tres continuaron. Luego se encontraron con otro oso. "¿No quieres preguntar cómo se llama? "Preguntaron al oso gruñón. El oso gruñón sacudió la cabeza y le preguntó al oso gruñón si quería preguntarle cuál era el nombre del otro oso.

Entonces, el oso gruñón le preguntó al otro oso su nombre. "Yo soy el oso gruñón. Porque gruño cinco veces más que los otros osos. "Dijo el otro oso. Luego miró tristemente al suelo y dijo: "Pero mi nombre es tan largo que nadie puede recordarlo. "

Entonces el oso gruñón asintió con la cabeza: "Sí, así es. El nombre es demasiado largo. Eso no es posible. "Y el gruñón dijo: "Hay demasiado gruñido ahí dentro. "Y el oso gruñón añadió: "Sí, hay demasiados gruñidos. "Luego pensó por un momento. "¡Ya lo tengo! "Gritó. "A partir de hoy, eres simplemente demasiado gruñón. "Y así, el gruñón, el oso gruñón, el oso gruñón gruñón y el oso demasiado gruñón siguieron juntos. Pero no se adentraron más en el bosque. Porque quién sabe qué otros osos gruñones habrían encontrado allí. "Leandra aplaude. "¡Grande mamá! ¿Ves papá? ¡Eres demasiado gruñón! "Y esta vez todo el mundo tiene que reírse. El papá de Leandra también: "Oh, querido. "El padre de Leandra dice.

"A menudo soy demasiado grande para crecer, ¿no es así? "Sí", se ríe Leandra. "Pero todavía te queremos. ¿Es cierto, mamá? Y la mamá se ríe y dice con voz profunda: "Por supuesto que amamos a nuestro oso demasiado gruñón". "Ahora todos pueden volver a reírse de corazón antes de que Leandra se vaya a la cama. Pero no tiene que dormirse sola. Porque Papá el Demasiado Gruñón le lee un cuento de buenas noches. Leandra se acurruca en sus brazos, escucha un poco más y antes de darse cuenta, ya se ha dormido.

No Hay Recompensa sin Trabajo Duro

Había una vez un hámster y una ardilla que vivían en el bosque. El hámster era muy trabajador e hizo todo el trabajo inmediatamente. La ardilla, sin embargo, era muy perezosa. Prefería disfrutar de la vida; sin todas las tediosas tareas que las ardillas tenían que hacer. Cada otoño, los animales comenzaron a recoger provisiones para la hibernación. Ardillas, hámsteres, ratones y osos se retiraban a un acogedor escondite en invierno para dormir mucho allí. Sólo cuando tenían hambre se despertaban para comer. Y tenían que tener algo para comer. Así que las ardillas, hámsteres, ratones y osos recogieron toda la comida que pudieron encontrar y la escondieron en varios lugares. En árboles huecos, nidos de pájaros vacíos, en el suelo o bajo las piedras. Recogieron más de lo que necesitaban. Porque podría ser que otros animales encontraran el alimento escondido y, sin saberlo, tomaran el alimento de otro.

O se olvidaban de algunos escondites. Eso podría suceder… había muchos. Así que el hámster recogió todo lo que pudo. Pero la ardilla era perezosa. No tenía ganas de recolectar todos los días. Prefería jugar junto al arroyo o tumbarse en la hierba. Cuando llegó el invierno, la ardilla notó que era bastante tarde y comenzó a recolectar. Por supuesto, no había suficiente tiempo, y la ardilla estaba muy preocupada. Le preguntó al hámster si quería compartir. El hámster dijo: "¡Podrías haber recogido lo suficiente tú mismo! ¿Por qué no lo hiciste? "Pero la ardilla no tenía excusa y respondió: "Tenía tantas otras cosas que hacer. Por eso no lo logré. Por favor, querido hámster, tienes más de lo que necesitas. ¿O debo morirme de hambre? "Muy bien", dijo el hámster, compartiendo sus provisiones con la ardilla.

La ardilla estaba feliz y pensaba: "Qué hámster tan estúpido. Eso fue fácil. ¡Lo haré de nuevo el año que viene! "Cuando llegó el siguiente otoño, el hámster estaba ocupado otra vez recogiendo comida de hibernación. ¿Pero qué era eso? El hámster vio a la ardilla acostada en la hierba durmiendo. "¿Qué estás haciendo ahí? ¿Por qué no recoges nada? "Preguntó el hámster. La ardilla se asustó, pero una vez más no tenía excusa: "¿Te asustaste hámster? "Me estoy tomando un descanso ahora mismo porque he recogido mucho", dijo la ardilla. Cuando llegó el invierno, la ardilla no había recogido ni una nuez, ni un hongo, ni un cono, ni una semilla. Con una sola nuez en sus manos, la ardilla fue donde el hámster y le dijo: "¡Oh, querido, querido hámster, me han robado toda la comida! Esta nuez es todo lo que me queda. ¿Qué voy a hacer ahora? Tienes más de lo que necesitas, ¿no? "

El hámster asintió con la cabeza: "¿No tienes nada? "Preguntó. La ardilla respondió: "Ni una nuez, ni un hongo, ni un cono o una semilla. "El hámster dijo: "Este año no he encontrado tanto como para que sea suficiente para dos. "Entonces la ardilla se enfadó: "¿No encontraste suficiente para dos? ¿Por qué no dijiste nada antes? Eso es bastante malo de tu parte, hámster, ¿lo sabes? ¡Si lo hubiera sabido, me habría recogido! "Entonces el hámster dijo: "¿No has recogido nada? "La ardilla tragó saliva cuando se dio cuenta de que se había regalado: "Bueno… bueno. Tenía mucho que hacer, y luego había poco tiempo. "El hámster se dio cuenta de lo que estaba haciendo con la ardilla: "Eso significa que me mentiste el año pasado. Y este año querías hacer lo mismo. ¡Ya lo entiendo! "Dijo el hámster enojado.

"Pero ¿quieres matarme de hambre? "Preguntó la ardilla. El hámster sacudió la cabeza: "No, no te dejaré morir de hambre. Te daré lo suficiente para que no te mueras de hambre. Sin embargo, no será suficiente para que te llenes. ¡Espero que tu estómago gruñón te abra los ojos durante el invierno! "Dijo el hámster y le dio a la ardilla una pequeña parte de sus provisiones. La ardilla se enfadó con el hámster y no se disculpó. Ella pensó: "Este tonto hámster. Si me hubiera dicho antes que no tenía tanto, ¡podría haber recogido algo! ¡Todo es culpa suya! "Sí, la ardilla estaba tan enfadada consigo misma que era difícil admitir que había cometido un error. Sin embargo, cuanto más tiempo la ardilla estaba en hibernación, y el estómago gruñía, más se daba cuenta de que era su culpa. Tenía que admitir que había cometido un error. Era la única manera en que la ardilla podía hacerlo mejor para la próxima hibernación.

El siguiente otoño, la ardilla eligió un día. Corrió de un lado a otro y recogió más de todo. Cuando llegó el invierno, fue al hámster para disculparse. ¡El hámster estaba muy feliz de ver a la ardilla! La ardilla le ofreció al hámster algunas de sus provisiones como excusa. Pero el hámster tenía suficientes provisiones ese año y dijo: "Pude recolectar lo suficiente este año, muchas gracias. Pero otros animales pueden no haber tenido tanta suerte. Estarían encantados de que les dieras algunas de tus provisiones. "¡Así es como lo hacemos! "Dijo la ardilla, dando parte de sus provisiones a todos los animales que no tenían tanto. Los otros animales estaban contentos y agradecidos. Pero la ardilla dijo: "Nunca pensé que diría esto, pero pueden agradecerle al hámster. Me dio una lección que nunca olvidaré en toda mi vida. "Los animales agradecieron a la ardilla y al hámster. Desde entonces, todos han sido los amigos más gordos y se ayudan unos a otros, ¡cuando pueden!

Edward la Oveja del Sueño

Te estoy contando la historia de Edward. Edward es una oveja. Pero no cualquier oveja, no. Edward es una oveja de ensueño. ¿Qué es una oveja de ensueño, te preguntas? Si cierras los ojos por la noche y cuentas ovejas, Edward es la oveja de los sueños número siete que salta sobre la valla. Como oveja de los sueños con el número siete, no tiene mucho que hacer. Los niños a menudo se duermen con la oveja número cuatro o cinco. Por eso Edward se aburre a menudo. Pero al menos es la oveja de reemplazo del número cinco. Así que, si la oveja número cinco está enferma o de vacaciones, Edward puede saltar la valla dos veces. Una vez en el quinto lugar y otra en el séptimo. Pero entonces, Edward tiene que darse prisa. Porque si salta como la quinta oveja, tiene que correr rápidamente detrás del prado mientras la oveja número seis salta y luego saltar de nuevo como la séptima oveja.

Y tiene que correr agachado, para que los niños no lo vean. De lo contrario, sabrían que falta una oveja. Y entonces no podrían dormir bien. A Edward le gustaría ser el número uno o dos. ¿Qué oveja no querría ser la número uno o dos? Entonces sería mucho más conocido y tendría más que hacer. Casi nadie lo conoce como la oveja número siete. Y cómo su trabajo debe ser reconocido y valorado cuando apenas puede saltar. Pero Edward sigue siendo feliz. Podría ser mucho peor. Imagina que fuera la oveja número nueve o incluso la oveja número once. No puedo imaginar lo aburrido que sería. Entonces casi nunca saltaría. No, sólo las ovejas muy perezosas pueden tomar por oveja número once, las que duermen mucho de todos modos. Pero no importa; no ayuda. En este momento, Edward está esperando sus vacaciones.

Porque una vez al año, todas las ovejas de ensueño vuelan en vacaciones. Por supuesto, no todas a la vez. Eso sería un desastre. Entonces, de repente, los niños ya no podrían dormir bien. No, cada oveja de los sueños vuela de vacaciones individualmente y tiene un representante. A Edward le gusta volar a la luna en vacaciones. Esta vez también lo hará. Se sienta allí durante horas y mira las estrellas. Se complace con cada estrella fugaz que ve. Cada vez, cierra los ojos con fuerza y desea algo. Cuando acaba de cerrar los ojos de nuevo, de repente oye algo de la tierra. En las habitaciones de los niños de todo el mundo, padres e hijos hablan continuamente. ¿Cómo puede ser eso? ¡Ya es hora de dormir! Edward piensa y escucha más cuidadosamente. "Papá, algo está mal. "Dice un niño. "¡Una oveja ha desaparecido! "Oh, tonterías", responde papá.

"Sólo tienes que contar bien. "Pero el chico se queda con él. "No, papá. Falta una oveja. ¡No puedo dormir así! "Edward también escucha esas conversaciones desde las habitaciones de otros niños. "Mami, ¿dónde está la oveja? ¿Dónde se han ido las ovejas? "No, mi gorrión. Eso no puede ser. Mira más de cerca. "Está bien. "La niña responde y arruga su nariz. "Estoy mirando de cerca ahora. "¿Y?" "Espera, ahora las otras ovejas están saltando. "Edward amanece mal. "Oh, querido", piensa. "Algo está mal aquí. "Y de hecho, la oveja número nueve, que debería sustituir a Edward, se enfermó. La oveja número once reemplaza a la oveja número nueve, pero nadie reemplaza a Edward. Por lo tanto, hay un vacío enorme cuando se cuentan las ovejas entre seis y ocho. Nunca antes había sucedido.

Edward inmediatamente salta al cohete y se precipita de vuelta a la tierra. Una vez allí, salta al teletransportador de los sueños, y pronto está de vuelta en la tierra de los sueños. Rápidamente reanuda su trabajo como una oveja de ensueño, y los niños de todo el mundo se sienten aliviados. En la habitación de un niño se escucha: "Mami, ahí está la oveja otra vez. ¡Ha vuelto! "Bueno, ya ves mi gorrión. Ya lo he dicho. Sólo tienes que mirar a la derecha; entonces está ahí de nuevo. "Desde otra habitación de niños, se oye: "Pero no estaba allí, papá. "Por supuesto, estaba allí. Simplemente no miraste bien. Pero ahora dormimos. ¡Buenas noches! "Oh, queridos padres, si lo supieran", piensa Edward. "Pero no importa. ¡Mis amigos y yo estamos llevando a sus hijos a dulces sueños! Buenas noches y que duerman bien. Edward, la séptima oveja de los sueños. "

El Intrépido Wilber

Un ratoncito vivió una vez en África. Vivía en una pequeña aldea al borde de la selva. Estaba hirviendo en África y en el pueblo donde vivía el ratón no había ningún punto de agua, ningún lago o incluso un pequeño estanque cercano. "Uf" resopló el ratón. "Tengo que salir de aquí. "Más fácil de decir que de hacer y así el ratón decidió visitar a su hermano en la selva. Había muchos puntos de agua en la selva. El ratón nadaba en el agua fría, y con una sonrisa en la cara, "el agua es agradable y fresca". "Ella pensó para sí misma. "Rápidamente empaco mi traje de baño en la pequeña maleta y me voy. "Cuando llegó con su hermano en la jungla, el ratoncito se sorprendió de la casa abandonada. Todas las ventanas estaban cerradas, y había luz en el interior.

El ratón llamó. Retumbó por dentro, y luego se quedó en silencio. El ratón llamó de nuevo: "¡Eh!" Ella llamó. "Te escuché. ¡Ahora ve por Jonas! "Entonces la puerta se abrió un poco. Primero, hubo un olfateo, luego un parpadeo de ojos pequeños. Jonas abrió la puerta y saltó a los brazos de su hermano: "Oh, Wilber. Me alegro de verte. "Entonces Jonas miró a su alrededor, a la izquierda y a la derecha. "Bien, entra rápido", dijo, cerrando la puerta. Wilber miró a su alrededor. Todo estaba muy oscuro. "¿Por qué tienes las ventanas… oh, no importa", dijo Wilber? "¡Estoy aquí para unas vacaciones en la playa! ¡Nadie puede soportar el calor! ¡Así que agarra tu traje de baño y vámonos! Jonas miró ansiosamente a Wilber: "¿Quieres ir a nadar?" ¿A los pozos de agua? Pero Wilber, ahí es donde van todos los animales.

¡Es peligroso en la selva! "¡Por favor! ¡Vamos ahora! "No Wilber, de verdad, es demasiado peligroso. Muchos animales son más duraderos que nosotros y quieren comer. "Pero Wilber no se disuadió. "¡Si no empacas tu traje de baño, yo lo haré! "…dijo, arrastrando a Jonas tras ella. Lo primero que encontraron fue un león. "¡Cenizas! "Jonas gritó y corrió detrás de Wilber. Wilber miró al león. "¿Qué? ¿Tienes miedo de eso? "Entonces se separó las orejas y sacó la lengua. Pero el león sólo la miró aburrido. "¿Qué?" dijo Wilber. "¿No me tienes miedo? "El león sonrió con cansancio: "Soy el rey de la selva; ¿por qué debería temerle a un ratoncito como tú? "¿Qué ratoncito? "Dijo Wilber y se arremangó las mangas.

"Eres bastante descarado para ser un gato peludo. "Jonas se puso la camisa de Wilber: "Escúchalo, Wilber. Es mucho más grande que nosotros. "Pero Wilber lo saludó con la mano:" La gente huye cuando hago eso. ¿Qué se cree que es? "El león miró a Wilber con sorpresa: "La gente te tiene miedo… "Wilber orgullosamente se resopló a sí mismo: "¡Siempre! Saltan sobre las sillas y las mesas… ¡cuando me ven! "El león se rió a carcajadas. Luego respiró profundamente y rugió hacia los ratones. Los oídos de Wilber revoloteaban en el rugido del viento. Era tan fuerte que todos los pájaros cercanos se asustaron y se fueron volando. Pero Wilber no estaba impresionado: "Paha", ¿eso fue todo? ¡Deberías cepillarte los dientes otra vez! "Ahora el león se sobresaltó. Con una mirada pensativa, miró a Wilber otra vez.

"¿No me tienes miedo? "Preguntó. "¡No! "Dijo Wilber firmemente. "¿Por qué debería hacerlo? ¡Deberías tenerme miedo! "El león no sabía lo que estaba pasando. Había un ratoncito con mangas arremangadas frente a él y lo miraba con desprecio. "¿Dices que la gente te tiene miedo? ¡Pruébalo! "El león finalmente dijo. "Paha. "Dijo Wilber. "¡No hay problema! "Se escabulleron en el pueblo cercano. El león tenía miedo de la gente y se detuvo cuanto más se acercaban al pueblo. "¿Qué pasa, gatito? ¿Te ha abandonado el coraje? "Gritó Wilber descaradamente. "El ratoncito no parece tener miedo", pensó el león. Una vez en el pueblo, Wilber dijo: "Está bien, gatito. Mira por la ventana. Entraré y te mostraré cómo tratar con la gente. Jonas, quédate con el gatito. "

"¿Qué?" preguntó Jonas. "Pero él me come. "Oh, tonterías", dijo Wilber. "El gatito no tiene hambre por el miedo", y entró en la casa. El león no podía creer lo que veía cuando vio a la gente saltando sobre las mesas y bancos cuando vieron al ratoncito. Wilber corrió de un lado a otro y puso una mueca.

Luego salió de nuevo: "¿Y bien, Mitzi? Ahora tú. "Ella dijo. Pero el león estaba demasiado asustado. Se escabulleron de nuevo a la selva. Una vez en el pozo de agua, Wilber saltó directamente al agua fría: "¡Yoohooo! "-Salpicaduras-otros animales se reunieron alrededor del pozo de agua cuando vieron los ratones, pero no se atrevieron a acercarse porque el gran león estaba parado allí. Hienas, chacales, gatos salvajes, todos estaban esperando su oportunidad. Cuando el león vio esto, sólo dijo: "Adelante. Ataca el micrófono, no te detendré. "Las hienas ya estaban esperando un sabroso aperitivo. "Pero estén advertidos", dijo el león más adelante. "Yo no lo haría. Estos son los ratones más fuertes que he visto. Toda la gente ha huido de ellos. ¡Lo he visto con mis propios ojos! "Los otros animales estaban inquietos y se miraban con curiosidad. Una hiena ceceó: "Además, si el león ni siquiera se los come, también los dejaré. "Otra hiena tartamudeó: "Tienes razón. Si el león no hace nada, yo tampoco haré nada. "Wilber nadó de espaldas por el pozo de agua y se pavoneó: "¿Qué está pasando? Sólo atrévete. ¡Experimentarás tu milagro azul! "Pero los animales se alejaron lentamente. Le temían demasiado, incluso a los humanos.

E incluso después de que Wilber regresara a la aldea en el borde de la selva, nadie se atrevió a acercarse a Jonas. Ya no se escondió, dejó entrar la brillante luz del sol por todas las ventanas y vivió feliz para siempre.

Heinrich El Gallo Está Causando Asombro

No hace mucho tiempo, un gallo vivía en una granja, y su nombre era Heinrich. Heinrich tenía muchos amigos. Aunque le gustaba pasear por el patio con imaginación y nunca escuchaba, los animales sabían que Heinrich era un gallo hermoso de corazón. Tenía como amigos al burro, al perro, al cerdo, a la vaca, a la oveja y al caballo. Todos los días, jugaban a la pelota y a muchos otros juegos divertidos. Pero un día, Heinrich escuchó al granjero decirle a su esposa: "No te olvides de hacer el pastel mañana. "¿Qué pastel? "Preguntó la mujer. "¡Bueno, estamos asando a Heinrich! "Respondió el granjero. Heinrich se asustó. "¿Me están asando? ¡Soy demasiado bonito para eso! "Pensó y se escabulló, llamó a todos sus amigos y les dijo lo que había oído.

El caballo sacudió su cabeza: "No", dijo. "No me lo puedo imaginar. "Pero Heinrich se quedó con él: "¡Lo escuché con mis oídos! "Dijo. "¿Y eso debería celebrarse con un pastel? "Preguntó el burro. Heinrich estaba a su lado: "¡Bueno, si te lo digo! "Oh, querido, ¿qué debemos hacer? "Entonces, los animales hicieron un plan. El perro persiguió a las ovejas con un fuerte ladrido, distrayendo así al granjero. El burro abrió una ventana de la cocina sobre la estufa. El caballo se inclinó a través de la ventana y sacó la manguera de la estufa con un mordisco saludable: Heinrich, el cerdo y la vaca engrasan. El horno no funcionaría sin el tubo. Y si el horno no funcionaba, nada podría asarse. Pero el granjero notó la estufa rota y comenzó a repararla. Cuando los animales vieron esto, se decepcionaron.

"¡Eso no funcionó! "La oveja balaba. Pero el perro se mantuvo decidido: "Podemos hacerlo. ¡Entonces hay que encontrar otro plan! Pero no debemos destacarnos ahora", dijo. Los animales asintieron con la cabeza y se colaron en sus puestos. Al anochecer, los animales se reunieron en el gran granero para idear un nuevo plan. El cerdo ya tenía una idea: "Cuando se rompió mi comedero," dijo, "tuve que esperar un nuevo comedero hasta que tuviera algo para comer. "¡Eso es inteligente! "Dijo el perro. "Si no hay ollas y sartenes, no se puede freír nada. "El caballo asintió con la cabeza: "¿Por qué no lo pensamos enseguida? "Preguntó el chico. "Las cosas buenas llevan su tiempo", dijo la vaca. Heinrich no parecía tener "tiempo": "¿Las cosas buenas llevan tiempo? "Preguntó. "¡Se nos está acabando el tiempo! ¡Ahora, deja lo del "tiempo" y date prisa! ¡Tenemos que hacer algo lo antes posible!" Y corrió.

Los otros animales lo miraron, desconcertados. Cuando Heinrich se dio cuenta de esto, se detuvo: "¡Vamos, gente!

¿Qué está pasando?" El burro preguntó mansamente: "¿Qué es ASAP?" Heinrich colgó la cabeza y respiró profundamente: "Eso significa: Tan pronto como sea posible. ¿Podemos irnos ya? Sí… "Cuando el burro oyó esto, se volvió hacia los animales y empezó a reír. Es gracioso. "Cuando los animales escucharon la risa del burro, también tuvieron que reírse. Y todos se rieron de corazón juntos. Todos excepto Heinrich, se puso detrás del burro y agitó sus alas salvajemente: "¡Hola! ¡Tampoco es tan divertido! ¡Es la hora!" El perro asintió mientras reía y dijo: "Sí, es cierto, pero la risa del burro es divertida, ¡Heinrich! "¡Sí, es bonito! Es sólo por mi plumaje y no por tu pelo", refunfuñó Heinrich.

El perro asintió de nuevo y dijo: "¡Sí, tienes razón!" "Sí, usted asiente, ¡pero el reloj está corriendo! "Respondió Heinrich. Los animales se escabulleron de vuelta a la granja. El burro abrió la puerta. El perro entró primero. El cerdo, la oveja, la vaca y el caballo formaron una cadena fuera del establo. Así que empezó a entregar todas las ollas y sartenes de la granja al establo. Al final, Heinrich azotó de un lado a otro para esconder todas las ollas y sartenes en la paja.

De repente había un "PENG" en la casa. Heinrich se sorprendió: "¿Qué fue eso? "En el frente, había un susurro: "Ahora, era sólo una sartén, corre rápido. "Heinrich sólo entendía la mitad y se ponía cada vez más nervioso: "¿Qué es eso? ¿Qué es lo que está pasando? ¿Cómo? "El perro le dijo al burro, el burro al cerdo, el cerdo a la oveja, la oveja a la vaca y la vaca al caballo, hasta que Heinrich recibió el correo silencioso: "Sólo cayó una sartén. "¿Qué?" Lloró, Heinrich. "¿Y el granjero? ¿Se despertó? "El correo silencioso comenzó de nuevo, del caballo a la vaca, de la vaca a la oveja, de la oveja al cerdo, del cerdo al burro y del burro al perro. El perro respondió, y Heinrich sólo entendió la mitad.

Y así, la respuesta fue de perro a burro, de burro a cerdo, de cerdo a oveja, de oveja a vaca, de vaca a caballo y el caballo le dijo a Heinrich: "No, es todo" el caballo finalmente dijo. Heinrich se sintió aliviado. Al día siguiente, el granjero entró en el granero, y todos los animales estaban inquietos. Todos hablaban con confusión. La esposa del granjero fue detrás del granjero con un enorme pastel en sus manos. ¿" El pastel aquí"? ¿Para qué? "Preguntó la vaca. "¿Debería ser para uno de nosotros? "Preguntó el cerdo. "¿Por qué razón? "Preguntó el perro. Entonces Heinrich recordó de repente que era su cumpleaños. De toda la confusa conversación de los animales, todos los demás sólo oirían: "Woof" "MH" "Granz" "MH". "El granjero miraba a los animales y no quería molestarlos.

Conocía a sus animales y sabía qué tenía que esperar: "Ahora, por favor, descansa. ¡Heinrich debe ser celebrado! "Entonces cayó de los ojos de Heinrich como escamas. El granjero no dijo que sería asado. Dijo que.: "Debería ser celebrado. "Heinrich se sintió aliviado, y todos estaban felices de que Heinrich no hubiera vuelto a escuchar. Los animales celebraron el cumpleaños de Heinrich y estaban felices. El granjero se sentó en la paja con entusiasmo. "Bueno, ¿qué es tan difícil aquí? "Preguntó el granjero indignado. Pero los animales celebraron y actuaron como si no hubieran escuchado nada.

Loris y Loran

En el espacio, dos hombrecitos vuelan por el espacio en una nave espacial. Loris está al volante y Loran es el copiloto en el asiento del pasajero. Los dos son un equipo divertido. Loris siempre es muy gruñón y se molesta rápidamente. Loran, por otro lado, es muy tímida y balbucea como una cascada. Los dos se meten en las situaciones más extrañas. Pero compruébalo tú mismo. La nave espacial no está lejos de la Tierra cuando de repente se encienden luces rojas y suena una señal: "Bip, bip, bip". "¿Se te olvidó llenar el tanque, Loris? "Pregunta Loran. Loris está molesto: "Suena como un reproche. ¡Podrías haberlo pensado! "Entonces Loran agarra agitadamente el traje espacial: "¡Así que te olvidaste de llenar! Loris sacude la cabeza de lado a lado: "¡Se te olvidó llenar!" Gran Loris, eso es todo con mi hermosa vida. "

"Oh, universo fascinante, cómo te extrañaré". Loris parece molesto con Loran: "¿Era eso? ¿Estás listo? "Loran pone el dorso de su mano en su frente. Luego dice con voz llorosa: "No, todavía no. También me despido de las estrellas brillantes. Siempre brilló tanto en las horas de mi necesidad. Y los planetas en los que…" Loris interrumpe a Loran: "El siguiente planeta es la Tierra. Conseguimos combustible allí, y luego seguimos volando. "Loran abre los ojos: "¿Hay algún planeta cercano? ¡Oh, gracias! Queridas estrellas, preciosos planetas, me quedaré con vosotros. "Entonces Loran se detiene de repente: "Oh, quieres aterrizar allí, ¿verdad? ¿Quién vive en este planeta? Oh, el gran Davin, ¡vamos a morir! "Loris rompe el hilo de la paciencia: "Ahora cálmate. ¡Pareces un un conejo asustado! "

Luego da un golpecito en un pequeño dispositivo y comienza a leer: "La gente y los animales viven en la Tierra. Donde la gente es una forma de vida más desarrollada, dice aquí que pueden tomar decisiones independientemente. Eso suena bien, ¡pueden ayudarnos! "Más fácil de decir que de hacer, Loris se dirige a la Tierra. Loran sigue inquieto: "¿Y qué son los animales? ¿Pueden pensar también? ¿Pueden tomar decisiones? ¿Pueden…?" Loran de repente se pega a la ventana: "Yiyi!!! Pero eso se ve bien. Es tan azul y tan verde y tan amable. ¿Es esa la Tierra? "La nave espacial se acerca a una gran bola azul-verde. "No, es un coco. Por supuesto, es la Tierra. ¿Qué más se supone que es eso? "Loran cruza los brazos: "No siempre tienes que ser tan malo, Loris. ¿El combustible es suficiente para aterrizar? "

Loris parece pensativo: "Según mis cálculos, nos faltan algunas gotas. ¿Pero qué son unas pocas gotas? ¡Lo haremos 15 minutos más hasta el impacto! "Loran mira a Loris con asombro: "¿Qué son unas pocas gotas? ¿Hablas en serio? Oh, el gran Davin, dijo impacto. Nos haremos añicos en la Tierra.

"Loris le silba a Loran: "¡Ya basta! No te pongas el traje espacial de inmediato. ¡Ponte los cinturones de seguridad y piensa en los alerones esta vez! "Loran está fuera de sí: "¿Es eso lo que te preocupa ahora? ¿Los alerones? Por cierto, sólo lo olvidé una vez. ¡Sólo una vez! "Después de 15 minutos, ha llegado el momento de que Loris y Loran se estrellen en un pequeño arbusto. Explota y retumba. Luego cruje. Desde los bosques, se puede escuchar un sonido: "¿Qué es ese extraño sonido? ¿Lo oyes, Loris?

Como si alguien estuviera oliendo fuerte. Loris, te estoy hablando. ¿Oyes el...? ¡Loris! "Entonces Loran sale de los arbustos justo delante de un perro. "¡Oh, Dios mío! "Loran ve un perro delante de él, haciendo malabares con un balón de fútbol en su cabeza y cuya enorme boca de perro es casi tan grande como él. Loris salta de los arbustos. Loran lo mira: "¿Es eso una persona? ¡Pero son peludos! ¡Y la moda aquí es cruel! ¿Qué es esta divertida bola blanca y negra en tu cabeza? Bueno, qué diablos. "Loran se aclara la garganta: "Hola hombre. Venimos en paz. "Loris sacude la cabeza: "Loran, esto no es un ser humano. ¡Es un animal! "Loran se queda quieta: "¿Un animal? ¿Y ahora? "Loris susurra: "¡Ahora, nada de movimientos rápidos! Los animales pueden ser peligrosos. "Loran dice: "¿Me lo dices ahora? "

De repente un fuerte silbido. Loran se estremece y cierra los ojos: "Oh, el gran Davin, ¡eso es! "Pero el perro se da la vuelta y sale corriendo ladrando. Loris se limpia la frente:

"Uf, eso estuvo cerca. Me siento aliviado. "Loran parpadea y ahora ve que el perro se ha ido. Entonces empieza a quejarse: "¿Estás aliviado, Loris? ¿En serio? ¿Estás aliviada? "Pero Loris lo saluda con la mano: "Oh, cálmate Loran, no pasó nada. ¡Vamos, vamos ahora! Estamos buscando a un humano y luego podemos finalmente desaparecer de nuevo. "Loran sigue a Loris y no deja de parlotear: "*Oh, cálmate, Loran. No ha pasado nada.* Como si siempre tuviera que pasar algo. Es un descaro, Loris. Acabo de escaparme otra vez. Pero el gran Loris dice: "cálmate Loran, no ha pasado nada". Loran habla sin punto ni coma, mientras Loris se tapa los oídos.

De repente la enorme bola blanca y negra que viene disparada y atrapa a Loran, quien hace rodar la bola por la pendiente. Loris noto que el gruñido se ha detenido y se da la vuelta. Entonces ve a Loran bajando la colina con esta extraña cosa grande. "Oh, el gran Davin. Loran, espera. ¡Ya voy! "Loris corre tras el sombrero de bala. Loran rueda directo a un lago. En el último momento, el extraño sombrero de Loran se quita, y se queda en la orilla del lago. Loris también está aquí: "Loran, ¿puedes oírme? ¿Cómo estás? "Los ojos de Loran se mueven por todo el lugar: "Hola Loris. Trajiste a tus hermanos gemelos contigo. No sabía que tenías ninguno. "Loran sonríe antes de desmayarse. Cuando Loran se despierta, Loris se sienta a su lado: "Bueno, Loran. ¿Estás bien? ¿Va de nuevo?

Loran mira a su alrededor: "¿Dónde estoy? ¿Qué ha pasado? "Loris le recuerda a Loran lo extraño. Loran salta inmediatamente: "Oh sí, estamos en la Tierra. ¡Por Davin, tenemos que salir de aquí! ¿Qué pasará después? Es peligroso para el público de este planeta. "Loris sonríe. "¿Por qué sonríes así? ¿Crees que es gracioso? "Loris sacude la cabeza: "No, Loran. Echa un vistazo. "Loran mira alrededor y ve el lago. Con grandes ojos y una boca abierta, se para en la orilla con asombro: "Eso es… eso es… "Loris termina su frase: "¡Claro, eso es mucho combustible! "Loran salta en el aire: "Sí. Gracias a ti, Davin. ¡Lo logramos! "Loris salta con: "¡Sí, lo hicimos! "

"¡Y con las cantidades, siempre podemos conseguir combustible aquí! "Loran deja de saltar: "¿Qué? ¿Todavía te reconforta? ¿Una y otra vez? Nunca más puse un pie en este planeta. ¿Sabes lo que me pasó aquí? Me acuerdo de ti. Así que… Cuando llegamos aquí…" Loris sacude la cabeza y consigue suficiente combustible para el vuelo, mientras Loran charla y charla… Así que, los dos siguen volando y tienen una gran historia que contar de nuevo. Y si ves un punto brillante moviéndose en el cielo por la noche, probablemente sean Loris y Loran. Y tal vez incluso puedas oír a Loran parloteando.

¿Dónde está Mamá Pato?

En un gran estanque en medio del verde, la Mamá Pato está de pie en su nido y está muy orgullosa cuando las crías salen de los huevos. Los patitos rompen las cáscaras y sacan sus pequeñas cabezas. Luego mueven sus traseros y sacuden el resto del recipiente de su fondo. Mamá Pato les da un codazo a cada uno de ellos con su pico. Los pequeños saben inmediatamente que esta es su mamá. Entonces la mamá salta al agua y uno tras otro salta tras ella. Nadan en una línea a través del estanque, la orgullosa mamá al frente. Pero, oh Dios, ¿qué es eso? Un pichón aún no ha salido del cascarón. Retumba de un lado a otro y rueda de un lado a otro en el nido. Con mucho ímpetu, cae en la pradera y el huevo se rompe en una piedra.

La cáscara de huevo vuela alrededor, y el pequeño pato tiembla mucho. Mira alrededor cuidadosamente. Bueno, no hay nadie allí. Hmm, raro. Entonces, el patito se tambalea para encontrar a su madre. Después de un corto tiempo, el patito se encuentra con una rana. La rana se sienta en una rama junto al agua y grazna. "¡Hurra! "Piensa el patito. "Tiene que ser mamá. "Corre hacia la rana y felizmente grazna con ella. La rana mira al pato: "¿Qué estás haciendo aquí? "Pregunta a la rana. El patito responde: "¡Cruzo contigo, mamá! "La rana sacude la cabeza: "¡No soy tu mamá! "Dice y salta. El patito está triste. Creyó que había encontrado a su mamá. Continúa balanceándose con la cabeza colgando. Después de unos pasos, se encuentra con un pájaro. El pájaro canta felizmente. El patito mira al pájaro y piensa: "Esto no es un graznido, pero tiene plumas.

Tal vez sea mi mamá. "Y entonces se sienta junto al pájaro y grazna con fuerza. El pájaro está indignado: "¿Por qué cubres mi hermoso canto con tu charlatán? "Pregunta. Luego picotea al patito en la cabeza y sale volando. Ahora el patito está triste, y las lágrimas ruedan por sus mejillas. "¡Nunca volveré a encontrar a mi madre! "Ella solloza suavemente para sí misma. Un zorro se acerca al patito. "Bueno, patito, ¿por qué estás tan triste? "Pregunta el zorro. "Estoy buscando a mi mamá. ¡Estoy completamente solo! "Dice el patito. El zorro sonríe a hurtadillas y dice: "Ven conmigo. Juntos encontraremos a tu mamá. "El patito está feliz: "¡Hurra! "y corre tras el zorro. Después de un rato, el patito le pregunta al zorro: "¿Cuánto tiempo vamos a correr? Estamos casi en el bosque. "El zorro responde: "No te preocupes. Tu mamá está allí y te espera. "

El zorro no tiene intención de encontrar a la madre. Quiere atraer al patito al bosque para que se lo coma bajo la protección de los árboles. El zorro sonríe y piensa: "Es demasiado fácil. Ni siquiera tengo que fingir que soy un patito; corre hacia el bosque por su cuenta. "Una vez en el borde del bosque, el patito se detiene: "¡Pero está oscuro allí en el bosque! "Dice con miedo. "¡No tienes que tener miedo! "Dice el zorro. "Escondí a tu madre allí, para que esté a salvo. "Claro, ¿de qué? "Pregunta el patito. El zorro responde con una voz preocupada: "Sabes, hay muchos animales hambrientos a los que les encantaría comerte. Pero no tengas miedo, ¡yo no soy uno de ellos! "Justo cuando querían continuar, un oso se interpone en el camino: "¿Y bien, zorro? ¿Adónde quieres ir con el patito? "

Él pregunta. El zorro se agacha aterrorizado: "Hola, gran oso, ¿a dónde vas? ¡Sólo estoy ayudando al patito a encontrar a su mamá! "El oso mira al patito. Luego pregunta con un gruñido: "Es el patito, ¿verdad? "El patito salta arriba y abajo: "¡Sí! El zorro escondió a su mamá en el bosque porque hay muchos animales enojados. "El oso inmediatamente sospecha lo que el zorro está haciendo. "Así que hay muchos animales malos aquí", refunfuña. Entonces mira al zorro con sospecha: "Bueno, afortunadamente, tú no eres uno de ellos, zorro. ¿Verdad? "El zorro sacude la cabeza rápidamente: "No, no, por supuesto que no. Sólo quería ayudar al pobre patito. "El oso toma al patito con sus patas y le dice: "Bueno, es genial que el zorro te haya ayudado aquí. Ahora voy a mejorarlo.

Tu mamá ya no está en el bosque. Creo que fue al estanque a buscarte. Ella te extraña mucho, ¿sabes? "Entonces mira al zorro otra vez y pregunta con una mirada amenazadora: "¿Es cierto, zorro? "El zorro asiente con la cabeza muy rápidamente: "Sí, ahora que lo dices, lo recuerdo. Antes corrió al estanque. "Entonces el zorro mira al patito: "Tu mamá está de vuelta en el lago. Lo había olvidado completamente, sí, sí. "Entonces, el oso se lo lleva al patito con él. Los dos se encuentran con el pájaro de camino al estanque. El patito tiembla. "¿Qué tienes? "Pregunta el oso. El patito se agacha y susurra: "El pájaro me picoteó porque pensé que era mi mamá. "El oso mira al pájaro con rabia y se queja: "Miro tu cara aquí; el patito probablemente dice la verdad.

¡Tú también debes ayudar, pero no ayudaste al pobre patito! "Entonces respira profundamente: "Hablaremos de eso cuando regrese", dice, y lleva al patito. El pájaro se aleja rápidamente. A continuación, los dos se encuentran con la rana. El oso mira al patito: "¿La rana también te ha hecho daño? "El patito responde: "No, sólo saltó. "El oso mira a la rana con rabia y se queja: "Te miro la cara aquí; el patito probablemente dice la verdad. ¡Tú también debes ayudar, pero no ayudaste al pobre patito! "Entonces respira profundamente: "Hablaremos de eso cuando regrese", dice, y lleva al patito. La rana se aleja rápidamente. Cuando los dos llegan al estanque, el patito se alegra mucho al ver a la mamá.

Él aplaude y salta de cabeza al lago: "¡Gracias, querido oso! "Llama al patito. "Y por favor, también agradece al zorro por mí. "El oso se queja con fuerza: "De nada. Y no te preocupes, le daré muchas gracias al zorro." Cuando el zorro oye esto, se levanta las orejas, asustado. "Oh querido, ahora todavía estoy en el cuello. "Piensa y corre tan rápido como puede por todas las montañas. El zorro no ha vuelto a ver desde entonces. El oso sigue vigilando al patito para que un zorro inteligente no vuelva a tener pensamientos absurdos.

El Hermoso Cuento de Pascua

Hoy les contaré el hermoso cuento de hadas sobre el Conejo de Pascua. Así que, levántense las orejas y escuchen. Hace mucho tiempo, había criaturas míticas de cuento de hadas entre los humanos y los animales. Las hadas y los elfos vigilaban la naturaleza. El agua de los ríos era tan clara que podías ver el fondo donde los peces nadaban felices. Todo era brillante y colorido, y todos los seres vivos eran amigables y serviciales entre sí. En esa época, la primavera era mucho más hermosa que hoy. Después del frío invierno, la vida volvió a los bosques. Los animales despertaron de su hibernación y las flores se anidaron en el cálido sol y el olor de los prados llenos de flores. Esta vez las hadas fueron las que más disfrutaron porque era una tradición sorprender a las hadas con huevos de colores que estaban escondidos por todas partes en el bosque.

Una primavera, las hadas decidieron que esta costumbre era tan hermosa que todos los niños debían disfrutar de los coloridos huevos, incluso los niños humanos. Pero existía una gran preocupación de que la gente tuviera miedo de las hadas y las criaturas míticas porque la gente nunca la había visto antes. Así que a Oster, el hada del este, se le ocurrió la idea de que un animal llevara los huevos de colores a los niños humanos porque los animales conocían a los humanos. Todos los animales asintieron: "Esta es una gran idea. "Pero el búho tenía reservas: "La idea es buena, pero ¿qué pasa si el animal con los huevos ve? Oster asintió: "Tienes razón, búho. Eso parecería extraño. "Y pensó: "¡La solución es sencilla! "Gritó repentinamente. "Encanto la cesta con los huevos y la hago invisible. "El búho estuvo de acuerdo: "Eso funcionará. "

Ahora, Oster le preguntó a los animales: "¿Quién quiere esconder los huevos? "Todos los animales empujaron para distribuir los huevos de color. "Yo lo haré", dijo la cigüeña. "Tengo grandes alas y piernas largas. ¡Yo puedo hacerlo! "El zorro habló: "Soy uno de los animales más inteligentes del bosque. Encontraré mejores escondites. "Entonces el gallo intervino y dijo: "Mis gallinas ponen los huevos, así que también debo distribuirlos. "

Oster pensó: "Queridos amigos, lo hacemos de esta manera, cada uno recibe unos huevos y se le permite esconderlos. Y donde los niños son más felices, él... "Oster se detuvo. "Sí, ¿qué será? Necesitamos un nombre para él. "Y de nuevo, el sabio búho aconsejó: "Ya que tuviste la idea, el animal que gane debe ser nombrado en tu honor. Por ejemplo, la cigüeña de Pascua o el zorro de Pascua o el gallo de Pascua. "El hada estaba encantada: "¡Esta es una gran idea, búho! "Ella dijo, radiante de alegría. "¡Bueno, entonces empecemos! "En ese momento, el conejo habló: "Yo también voy a participar", dijo. Los otros animales lo miraron. El zorro preguntó: "¿Estás seguro de que eres una liebre? Sólo juegas todo el día. ¿Por qué crees que eres apto para los animales de la Pascua? "El conejo miró al zorro con los ojos abiertos, y las palabras salieron a borbotones:

"Me gustaría pintar los huevos yo mismo", sonrió el conejo. "Y esconder los huevos de colores es divertido. Puedo correr y saltar y elegir escondites divertidos. Y… "El conejo echó las orejas hacia atrás y puso su cara sonriente en el aire" y… Y además, una cesta invisible es super-duper! "¡Está bien! "Dijo el hada. "Así es como debe ser. El conejo también participa. "Todos se pusieron a trabajar pintando los huevos para la cigüeña, el zorro y el gallo. Sólo el conejo pintó sus huevos. Agitó el pincel salvajemente, y salpicó y derramó por todos lados. "¡Oh, son tan hermosos! Oh, tengo otra idea! ¡Oh, eso estará bien! "Las palabras salieron de él incluso mientras pintaba los huevos. Estaba feliz y sonreía todo el tiempo mientras cepillaba cientos de huevos a la velocidad del rayo.

"¡Listo! El conejo gritó de repente: "He pintado todos los huevos". ¿Podemos empezar? ¿Podemos empezar? Oh, se pusieron tan buenos. ¡Echa un vistazo! ¡Mira, ahora echa un vistazo! "Y todos se maravillaron con sus inusuales huevos. Oster se sorprendió de que el conejo pintara sus huevos tan rápido y tan bien. "Tienes que ser más paciente", dijo. "Los otros huevos no están listos todavía. "Cuando el conejo escuchó esto, inmediatamente disparó y gritó: "¡Yo te ayudaré! "Y el color voló por todas partes. "Oh, derramado. "Escuchó a los animales desde las vastas nubes de color y el conejo saltó de un lado a otro, y todos los huevos se pintaron. Ahora los huevos debían ser escondidos, y todos estaban mirando. La cigüeña comenzó. Un par de golpes de ala y pasos significativos y los huevos se esconden. Pero desafortunadamente, escondió los huevos demasiado alto para que los niños no pudieran llegar a ellos.

Luego el zorro lo siguió. Fue brillante y encontró los mejores escondites. Los escondites eran tan correctos que los niños no podían encontrar los huevos. Entonces el gallo empezó a esconder sus huevos. Se pavoneó de un escondite a otro y tardó demasiado en esconder todos los huevos. El conejo, por otro lado, zigzagueaba y escondía los huevos por todas partes y muy abajo, ya que él mismo era pequeño. A veces escondía los huevos tan rápido que sólo estaban medio escondidos y los niños los encontraban inmediatamente. Incluso mientras escondía los huevos, se podían ver las caras felices de los niños por todas partes. A veces el conejo se asomaba desde debajo de los arbustos para ver los ojos brillantes del niño. Entonces hubo un corto crujido, y se fue de nuevo. "Mamá, papá, ¿habéis visto eso? "

Gritó un niño: "¡Creo que era un conejo! "Y el papá respondió: "¡Oh cariño, un conejo no pone huevos! "Y la madre dijo: "¡Pero las gallinas no ponen huevos de color! "Y todos se rascaron la cabeza en la confusión. Cuando el conejo escondió todos los huevos, los animales estuvieron de acuerdo. El conejo había conjurado el más bello resplandor en las caras de los niños. El búho dijo: "Ninguno de nosotros lo esperaba. Pero tú hiciste el mejor trabajo. "La cigüeña, el zorro y el gallo estuvieron de acuerdo. Y el hada dijo: "Conejo, has conjurado los más bellos colores en los huevos a la velocidad del rayo y una sonrisa en la cara de cada niño. Con eso, serás el Conejo de Pascua a partir de hoy. "Todos aplaudieron alegremente. Y el conejo estaba tan feliz que dio un salto mortal uno tras otro.

Desde entonces, el conejo de Pascua ha traído alegría y sorpresas coloridas a todos los niños cada año. Te diré una cosa más. El conejo de Pascua recibió algo de las hadas para su cesta súper invisible. Siempre se queda joven, así que puede saltar para siempre y pintar los huevos a la velocidad del rayo.

La Abuela y el Lilius

Mi abuela me contaba a menudo historias fantásticas sobre criaturas graciosas, el Lilius. "Eran del tamaño de un huevo de gallina"; siempre me decía con una sonrisa en los labios. "Y esponjoso". Más esponjosa que la chica más esponjosa que pueda imaginar. Con ojos saltones y una boca enorme para hacerte reír mejor. "A menudo preguntaba por qué el Lilius tenía los ojos saltones y mi abuela los abría muy bien, los dejaba girar de forma divertida y me miraba con una mirada de asombro. "Para hacerlos ver tan graciosos y asustados", decía entonces, y ambos teníamos que reírnos. Los Lilius han tenido las más asombrosas aventuras. Una vez fueron atrapados y rodeados de caracoles indios. Aun así, Sebastian, el Lilius más valiente, saltó sobre un caracol indio, la agarró por las antenas y gritó.

Luego le dio las espuelas y se fue. Desde entonces, los Lilius han estado montando caracoles indios. Así que progresan más lentamente, pero a los Lilius no les importa. Son muy, muy, muy pacientes. Mi abuela me dijo que los Lilius tenían que esperar cinco años para el verano. Estuvo congelado durante mucho tiempo. ¿Y qué hizo el Lilius? No se molestaron por eso. No! Se resbalaron y se deslizaron en trineo. Fueron a esquiar y construyeron muñecos de nieve.

Patinaban, disfrutaban de la pesca en el hielo y se divertían mucho. El Lilius siempre está de buen humor. Siempre admiré a mi abuela por tener tan grandes ideas para contarme cosas tan grandes. A menudo me he preguntado cómo consiguió todas las historias hasta que yo mismo conocí al Lilius. Jugó con nosotros delante de la casa. Acababa de cumplir siete años y ya me sentía grande.

Mamá dijo que no debía jugar en el barro porque los pantalones siempre se ensucian mucho, pero como casi adulto, decidí jugar en el barro de todos modos. Pinché el suelo con un palo. Donde estaba la mayor parte del agua, quién sabe, tal vez saldría más agua de allí. Así que puse el palo en el barro tan profundo como pude. Empujé la vara hacia abajo con todas mis fuerzas. Hasta que de repente se rompió y me tiró contra mi pierna con toda la fuerza. ¡Me dolió totalmente! Quise llorar cuando vi las grandes manchas en mis pantalones. "¡Oh, no! "Pensé. "Cuando mamá vea eso, me meteré en un montón de problemas. "De repente no me sentí tan maduro.

Pero, por el contrario. Cuando levanté la vista, había una pequeña criatura esponjosa. Tan grande como un huevo de gallina. Me miró con grandes ojos y sonrió. "Hola, soy Sebastian", dijo suavemente y extendió una mano.

No podía creer lo que veía. Había un Lilius. Sebastian, el más valiente de todos. Era de un amarillo brillante y esperaba que yo le diera la mano. ¿No te gusto? "Me preguntó. "¿O por qué no me das la mano? "Haré una sugerencia. Yo te limpio los pantalones y tú me das la mano por eso. "Quise responderle, pero me las arreglé para abrir la boca. Así que asentí en silencio. Sebastian empezó a limpiar mis pantalones. Pasó sus manos a la velocidad de un rayo sobre la pierna de mi pantalón. Tan rápido que ni siquiera se veían las manos, que brillaban por donde quiera que pasara las manos. Antes de darme cuenta, mis pantalones estaban más limpios que antes. Sebastian se dio palmaditas en las manos y se aclaró la garganta. "Entonces", dijo. "Ahora, de nuevo, desde el principio. Soy Sebastian. "Y otra vez me tendió la mano.

Le estreché la mano con mi dedo. "Bueno, adelante", dijo. "¿Por qué estás metiendo un palo en la tierra húmeda? "Luego preguntó. Le respondí con una voz débil: "Quería ver si salía más agua de ella. "Oh", dijo Sebastian. "¿Entonces, no sabes ni siquiera còmo es la tierra? "Preguntó. No supe qué responder. "¿Què quieres decir? "Le pregunté. "Ven, te mostraré", dijo, tomando mi dedo.

De repente vi diferentes capas de tierra y agua y tierra ardiendo como el fuego. "¿Qué es esto? ¿Dónde estamos? "Pregunté sorprendido. "No debes tener miedo", dijo Sebastian. "Seguimos contigo delante de la casa. Todo està bien. "? Qué quiso decir ahora? No parecía que fuera así delante de la casa. Sebastian vio mi mirada confusa y empezó a explicarme. "Bien, cuidado. Nosotros, los Lilius, podemos ir a otros lugares sin ir realmente allí. Sé que suena extraño.

Imagina un televisor. Allí, ves muchas cosas pero no estás allí. Nosotros, Lilius, podemos hacer eso. Y cuando toco a alguien, pueden ver lo mismo que yo. "¡Eso es genial! "Me deslizo con entusiasmo. "Sí, ¿verdad? "Dijo Sebastian. "Si quieres, puedo enseñarte más. "Pensé por un momento. Como la televisión, dijo. "¿Puedes llevarme a todos los lugares que conozco en la televisión? "Le pregunté. Sebastian sacudió la cabeza. "¿Pero, por qué no? Dijiste que es como ver la televisión. "Me decepcionó. Pero Sebastian siguió sacudiendo la cabeza. "Eso es exactamente", dijo entonces. "Puedo llevarte a todos los lugares que piensas, pero nunca estamos realmente allí", añadió. "¡Oh!" Le dije: "Yo también quería decir eso. "Resplandeciente de alegría, le entregué mi dedo. "¡Vámonos! "

Fuimos a todos lados, no realmente, pero fue casi real. Vimos cebras y elefantes en África, pingüinos deslizándose sobre el hielo en su vientre en el Polo Sur, estuvimos en un enorme parque de diversiones en América y nadamos en el mar con delfines. Hemos estado en todo el mundo y hemos visto todo. Bueno, o al menos lo que he visto en la televisión. Cuando volvimos a nuestra casa, todavía no podía creer lo que había experimentado hoy. Todavía estaba de pie frente a Sebastián con la boca abierta y los ojos bien abiertos. "Espero que eso haya sido genial para ti", dijo Sebastian. "Pero ya es tarde. Tienes que irte a la cama lentamente. Tu madre te está esperando. "Estaba bien, era tarde y estaba oscureciendo. Pero no quería que Sebastian se fuera. "? No quieres entrar? "Le pregunté a Sebastian. "Hoy no", dijo. "Quizá la próxima vez. Ahora tienes que dormir. Mañana te enseñaré las estrellas", dijo Sebastian. "Buenas noches y sueña con algo bonito. "

La Noche de Halloween y el Pequeño Vampiro

Había una vieja casa en lo alto de una colina. La casa se derrumba porque el pequeño Vlad y su familia han vivido aquí durante mucho tiempo. Este Halloween tiene precisamente 200 años. Sí, escuchaste que el pequeño Vlad ha vivido aquí por 200 años porque Vlad es un vampiro. Desde la colina, puede ver todas las casas de la larga y sinuosa calle. Vlad se sienta junto a la ventana todos los días y observa a los niños. Todo el año, día tras día. Los observa cuando van a la escuela, jugando y andando en bicicleta, construyendo y andando en trineo, ellos ríen y gritan. Algunos de los niños tienen muchos amigos. Vlad no tiene ningún amigo. Al menos no uno humano. Sólo una araña y un gato le hacen compañía. A Vlad le encantaría jugar con los otros niños, pero no puede. No sólo eso, los otros niños le temen porque Vlad está muy pálido y también tiene dientes puntiagudos.

No, tampoco puede porque Vlad no soporta la luz del sol. Le pica la piel y quiere rascarse continuamente. Y por la noche, cuando el sol no brilla, los otros niños están acostados en la cama y durmiendo. Vlad nunca duerme. Tampoco tiene que hacerlo, porque es un vampiro. Y los vampiros no duermen.

Oh, querido, Vlad tiene más tiempo para aburrirse. Pero una vez al año, en Halloween, Vlad se escabulle de la casa. Porque en Halloween todos los niños están en la calle por la noche y se asustan felizmente. Disfrazados con disfraces espeluznantes, los niños corren por ahí riéndose. Como Vlad no se nota, esa noche, también se pasea con los otros niños. Es hora de nuevo esta noche y es Halloween. Vlad está muy emocionado. En su armario, escondió una pequeña bolsa de tela para los dulces.

Cuando cae la noche, la saca y se dirige a la puerta. Otra mirada en el espejo... oh sí, eso no ayuda. Vlad no puede verse en el espejo, así es con los vampiros. Por supuesto, es difícil decir si te ves bien o no. Vlad se vuelve hacia su gato: "Entonces, ¿Klara? ¿Cómo me veo? "El gato maúlla felizmente y se pasea entre sus patas. "Perfecto, lo sabía", dice Vlad. "¡Soy un pequeño vampiro bonito! "Y luego brilla en toda su cara antes de desaparecer en la noche a través de la puerta. Las calles están llenas de alegría. Tantos niños con tan buenos disfraces. Entonces Vlad es repentinamente empujado por detrás: "¡Hombre, ese es un disfraz descarado! "Él oye la voz de una niña decirlo. Vlad se da la vuelta. Detrás de él hay una chica vestida de bruja. "No conseguí mi disfraz tan bien", continúa, tirando de la camisa de Vlad.

"Parece que ya tiene un millón de años. "Entonces quiere tocar los dientes de Vlad: "Vaya, también parecen genuinos.

"Vlad retrocede y quiere dar un paso atrás. Pero su cuerpo es más rápido que sus piernas, y por eso se desploma en el fondo. "¡Lo siento, no quise decir eso!" "Dice la chica, extendiendo su mano a Vlad. Vlad toma la mano y ayuda a levantarla. "Pero tú tienes las manos frías. ¿Te estás congelando?" "Pregunta la chica. Vlad rápidamente tira su mano hacia atrás y se desploma en el fondo otra vez. Se había olvidado completamente de eso. Los vampiros son mucho más fríos que otros niños. Vlad está en un lío. Algo en la chica lo hace desconsiderado e incluso torpe. Normalmente, nunca se caería. Es demasiado rápido para eso porque los vampiros también son mucho más rápidos y confiables que otros niños.

"¿Por qué te dejas llevar?" "Pregunta la chica. Pero Vlad no responde. "Oye, ¿no quieres contestarme?" "Ella pregunta. Pero Vlad no dice ni una palabra. Se levanta silencioso e inquieto y mira a la chica con los ojos abiertos. Cuando Vlad continúa sin hacer ruido, la chica hace un mohín y mira a Vlad pensativamente: "Hmm, bueno, entonces empezaré. ¡Soy Lana! Pero esta noche, soy una bruja, como puedes ver. "Lana se gira en círculo para mostrar su disfraz. Luego se ríe estridente y terriblemente: "¡Hola! Esa fue una buena risa de bruja. ¡Ahora tú!" "Dice Lana, piensa por un momento y luego continúa: "Me acabo de dar cuenta, no sé cómo se ríe un vampiro. Entonces Vlad tiene que reírse: "Wuhu. "La risa salió de la boca de Vlad un poco rara y se avergonzó inmediatamente de que se riera. "¡No!" Dice Lana.

"No creo que los vampiros se rían así. Creo que se ríen más como nosotros. "Cuando Lana dice eso, Vlad la mira de nuevo con los ojos abiertos. No sabe qué responder. El hombre difícilmente puede decir que es un vampiro, y por lo tanto, los vampiros se ríen como lo hizo un niño. Así que le sonríe a Lana. Sus grandes dientes asoman por las esquinas de su boca. "¡Es una bonita sonrisa! "Dice Lana. "Tienes razón. Los vampiros sólo sonreirán dulcemente. "Luego le da un codazo a Vlad, que todavía estaba avergonzado: "Ve, gran vampiro, vamos a recoger dulces. "Empuja a Vlad delante de ella. "Oye, puedo correr yo mismo", dice Vlad. "¡Te creo, pero es mucho más divertido! "Lana responde y sigue adelante. Ambos corren por las calles, riéndose. Coleccionar dulces nunca ha sido más divertido para Vlad que con Lana.

Corren de puerta en puerta, y la bolsa de Vlad está casi llena. Los adultos encuentran el disfraz de Vlad tan genial que aún le dan un poco de caramelo extra. Al llegar a la última casa de la calle, Lana dice: "¡Tengo que ir a casa! "Eso entristece a Vlad. "Pero nos veremos en la escuela mañana. Sólo tienes que decirme quién eres. "Vlad vacila. Luego dice: "Oh, no soy de aquí, ¿sabes? Sólo estamos de visita en Halloween. "Ahora Lana también está triste. "Es una verdadera lástima", dice. Vlad reflexiona. "Pero volveré para Halloween el año que viene. "Entonces él dice que anime a Lana. "¿El año que viene? Está demasiado lejos", dice Lana. "Pero aun así me alegro de que nos volvamos a ver. "Y le sonríe a Vlad. Vlad le devuelve la sonrisa, con sus grandes dientes asomando por la comisura de su boca.

De camino a casa, Vlad vuela toda la habitación. Un año entero es largo, piensa. "Algo estúpido", murmura para sí mismo y patea una piedra. La piedra cae delante de la gente que se burla de un niño con un disfraz de payaso. "Quiero irme a casa", dice el niño. Pero uno de los chicos grandes no le deja ir. "Antes de que te vayas a casa, déjanos tus dulces aquí", dice el niño grande con una sonrisa desagradable. "Bueno, eso está bien para mí", piensa Vlad. "¡Oye! Toma, puedes quedarte con mis dulces", dice y le extiende sus dulces al niño grande. Luego toma la mano del niño pequeño y quiere llevarlo a casa. El niño grande, sin embargo, se interpone en su camino. "Oye, espera un minuto. ¿Crees que sólo porque nos das tus dulces el pequeño puede quedarse con los suyos? Yo también quiero dulces. "

Vlad mira al niño grande: "Déjalo que tenga el suyo. Tú tienes el mío. Eso debe ser suficiente. "Luego pasa por delante del niño grande. El niño grande agarra el hombro de Vlad. En un instante, Vlad se da vuelta y toma el brazo del niño grande. Y tan firmemente que ya no puede moverlo. Luego lo mira a los ojos - los ojos de Vlad comienzan a brillar de color rojo. "Te dejaré ir ahora", dice Vlad. Cuando los chicos grandes ven los ojos brillantes, se asustan y huyen.

Pero el niño pequeño está entusiasmado con Vlad: "Boa, eres rápida. ¿Cómo lo has hecho? No he visto cómo te mueves. Y tan fuerte. Y los ojos brillantes. "El niño se pone delante de Vlad con los ojos muy abiertos. Vlad puede ver el entusiasmo en sus ojos. "Sí", dice Vlad. "Soy rápido y fuerte. Pero no se lo diremos a nadie, ¿de acuerdo? "Cuando Vlad mira hacia arriba, Lana se para frente a él.

Se alegra inmediatamente de ver a Lana. Pero entonces el chico se da cuenta de que Lana probablemente ha visto todo y se congela. Si no estuviera ya tan pálido, ahora se pondría pálido. El niño corre hacia ella y cae en sus brazos: "¡Lana! Qué bueno que estés ahí. Un par de chicos no querían dejarme en casa. "Lana asiente con la cabeza: "Sí, Erik, lo he visto. ¿Estás bien? "Ella pregunta. El niño brilla y señala a Vlad: "Sí, estoy bien. Echó a los chicos malos. "Lana mira a Vlad: "Sí, lo hizo. "Luego mira a Erik otra vez: "Mamá y papá ya te están buscando por todas partes. Están enfermos de preocupación. "El hermano pequeño de Lana cuelga la cabeza con tristeza. "Oh querido, me voy a meter en problemas ahora. "Luego se pone de pie y dice: "Pero los chicos malos no me molestarán nunca más. "

Lana casi se ríe cuando ve a su hermanito de pie, orgulloso, delante de ella. Luego mira a Vlad: "Este es mi hermano pequeño. Mis padres ya lo están buscando. "Vlad empieza a tartamudear: "La-Lana. Puedo explicártelo. "Pero Lana se pone el dedo índice en la boca. Luego mira a Erik: "Oye Erik,

¿podrías ir un segundo?" Lana señala un banco. Erik no está entusiasmado. Pero aun así escucha a su hermana mayor. Va a la cancha, se sienta en ella y se mece con sus piernas. Luego Lana se vuelve hacia Vlad. Hay un silencio helado por un corto tiempo. Lana sólo mira a Vlad, pero no dice nada. Vlad se está poniendo inquieto. Entonces Lana toma un respiro: "Ahora te estoy preguntando algo, y responderás con pura honestidad, ¿de acuerdo?" Vlad asiente con la cabeza. "¿Eres... eres un vampiro de verdad?"

Vlad vacila y vuelve a asentir con la cabeza. "Pero no le hago nada a nadie. Estos tipos no querían dejar a tu hermano en casa y..." Lana interrumpe a Vlad: "¡Está bien, te creo! "Vlad mira a Lana: "¿Ahora me tienes miedo? "Lana sacude la cabeza: "¡Tonterías con salsa! No tengo miedo, me encanta, ¡creo que los vampiros son geniales! Siempre pensé que no había vampiros de verdad. ¡Y ahora estoy conociendo a un vampiro agradable como tú! Si no hubiera ido como una bruja, me habría disfrazado de vampiro. "Lana duda por un momento. "Oh, tonterías. ¿De qué estoy hablando? No te disfrazas en absoluto, todavía tengo que acostumbrarme a eso. "Ella sonríe y continúa: "Nunca he tenido un Halloween como el de hoy. ¡Y lo que hiciste por mi hermano es genial! "Vlad mira al suelo. "Sí, pero te mentí. Soy de aquí. "

Ahora señala la casa de la colina. "Vivo allí arriba. Y sólo salgo en Halloween. Por eso te dije que sólo vendría para Halloween. Porque los niños siempre duermen por la noche y durante el día no puedo salir porque no soporto el sol. "Ahora Lana sonríe: "Pero eso es genial. "Vlad está confundido: "Es genial que no pueda soportar el sol… "No." Lana sacude la cabeza. "Eso no. "Lana ajusta su voz para parecer severa y mueve su dedo índice: "Y tampoco es que me hayas mentido. Que nunca más me parezca, mi pequeño vampiro. "Luego empuja a Vlad por el costado y ambos se ríen. "Pero es genial que ahora pueda visitarte todos los días. "Vlad sonrió en toda la cara: "¿Harías eso? "Lana le da una paliza a Vlad por el costado otra vez: "Claro. A partir de ahora, nos divertiremos tanto como lo hicimos hoy. Y tienes que contarme todo sobre los vampiros. ¿Te apuntas? "Vlad apenas puede creerlo. "¡Claro que estoy dentro! "Y está brillando en su cara otra vez. Y sus grandes dientes asoman por las esquinas de su boca. Lana también está radiante. "Pero ahora tengo que llevar a mi hermano pequeño a casa. Mis padres probablemente se estén volviendo locos", dice y besa a Vlad en la mejilla. En ese momento Vlad se ruboriza por primera vez en su vida. Erik inmediatamente señala a Vlad y grita: "Mira, Lana. Empieza de nuevo lo que hizo con sus ojos antes. Ahora lo hace con toda la cabeza, mira lo roja que está. "Y Lana se ríe: "No, Erik, vamos. "Echa una última mirada a Vlad, que mira hacia abajo y saluda con la mano de forma vergonzosa. Vlad camina felizmente a casa. Finalmente tiene una amiga que juega con él todo el año. ¡Fue el mejor Halloween en 200 años!

El Conejito de Pascua Happel

La época más emocionante y ocupada del año pronto comenzará para todas las familias de conejos. La Pascua está a la vuelta de la esquina. Para cada conejo que quiera convertirse en un conejo de Pascua, la Pascua es el festival más importante de toda la vida del conejo porque los aspirantes a conejos de Pascua tienen que aprender mucho y seguir algunas reglas. Unas semanas antes del fin de semana de Pascua, las familias de conejos empiezan a prepararse para que todo funcione bien el domingo de Pascua, y cada niño puede encontrar un huevo colorido y bien escondido en su cesta de Pascua en el jardín. Lo mismo ocurría en la familia de Happel. Todos los parientes, incluyendo las tías y tíos de Happel, primos y todos los hermanos conejos, se reunían en grandes grupos y discutían la distribución de las tareas con los padres de los conejos. Happel era el menor de 12 conejos y aún no se le ha permitido unirse para esconder los huevos de Pascua.

Sus hermanos eran mayores y ya habían asistido a la escuela del conejo de Pascua. Dieron sus tareas y habían estado practicando duro durante semanas para estar en forma para el día más importante del año. Ahora no había tiempo para que el pequeño Happel jugara. Cada año, niños conejos de toda la zona venían y se registraban en la escuela de conejos para entrenar como conejos de Pascua. Este año el conejito Happel también quería estar allí. "¡No será tan difícil! "Pensó para sí mismo. A los padres de los conejos les gustó la idea y animaron a su hijo: "¡La práctica hace la perfección, Happel! Nadie ha caído nunca del cielo como conejo de Pascua", dijo el papá de Happel. Así que se inscribió en la escuela. Los experimentados conejos de Pascua se hicieron cargo de las lecciones de los jóvenes conejos.

Explicaron cómo recoger los huevos de los pollos y cómo manejarlos con cuidado para que no se rompan. Los robustos, experimentados y hábiles conejos se utilizan para esta tarea vital. Luego fue el turno de las lecciones de pintura. "¡No es tan fácil!" Happel declaró. Se necesita una pata tranquila para pintar un bello patrón en el huevo. Los conejos relajados y creativos se usan para esto. Entonces todos los conejos de la escuela de Pascua practicaron el transporte seguro de los huevos. Para ello, los conejos deben ser ágiles, atentos y muy persistentes. Dijeron en la escuela que los caminos a los nidos de Pascua son a menudo muy largos y llenos de baches. Esta ruta debía cubrirse con una gran cesta llena en el lomo del conejo o con una carretilla llena de huevos de colores. El sentido de la orientación también era esencial porque todos los nidos tenían que ser encontrados para esconder los coloridos huevos de Pascua allí.

No eran tareas fáciles, pero todos los conejos estaban muy ansiosos y trabajaban duro para aprender los procesos correctamente. Especialmente la educación física con carreras, ejercicios de equilibrio y salto y otras tareas de habilidad era muy divertida para la mayoría de los conejos. Era una de las unidades favoritas en la agenda diaria. El pequeño conejo Happel se divertía mucho tomando lecciones de teoría, pero a veces no escuchaba. Mientras los demás practicaban, él soñaba consigo mismo. Pero finalmente, el gran día se acercaba, y cada conejo de Pascua "recién horneado" daba una canasta llena de huevos que podían ser transportados y distribuidos. Los conejos de Pascua se dividieron en pequeños grupos y desaparecieron rápidamente en todas las direcciones. De repente Happel estaba muy emocionado. No sabía a dónde ir, y no había prestado mucha atención en clase.

Y no había sido el estudiante más trabajador en los deportes. "¡Oh, sólo estoy corriendo detrás de los otros! "Happel se calmó. Después de que el conejo de Pascua más viejo diera la señal de salida, todos empezaron a correr. Atravesó verdes prados, campos y bosques hacia los pueblos y ciudades donde vivían los niños. Happel no había practicado lo suficiente, y los otros conejos salieron corriendo rápidamente. Cansado y exhausto, Happel llegó a un prado donde pastaban los caballos. Preguntó a los caballos: "¿Sabéis dónde están los nidos de Pascua para los niños?

"Los caballos señalaron las toperas. "¿Quizás allí? "Dijeron y continuaron pastando. Como precaución, Happel colocó un huevo rojo brillante en la topera y siguió caminando. En el camino, descubrió un pequeño montón de hojas y ramas.

Parecía un nido. Happel también puso un huevo en él y siguió caminando. Ahora pasaba por un seto que lentamente se convertía en ramas verdes pero que era tan transparente que Happel podía ver un nido en el medio. También puso un huevo de colores en él. Así que distribuyó todos los bonitos huevos de Pascua hasta que llegó a un jardín y descubrió un hermoso nido verde de hierba bajo un árbol. "Yikes! "Ahora Happel recordaba. Así es como debería ser una verdadera cesta de Pascua. El viejo conejo de Pascua lo había mostrado varias veces durante las lecciones de Pascua. Se sentó triste junto al nido porque no tenía más huevos de Pascua cuando de repente alguien vino arrastrándose a su lado. Empujó una baya roja delante de él. "¿Fuiste tú quien puso el huevo en el agujero de aire de mi colina?" preguntó el topo enojado y corrió de vuelta a su madriguera.

Un par de ratones vinieron y le pasaron un huevo de color al conejo. "¿Qué fue todo eso? No necesitamos un huevo delante de nuestra madriguera", los dos ratones regañaron y siguieron caminando. Un erizo también vino a Happel y le trajo un huevo de Pascua en su columna vertebral, que Happel perdió en el camino. Ahora una teta vino volando y gorjeó: "Necesito mi nido para mis huevos, que pronto pondré. ¡Llévate tu colorido huevo contigo de nuevo y encuentra tu propio nido! "¡Gracias! "Happel gritó después de que los animales brillaran de alegría y estaba feliz. Ahora podía seguir distribuyendo los huevos de Pascua devueltos en los nidos adecuados. No le volvería a pasar el año que viene, pensó Happel. "Mañana por la mañana los niños encontrarán mis huevos de Pascua y serán muy felices."

Happel se sintió muy aliviado y luego les contó a sus hermanos mayores y a sus padres las aventuras que había vivido ese día. Asistir a la escuela de Pascua valió la pena; todos declararon juntos. Muy feliz consigo mismo, el pequeño conejo Happel saltó felizmente a casa con su familia.

El Pollo Frida de Headstrong

El viejo granjero Egon vivía con su granjera Hilde en una granja cerca de un claro. Vivían en el campo con muchos animales. Las vacas disfrutaban de su vida en la verde pradera, donde podían comer hierba fresca y exuberante todos los días. El granjero les había construido un acogedor y cálido establo para el invierno y las frías noches. Allí podían calentarse en el suave heno y paja y protegerse de la lluvia y la nieve. Se sentían tan bien en el campo que le daban al granjero mucha leche fresca cada mañana. Las ovejas también se llevaban bien. No tenían que temer al lobo porque todos se cuidaban entre sí, y el granjero Egon contaba todas las ovejas cada mañana. Se acurrucaban juntas por la noche y preferían mirar el claro cielo estrellado.

Los tres gatos del campo se aseguraron de que los granjeros no tuvieran ratones en su casa. Porque a Hilde no le gustaba eso en absoluto, por eso acariciaba a los gatitos y les daba leche fresca. El perro Charming tenía una tarea particularmente importante. Era el residente más antiguo de esta granja y conocía cada animal y cada rincón de la zona. Se encargaba de cuidar a todos y vigilaba fuera de la casa de los dos granjeros día y noche. Sin embargo, el gallinero estaba particularmente feliz y alegre. Aquí vivían doce pollos con su orgulloso gallo. Charlaban todo el día, exploraban el establo y se contaban las noticias. En secreto, a la granjera Hilde le gustaban especialmente las gallinas porque todas las mañanas le ponían huevos frescos, que luego podía comer para el desayuno.

Uno de estos pollos era el pollo Frida. Era un poco diferente a las otras, y era un poco terca. Cuando las otras gallinas recogían los granos, hacían agujeros en el suelo, se cacareaban entre ellas, o simplemente corrían detrás del gallo, Frida normalmente seguía su propio camino. Por ejemplo, le gustaba explorar las casas de los otros animales y se hacía amiga de los vecinos. Todas las gallinas ponían sus huevos en sus nidos todos los días para que el granjero pudiera recogerlos todos los días. Sólo que Frida no lo hace. Construyó su propio nido en la hierba alta o cerca de la valla y puso su huevo diario allí. Luego tomó su huevo y lo rodeó con una cuerda. Trajo el huevo atado a su pico a los animales que quería visitar y conocer.

A la larga, sin embargo, se volvió demasiado aburrido para Frida en el campo. Ella ya conocía a todos allí y quería conocer a más amigos. Así que decidió pasar los siguientes días explorando lo que pasaba al otro lado de la cerca. Esa noche regresó al gallinero, como siempre, tomó su lugar en la escalera y no le dijo nada a las otras gallinas sobre su plan secreto. Cuando el sol se puso, todos roncaban tranquilamente; sólo Frida apenas podía esperar al día siguiente. A la mañana siguiente el gallo cantó al amanecer y despertó a todos los residentes del patio. Frida se preparó para su viaje. Tomó su huevo, lo ató fuertemente alrededor de su pico, y quiso dárselo al primer animal que encontrara.

Buscó un lugar en la cerca por el que pudiera arrastrarse, y la aventura de Frida comenzó. Hasta entonces, ella sólo había visto el claro del patio. Ahora estaba parada en el medio del bosque oscuro. Los árboles parecían enormes. Y tampoco había oído nunca los sonidos que venían de la selva. Frida se sintió mareada. Luego se alegró cuando de repente se encontró con un zorro. Él le preguntó: "¿Quién eres y qué haces aquí, bonito pollo? "Soy Frida, y estoy buscando nuevos amigos. Ya conozco a todos en la granja", dijo Frida. "Oh, has venido al lugar correcto", dijo el zorro. "Me encantan las gallinas y me encantaría ser tu nueva amiga. "Frida se mostró muy confiada y se alegró del hermoso encuentro con el zorro. Ella dijo: "Tengo un regalo para ti" y sacó el huevo que había traído y se lo entregó al zorro.

El zorro tomó el huevo y dijo: "Eso es muy bonito. Podemos prepararle un buen almuerzo. Ven conmigo, te voy a mostrar la madriguera donde vivo. "Frida estaba feliz y corrió con el zorro. En ese momento, Frida ya estaba desaparecida en la granja. El gallo corrió por todo el patio y preguntó a todos los animales sobre la gallina desaparecida. Pero nadie la había visto ese día. El gallo fue al perro de la granja, encantado y le pidió que le ayudara a encontrar a Frida. Charming pudo olfatear el camino de Frida con su excelente nariz. Junto con el gallo, Charming cruzó la valla y se abrió paso a través del bosque. Se detuvieron en la madriguera cuando Charming perdió el rastro. "Frida debería haber estado aquí la última vez. No puedo oler el camino que queda por delante." Se acercaron al edificio y vieron al zorro poniendo una tetera llena de agua en la chimenea para preparar una deliciosa sopa.

Frida ya no se sentía cómoda con el zorro, pero no sabía a dónde ir. Entonces, de repente, vino Charming y ladró tan fuerte que el zorro se asustó y rápidamente tomó vuelo. Frida saltó sobre la espalda de Charming, y corrieron de vuelta a la granja tan rápido como pudieron. El gallo tropezó tras ella tan rápido como pudo. Cuando finalmente, de vuelta al otro lado de la valla, el gallo Frida explicó con calma que el zorro sólo los había atraído para comérselos y por lo tanto, no podía ser su amigo. Frida había entendido que después de su viaje aventurero. Abrazó fuertemente a Charming y le agradeció calurosamente por el rescate. Estaba encantada de volver a estar a salvo con sus amigos y ya no encontraría molesta su vida en la granja.

Ya estaba oscureciendo, y las gallinas se reunían en el granero para preparar un lugar para dormir. Todos querían saber de Frida lo que había experimentado ese día por el excitante día, los ojos de Frida se cerraron. A la mañana siguiente, prometió contar todo en detalle y se quedó dormida.

La Historia de las Abejas de Charlotte

Charlotte celebró su sexto cumpleaños. Hacía un calor abrasador afuera, como todos los años ese día. Todos los niños y los invitados al cumpleaños se habían reunido en el jardín para abalanzarse sobre el buffet de pasteles gigantes. Los abuelos, tíos y tías de Charlotte, los vecinos y, por supuesto, su madre había hecho los más deliciosos pasteles y tartas. A Charlotte se le permitió cortar el primer pastel y elegir su pieza favorita. Debería ser un pastel de fresa con un delicioso relleno de queso. "Este es mi pastel favorito", le susurró Carlotte a su mejor amiga. "Entonces yo también quiero probarlo", llamó Lara a la niña del cumpleaños. Cuando todos tuvieran un trozo de pastel de su elección en el plato, la fiesta podría comenzar. Todos estaban felices y disfrutaron del gran clima.

De repente, el hermano pequeño de Charlotte, Justus, saltó. Dejó caer rápidamente el tenedor y corrió por el jardín. "¿Qué tiene? "Lara preguntó, mirando fijamente a Justus, que seguía corriendo en círculos, gritando. Cuando Lara quiso volver a su pedazo de pastel de fresa, empezó a llorar. Dos insectos de rayas amarillas y negras se sentaron en sus platos, royendo alegremente y con ambición las fresas de Lara. "¡Charlotte, llévatela! "Lara llamó asustada a su amiga.

En la mesa, se volvió cada vez más inquieta porque más y más de estos insectos de rayas amarillas y negras se sentían atraídos por las golosinas. Además de la selección de pasteles y tartas, las deliciosas limonadas y la ensalada de frutas recién preparada olían extremadamente tentadoras.

La madre de Charlotte ahora sólo se preocupaba por tranquilizar a los invitados al cumpleaños y cubrir el pastel y los jugos para no atraer a más invitados zumbadores. "¡Mamá, haz desaparecer las abejas! ¡Están destruyendo toda mi celebración!" Lloriqueó Charlotte, que apenas recibió atención debido al caos. "Tus zumbidos no son abejas, sino avispas. Como las abejas no se sienten atraídas por los dulces y pasteles, a todas sólo les interesa el polen y el néctar", dijo la madre de Charlotte. "Eso no me importa. Las avispas o las abejas son todas la misma cosa", gimió Charlotte. Para salvar el cumpleaños, la celebración se traslada a la sala de estar, donde luego se puede comer y jugar en paz. Cuando los invitados se despidieron por la noche, la madre de Charlotte se acercó a ella.

"Charlotte, hoy deseaste que las abejas desaparecieran. Eres demasiado joven para entender la importancia de las abejas hoy, pero en unos pocos años, recordarás y te darás cuenta de que las abejas tienen un papel vital en este planeta. "Sí mamá, las abejas son simplemente molestas. Hoy arruinaron mi cumpleaños. "Unos años más tarde, Charlotte celebró su cumpleaños de nuevo en un hermoso día de verano. Ahora tenía diez años. Aun así, todos estaban sentados en una mesa bien puesta en el jardín. "Mamá, ¿dónde está el pastel de fresa que tanto me gusta? "Charlotte se sorprendió porque había dado su pastel favorito todos los años. "Apenas quedan fresas, mi niña. Por eso no pude hacer un pastel este año." Pero ¿dónde están las fresas? "Preguntó Charlotte, sorprendida.

"Como apenas quedan abejas, las flores de los árboles frutales y las fresas ya no pueden ser polinizadas adecuadamente. Por lo tanto, los grandes frutos ya no pueden crecer y madurar. La cosecha de la fruta es entonces diminuta y se agota rápidamente. "Charlotte recordaba los cumpleaños cuando había suficientes fresas y ahora estaba preocupada. "Pero si las abejas son tan importantes para nosotros los humanos y pronto no quedará casi nada de fruta y verdura, ¡entonces tienes que hacer algo al respecto y proteger a las abejas! "Charlotte lloró con convicción. "¿Qué podríamos hacer para ayudar a las abejas? "¿Qué piensas cuando pedimos prestado un libro sobre abejas en la biblioteca y averiguamos cómo podemos ofrecerles un lugar para vivir en nuestro jardín? Si te preocupas por las abejas, también podrías dar una conferencia sobre ellas en las clases de geografía y hablar de ellas a tus compañeros.

Tal vez tu profesor pueda pensar en otra cosa para prevenir la extinción. "Al día siguiente, llena de entusiasmo, Charlotte explicó a sus compañeros de clase lo vitales que son los pequeños insectos para los humanos. Sólo juntos pueden proteger y salvar a las abejas.

El Comienzo del Invierno

Una mañana, Enchi se despertó en su acogedor escondite. Estaba durmiendo profundamente cuando de repente un pequeño copo de nieve cayó en la punta de su nariz. "Bien. ¡Es sólo octubre!" Pensó. Enchi sacudió su pelaje tupido, parpadeó en el cielo con sus oscuros ojos de botón y pensó. "Si ahora caen las primeras nevadas, entonces el invierno no está lejos. "Enchi atravesó el bosque y gritó: "Amigos, el invierno está llegando pronto. ¡Hoy he visto un copo de nieve! "Pero ninguno de los otros habitantes del bosque respondió. Todos sus amigos seguían durmiendo profundamente y no estaban preocupados. "Bueno, entonces iré solo", decidió Enchi con valentía. Agarró su cesta, la ató a su espalda y se dirigió a un prado con muchos nogales. El camino hacia el prado era largo, y con cada paso, hacía más frío y viento.

"No existe", pensó Enchi. "¿Por qué el invierno llega tan pronto este año? Aún no he recogido nada, y una vez que llegue la nieve, será difícil encontrar algunas nueces. "Después de la larga caminata al prado, cavó y cavó diligentemente bajo los grandes árboles. De vez en cuando encontraba una nuez caída o una bellota enterrada del año pasado. Las ponía cuidadosamente en la cesta. Cuando estaba medio llena, estaba oscureciendo, y Enchi decidió encontrar un lugar para dormir. Encontró un nido abandonado en uno de los nogales y se acurrucó en él. "La búsqueda de nueces continúa mañana", pensó para sí mismo. Cuando Enchi se despertó al día siguiente, vio un grueso manto de nieve en la pradera. "¡Oh, no! El invierno está aquí. "Enchi bajó rápidamente del árbol y comenzó a alcanzar el suelo con sus patas a través del firme manto de nieve.

La búsqueda de nueces fue tediosa. Hacía mucho frío y Enchi sólo ocasionalmente encontraba algo comestible. Mientras ponía las nueces recolectadas en su cesta, un pequeño ratón vino arrastrándose por la nieve. Pequeños cristales de hielo se pegaron a sus bigotes. "Hola Enchi, veo que empezaste a recolectar justo a tiempo y ya has encontrado muchas nueces. Dormí durante el comienzo del invierno y ahora no tengo nada que comer. "Enchi vio que el ratoncito se estaba congelando y que debía tener hambre. "Muy bien, ratoncito. Puedo darte algunas nueces. "El ratoncito le agradeció y volvió al bosque con las nueces. Poco después, un pequeño erizo vino y dijo: "Hola, Enchi, hace frío, ¿no? No esperaba la rápida llegada del invierno. Antes de entrar en hibernación, tengo que comer algo.

Desafortunadamente, no encontré nada en la nieve. "Enchi conocía al erizo y no quería que tuviera hambre. "Puedo darte algunas lombrices de tierra. "El erizo le agradeció y volvió a su madriguera. Cuando Enchi estaba a punto de seguir recolectando, un pequeño conejo pasó cojeando. "Hola, ardilla. Veo que has encontrado muchas nueces. Me he herido en la pata y ahora no puedo recoger nada. "Enchi sintió lástima por el conejo. "Tu pata te dolerá mucho. Puedo darte algunas nueces; tal vez te ayude. "El conejo le agradeció y siguió cojeando. Estaba oscureciendo, y un grueso copo de nieve tras otro cayó suavemente sobre su piel. A veces temblaba porque hacía demasiado frío. Entonces vio una pequeña creatura detrás de un árbol. "Hola pequeño ratón, ¿qué estás haciendo?

¿No tendrías que sentarte en el árbol o volar por ahí? "El ratón respondió: "Tienes razón. Rara vez estoy aquí abajo en el suelo, pero tengo que encontrar algo para comer. El invierno llegó tan de repente. "Enchi miró en su cesta. Sólo quedaban dos nueces en ella. "Ratón, sólo me quedan dos nueces. Pero puedo darte una de ellas. "Le dio las gracias y se fue volando con la nuez en el pico. Enchi miró dentro de la cesta casi vacía. "¡Una nuez… no puedo pasar el invierno con ella! "Pero ahora tenía que irse a casa porque hacía demasiado frío y estaba oscuro para recogerla. El invierno se volvía helado todos los días. Los árboles llevaban una gruesa capa de nieve en las ramas. Enchi estaba preocupado y se sentó en una gran piedra al lado del camino. Entonces el ratoncito se acercó. "Hola Enchi, pareces triste. ¿Qué es lo que pasa? "

Enchi le explicó que compartía todos sus frutos secos con los demás y que ahora no tenía nada para él. El ratoncito, recordando cómo la ardilla compartía sus nueces, dijo: "Tengo un poco de queso y algunos granos. Estoy feliz de darte algo. "Compartió sus provisiones y se despidió. "Hola, ardilla", cantó desde el árbol. "Aquí tengo una lombriz de tierra para ti. "El herrerillo voló hasta el suelo y le dio el gusano a Enchi. Se tragó rápidamente el gusano y le dio las gracias al ratoncito. Un tiempo después, el conejo cojo y el erizo se acercaron y dijeron: "Hoy hemos conocido al ratoncito. Nos dijo que compartió todas sus provisiones y que ahora también tiene hambre. "Puedo darte algo de la leche que conseguí en la granja", dijo el erizo.

El conejo le mostró a la ardilla una manzana y la compartió. "Todavía estamos buscando provisiones y podemos mostrarte un lugar donde encontrarás muchas nueces. "Hay suficiente comida para todos nosotros en el camino hacia el asentamiento humano", informó el erizo. "Gracias; me encantaría ir con ustedes. "Enchi concertó una cita con el erizo y el conejo. Querían reunirse al amanecer de la mañana siguiente. Enchi estaba agradecido por la ayuda de los otros animales y ya no le temía al invierno. Se acurrucó en su nido y esperaba buscar provisiones al día siguiente.

El Abuelo Heinz y la Sirena

Tamara está sentada en la mesa del comedor con sus abuelos… es la hora de la cena. El abuelo Heinz cuenta las mejores historias. Solía ser un marinero y experimentó muchas cosas. La abuela Helene sigue diciéndole que no se olvide de la comida. Pero el abuelo Heinz está tan ocupado que nunca viene a cenar. Habla de monstruos marinos, sirenas y olas tan altas como casas. "¡Entonces estás hilando tu hilo de marinero otra vez!" Dice la abuela Helene. "¡Esto no es hilo de marinero de Leni!" Dice el abuelo Heinz. "Ahora escucha bien. "Oh," saluda a la abuela Helene. "Acabas de poner al pequeño tonto en el Kopp. "Después de la cena, el abuelo Heinz sugiere un paseo por la playa. "Oh, Heinz", dice la abuela Helene. "Está lloviendo. "Pero el abuelo Heinz no puede aplazarlo. "Casi se detiene. Además, tiene la ropa adecuada para cada clima", dice y lleva el impermeable a Tamara. "Volveremos en media hora. ¿Nos harás un té caliente entonces? "Pregunta, y sale por la puerta. Y la abuela Helene sacude la cabeza y dice lo que siempre dice: "Cabra testaruda. Por supuesto, te haré un té. No deberías olerlo. "Hace un tiempo terrible, y el mar está agitado. Pero la lluvia casi ha parado. El mar agitado le recuerda al abuelo Heinz a la marea tormentosa, y empieza a contar historias. Es la forma en que comienza una historia lo que hace tranquilizar a Tamara. "Recuerdo la marinería que tu abuelo casi no habría sobrevivido. Fue hace mucho tiempo. Yo todavía era un niño pequeño y no había estado tanto tiempo en el mar. El mar estaba mucho más agitado que hoy en día, y se agitaba desde todas las puertas del cielo.

Las olas golpearon el cortador, y toda la nave se balanceó de un lado a otro. Algunos marineros temían que el cúter se llenara de agua. Las olas golpearon a esa altura. Ya estaba oscureciendo, y la lluvia nos golpeaba en la cara. En la oscuridad, habíamos perdido la vista y teníamos miedo de correr en un banco de arena. Incluso el mejor Kicker no te servía en la tormenta, ¿sabes? "Tamara mira al abuelo Heinz con curiosidad: "¿Kicker? "Sí", dice el abuelo Heinz. "Prismáticos. Y antes de que preguntes, el recorrido de la quilla significa que el barco está encallado. "Tamara asiente con los ojos abiertos y la boca abierta. Luego el abuelo Heinz continúa: "En algún momento, ya no creí que llegaríamos a casa a salvo. Ni siquiera sabíamos qué camino tomar. La tormenta continuó y no pude ver mi mano frente a mis ojos.

De repente, algo brilló en el agua. Vi una niña pequeña en la luz. Pot Blitz, pensé que un polizón se había pasado de la raya y quería llegar a la campana. Entonces vi a la niña saltar del agua. No podía creer lo que veía. La niña saltó del agua y volvió a entrar como un delfín. Pero te digo que no era un delfín. Y tampoco era una niña. Cuando salté del agua, reconocí una enorme aleta. Estoy seguro de que era una sirena. Una y otra vez, saltó en el aire y giró hasta que entendí que debíamos seguirla. Nadó hacia adelante y nos mostró el camino seguro hacia el puerto. ¡Esta sirenita nos salvó la vida! Pero nunca la volví a ver después de eso. La abuela Helene nunca me creyó. Pero es la verdad. "

Tamara mira al abuelo Heinz con la boca abierta: "Te creo, abuelo. ¿Cómo era ella? "Como una niña pequeña. No podía ver mucho en la oscuridad. Tenía el pelo rubio y una enorme aleta caudal. Era más rápido que cualquier otro barco que conociera antes. "La lluvia ha parado, y el mar se ha calmado. Una suave brisa sopla desde el agua, y Tamara escucha ansiosamente cada palabra que sale de la boca del abuelo Heinz. Lo que no saben es que la sirenita de la historia del abuelo Heinz necesita su ayuda esta vez. Ahora mismo. Su nombre es Amelie. En ese momento, ella le mostró al abuelo Heinz el camino seguro al puerto. Ahora, necesita ayuda para ella misma. Hace unas horas, ella había jugado con los peces en el fondo del mar. Entonces el mar se refrescó, y Amelie notó que había nadado más lejos de lo que quería.

Para una sirenita tan valiente, eso no es un problema, se podría pensar. El mar agitado también puede ser peligroso para las sirenas. Amelie nadaba en dirección a la cueva de su casa cuando no prestaba atención, y la corriente la atrapó.

Perdió el control y se golpeó la cabeza contra una piedra. Inconscientemente, fue arrastrada a la playa, y la marea comenzó. Es la misma playa en la que el abuelo Heinz y Tamara van a dar un paseo. Pero todavía están demasiado lejos para ayudar a Amelie. Sin embargo, una sirena en tierra no dura mucho tiempo. Amelia se despierta y se da cuenta de que está en tierra. La marea baja empujó el mar muy atrás. Se agita como un pez en tierra firme, pero no hace un buen progreso. Podría haber hecho una distancia corta. Pero el mar está demasiado lejos debido a la marea baja.

Desanimada, se rinde y rompe en llanto. "¿Por qué me está pasando esto? Nunca hice nada malo", llora. "Oh, cariño, eso no tiene nada que ver con esto", dice una voz. Amelie traga y se limpia las lágrimas. Pero no ve nada. "Estoy aquí arriba", dice la voz. Ahora Amelie ve una pequeña hada con hermosas alas revoloteando sobre ella. "¿Qué eres?" Amelie pregunta. "Entonces, ¿qué aspecto tiene? Soy un hada buena. Para ser más precisos, tu hada madrina. Pero no tienes mucho que hacer como hada de la sirena", sonríe. "¡No hay hadas en absoluto! "Dice Amelie. "Es sólo en los cuentos de hadas. "El hada mira a Amelie confundida: "Oh, querido. ¿Y eso viene de una sirena? ¿Sabes que las sirenas son como criaturas míticas como las hadas? "

Amelie sacude la cabeza: "No, hay muchos de nosotros en el mar. No somos criaturas míticas. "El hada toca su cabeza:

"Oh, cariño, ¿qué te están enseñando ahí abajo?" Luego hace dos puños y los pone contra su cadera: "¡No importa, debemos volver a meterte en el agua y rápido!" ¿Pero cómo me vas a ayudar? Eres demasiado pequeña para llevarme de vuelta al mar", dice Amelie, decepcionada y a punto de llorar de nuevo. "Querida", dice el hada. "No tiene nada que ver con el tamaño. ¡Incluso las pequeñas pueden ayudar! "Entonces el hada piensa: "¿Cómo fue el hechizo de nuevo para una sirena varada? Tienes que disculparte. Estoy fuera de práctica. La mayoría de las veces, tú estás en el agua, y yo en la tierra. ¿Cómo fue eso otra vez? "Entonces ella mueve su varita y murmura algunas palabras.

Al momento siguiente, el piso debajo de Amelie comienza a llenarse de agua. El agua sigue creciendo hasta que Amelie se envuelve completamente en el agua. El único problema es que el agua sólo está alrededor de Amelie. Ahora está nadando como una burbuja. El hada exhala tristemente: "Probablemente no fue así", dice. Luego levanta una ceja y dice: "Pero ganamos tiempo". Técnicamente, estás de vuelta en el agua. " Amelie asiente con la cabeza y está feliz de sentir el agua de nuevo. Pero por mucho que la pequeña hada piense, no entiende el hechizo. "Se ha puesto bastante oscuro", dice. "Haré que nos iluminen primero. "Ella mueve su varita de nuevo, y una pequeña luz se cierne a su lado. "Al menos ahora podemos ver algo. "El abuelo Heinz y Tamara caminan unos metros por la playa. Cuando Tamara descubrió la luz, señaló con entusiasmo el brillo de algo: "Abuelo. La luz de la que hablaste. "

El abuelo Heinz se rasca la cabeza: "No, eso es sólo una linterna. Todavía hay alguien que va a dar un paseo. "Pero no se mueve en absoluto", exclama Tamara. Ella tira al abuelo Heinz de la mano. "Vamos, abuelo. ¡Es tu sirena!" El abuelo Heinz piensa si la abuela Helene podría tener razón. Tal vez no debería haber contado la historia. ¿Quizás sólo está haciendo bromas a Tamara? Entonces, de repente ve a su sirena flotando en una burbuja en la playa. Permanece tieso: "Qué, pero ¿qué? "Dice, mirando a Amelie. Tamara está en shock: "Ahí, abuelo, ¿ves? Ya te lo dije. ¿Es la sirena que te salvó?" Y Amelie también reconoce al abuelo Heinz. "Te has hecho mayor", dice. "¡Pero yo te reconozco! "

Antes de que el hada pudiera oír eso, ella revoloteó al abuelo Heinz y le dio un puñetazo con sus pequeños brazos contra la nariz: "¡Alto!" "No tocarás a Amelie. ¡De lo contrario, tendrás que tratar conmigo! "El abuelo Heinz se acercó con cuidado al hada: "Está bien. No le haré daño. Nos conocemos. "El duende mira a Amelie sorprendido: "¿Es eso cierto? "Amelie asiente con la cabeza. El abuelo Heinz se acerca a Amelie: "Entonces, ¿tu nombre es Amelie?" Él pregunta. Luego señala a Tamara. "Esta es mi nieta Tamara. "Amelie saluda a Tamara, que ha dejado de parlotear y está de pie con la boca abierta. "¡Eres hermosa!" Dijo Tamara, y Amelie dijo gracias.

El abuelo Heinz extiende la mano hacia el agua y dice: "Nunca podría agradecerte lo suficiente. ¡Me has salvado la vida! "

En ese momento, el hada le golpeó en la mano: "Aleja los dedos de mi burbuja. "Entonces, ella agitó su dedo índice: "Está prohibido tocar las figuras con las patas. Ahora, váyase. ¡Tenemos trabajo que hacer! "El hada revolotea hacia Amelie e intenta empujar la burbuja de agua. Pero no se mueve. Amelie es demasiado pesada. "Te ayudaré." Dice el abuelo Heinz y está a punto de empujar cuando el hada grita: "¡No! ¡Te dije que no tocaras! "El abuelo Heinz se detiene abruptamente. "¡Si tocas la burbuja de agua, explotará o incluso peor! "La pequeña hada está respirando y parloteando cuando ve a la baja Tamara empujando la burbuja de agua por el rabillo del ojo." Pero, ¿cómo es posible? "Pregunta el hada. Amelie asiente con la cabeza al hada: "Está bien. Tamara es mi alma gemela. La forma en que lo sentí con Heinz en aquel entonces, lo siento con ella ahora. Y en algún momento, lo sentiré con sus hijos. "

Y Tamara empuja a la sirenita de vuelta al mar. Cuando Amelie está de vuelta en el mar, ella felizmente salta alrededor de las olas. Entonces aparece y saluda a Tamara: "Muchas gracias, querida Tamara. ¡Nos veremos de nuevo! Pero ahora tengo que volver", dice, se da la vuelta y desaparece entre las olas. Cuando Tamara se da la vuelta, el hada también ha desaparecido. El abuelo Heinz está más atrás en la playa y llama a Tamara. "Ven, mi pequeña; nosotros también tenemos que volver. La abuela Helene nos estará esperando con el té. "Cuando llegan a casa, las palabras de Tamara fluyen como una cascada. La historia brota de ella: "Y entonces, empujé a la sirena de vuelta al mar. Ella me saludó de nuevo y luego desapareció. Entonces el hada también se fue. "

La abuela Helene le acaricia la mejilla: "Bueno, tuviste una verdadera aventura allí. Pero ahora que has terminado tu té, es hora de acostarse". Después de que la abuela Helene ha llevado a Tamara a la cama, mira al abuelo Heinz y sonríe: "¿Qué le has hecho? Habló todo el tiempo hasta que se durmió. El hilo de marinero que ella teje ya no cabe en ningún envoltorio". El abuelo Heinz le devuelve la sonrisa y asiente con la cabeza: "Hay tantas cosas fantásticas ahí fuera. Y las historias quieren ser contadas. ¡Déjalos soñar!" Entonces la abuela Helene y el abuelo Heinz se van a la cama. Y el abuelo Heinz está feliz de tener a alguien que le cree y comparte sus historias con él. Aunque siga siendo un secreto entre los dos, Tamara y él saben que hay una pequeña sirena llamada Amelie que siempre la cuidará en el mar.

Un Muñeco de Nieve Salva la Navidad

Había una vez un muñeco de nieve que vivía en el país de las maravillas de la Navidad. En una casa del árbol, pero no era una casa del árbol. Era una casa real en un árbol. Era normal allí, y también había casas de pan de jengibre, enormes árboles de Navidad y muchas más casas fantásticas. Pero volvamos a nuestro muñeco de nieve, cuyo mayor deseo era ser un elfo navideño. Sin embargo, sólo a los elfos se les permitía convertirse en elfos de Navidad. Así que, estaba escrito en el gran libro de Navidad. Aún así, el muñeco de nieve lo intentó año tras año. Incluso se disfrazó una vez de elfo para llegar a la gran fábrica de Navidad. Pero se fijó en los guardias de la puerta. ¿Tal vez la zanahoria de su cara lo había traicionado? O tal vez era más esférico que todos los demás. Funcionaría este año porque el muñeco de nieve tuvo una gran idea.

Quería empacar los regalos él mismo y distribuirlos a los niños. Papá Noel no podía estar enfadado con él por eso, ¿verdad? Y finalmente pudo poner la sonrisa tan anhelada en los rostros de los niños. Lo primero fue conseguir los regalos. Pero ¿de dónde conseguirlos? Tenía que hacer dinero de alguna manera. Pero ¿qué debía hacer? Era increíblemente bueno en el trineo. Pero no se podía ganar dinero con eso.

Entonces, pensó en algo. Se resbaló felizmente y empezó a formar pequeñas bolas de nieve. Entonces, tomó una señal y se sentó en la nieve. La señal decía: "Tres dólares por bola. "Eso debería funcionar. A todos les gustan las peleas de bolas de nieve, pero no pasó nada, hora tras hora. Nadie compró una bola de nieve. Así que le preguntó al herrero si podía ayudar. Pero sólo se rió a carcajadas.

"¿Cómo quieres ayudarme? "Preguntó el herrero. "Si te paras junto al fuego conmigo, te derretirás. ¿Quieres servirme como un vaso de agua? "Así es. "Pensé que el muñeco de nieve tenía que estar en algún lugar frío. Así que fue a la fábrica de helados. Allí se hicieron grandes bloques de hielo para construir iglús. Pero aquí también, el muñeco de nieve era motivo de risa. "¿Cómo quieres ayudarme?" Preguntó el gerente de la fábrica. "Los bloques son tan pesados que, si quieres empujarlos, tus delgados brazos de palo se romperán. "Así es. "Pensé que el muñeco de nieve de nuevo tiene que estar en algún lugar frío, y el trabajo no puede ser demasiado difícil. Así que el muñeco de nieve fue a la heladería. Se entusiasmó con la idea y dijo: "¡Eres un buen vendedor de helados! Nunca tienes demasiado frío, y si falta hielo para enfriar, simplemente te quitamos algo. "

Cuando el hombre de nieve escuchó esto, se asustó. "¿Helado de mí? "Preguntó. "Creo que estoy en el lugar equivocado", dijo, huyendo rápidamente. El muñeco de nieve estaba triste ahora. Nada de lo que intentó, funcionó. Se hundió en el suelo en medio de la ciudad; su sombrero se deslizó sobre sus tristes ojos de botón. Tomó su violín y tocó un villancico de Navidad. Siempre le había ayudado cuando estaba disgustado. Cuando estaba tocando, era tan considerado que ni siquiera se fijaba en la gente que pasaba, tirando algunas monedas. Fue cuando un extraño dijo: "Un maravilloso villancico de Navidad. Es uno de mis favoritos. Sigue tocando el muñeco de nieve", escuchó. Se levantó el sombrero y vio el cambio delante de él. "¡Eso es dinero! "Dijo en voz baja y siguió tocando. "¡Eso es dinero! "

Gritó y siguió jugando. Sonrió en toda su cara y cantó con todo su corazón: "Mañana habrá algo para los niños. Mañana, seremos felices. "Con el dinero recién ganado, compró regalos y papel de regalo. Todo fue empacado y atado diligentemente y pasó el cordón a través del agujero. "Uno a la derecha, otro a la izquierda… ¡sí, el muñeco de nieve viene y lo trae! "Pero espera… ¿Cómo se supone que los regalos llegarán a los niños desde aquí? El muñeco de nieve considerado. "No puedo llevarlo. Pero tampoco tengo un trineo de Navidad. Y Santa Claus apenas me presta el suyo. El reno también querría comerse mi zanahoria. "El muñeco de nieve era increíblemente bueno para andar en trineo, pero no siempre era sólo cuesta abajo. Entonces, ¿qué hacer? El muñeco de nieve también tuvo una gran idea aquí. Ató los regalos a un caracol. Los caracoles pueden cargar mucho.

Eso funcionaría. Justo cuando lo hace, un duende de navidad vino.

"¿Qué será cuando esté hecho? "Preguntó el duende de la Navidad. El muñeco de nieve estaba orgulloso de estar junto a su caracol. "¡Este es mi caracol de Navidad! Y estoy repartiendo regalos a los niños este año. "El duende navideño miró asombrado al muñeco de nieve y al caracol. "Me reiría ahora si no fuera tan triste", dijo entonces. "¿Sabes que un caracol es demasiado lento para entregar regalos a todos los niños del mundo? Quiero decir, sería demasiado difícil abastecer a este pueblo. "La sonrisa alegre se desvaneció del muñeco de nieve, y el duende continuó: "Desafortunadamente, estos también son muy pocos regalos. Necesitarías mucho más. Pero no importa, de todos modos. ¡Cancelad la Navidad! "Cuando el muñeco de nieve escuchó eso, no podía creerlo. "¿La Navidad se cancela? "El duende de la Navidad asintió con la cabeza: "Y tanto si funciona como si no. Santa Claus se enfermó y no puede llevar regalos."

"Oh Dios" respiró el muñeco de nieve con asombro y miró al duende con incredulidad. "Santa Claus no puede enfermarse en absoluto. "El duende de Navidad asintió de nuevo: "Así es. Normalmente no. Pero este año, hace tanto frío que incluso los elfos de Navidad tienen demasiado frío. "El muñeco de nieve se puso nervioso: "Pero la Navidad, la Navidad… ¿Qué pasa con la Navidad? "Corrió en un círculo agitado y habló consigo mismo: "No, no, no, no, eso no puede ser. Una Navidad sin regalos no es una Navidad. "El duende de la Navidad interrumpió al hombre de nieve. "La Navidad es la Navidad sin regalos. Los regalos siempre han sido más y casi demasiado en los últimos años. "El muñeco de nieve se desplomó brevemente y exhaló. Luego se puso de pie y dijo: "Pero con regalos, es mucho más hermoso. "

El duende de Navidad sacudió la cabeza: "La Navidad es el festival de la caridad. No hay necesidad de regalos. "El muñeco de nieve se giró y dijo en voz baja: "Sí, es cierto. "Luego tomó uno de sus regalos y se lo sostuvo al duende de la Navidad: "Pero mira qué hermosos son los regalos. Con un regalo así, puedo mostrar mucho mejor mi amor por mis amigos. "Luego hizo desaparecer el regalo a sus espaldas y miró con tristeza al duende de la Navidad. "Mira, ya se ha ido. ¿No es triste? Imagina los muchos y tristes ojos saltones frente al árbol de Navidad bajo el cual no hay regalos. Ahora, diles a los niños que no necesitamos regalos, ¡porque la Navidad es el festival de la caridad! "El duende de la Navidad cedió: "Ok, tal vez tengas razón. Pero ¿qué debemos hacer? Hace demasiado frío. "

El muñeco de nieve tiró el regalo a un lado y se deslizó hacia el duende de Navidad: "¡Ja! ¡Exactamente! ¡Está demasiado frío! Para Santa Claus. ¡Pero soy un muñeco de nieve! "Luego se dio vuelta en un círculo y comenzó a cantar: "Nunca tengo demasiado frío, envejeceré. Puedo apurarme y apurarme, repartir regalos a los niños. Sólo tienes que ayudarme con las cosas y el equipo. Llévame con Santa Claus rápidamente. "El duende de la Navidad se cubrió las orejas: "Bien, deja de cantar. Te llevaré allí. "El muñeco de nieve saltó en el aire con alegría: "¡Sí! Oye, casi rimaba. También podrías cantar una canción." El muñeco de nieve habló un rato de camino a Santa Claus, a pesar del duende navideño. Al llegar a Santa Claus, se sorprendió al ver un muñeco de nieve en casa. Por lo general, sólo había elfos de Navidad allí. Pero a Papá Noel le encantaba la idea de que la Navidad no se cancelara.

Porque también pensó que la Navidad con regalos es más hermosa. Pero ¿cómo debería el muñeco de nieve distribuir tantos regalos? El muñeco de nieve masticaba nerviosamente en sus labios. Estaba tan cerca de vivir su sueño más prominente. "No tenemos que distribuir todos los regalos", dijo entonces. "Todos reciben un poco menos este año. Sigue siendo mejor que nada, ¿no? "Santa Claus miró al muñeco de nieve: "No creo que la idea sea terrible. ¡Eso debería funcionar! Pero ¿con qué quieres llevar los regalos? ¡No puedes tener mi trineo! "El muñeco de nieve estaba al borde de la desesperación. "Sólo resuelve este problema, y mi sueño se hará realidad", pensó para sí mismo. Entonces dijo tímidamente: "¡Así que soy un buen trineo! "Entonces el duende de la Navidad intervino: "¡Oh, eso es una tontería!

¿Sólo entregas a los niños que viven en el fondo de una montaña? ¿O cómo podría imaginarme eso? "Pero Santa Claus levantó su mano y movió sus dedos como si estuviera rascando el aire. Un enorme tobogán de nieve surgió de la nada bajo el muñeco de nieve. Entonces Santa dijo: "Eres un buen trineo de trineos. Esta montaña de nieve te acompañará. Es una pendiente de nieve interminable. Por lo tanto, puedes deslizarte en trineo a cualquier lugar rápidamente. "El hombre de nieve miró la vasta montaña de nieve y dijo: "Eso es…" entonces de repente saltó en el aire y gritó: "¡Sí, el martillo! ¡Trineo para siempre! No es así como lo imaginé en mis sueños más salvajes. "

El muñeco de nieve estaba feliz, como nunca. Pero Santa Claus levantó su dedo índice de nuevo y dijo cautelosamente: "¡Pero cuidado con las chimeneas! ¡Ya me he quemado el trasero!" Pero el muñeco de nieve tenía frío: "Oh, tengo tanta nieve conmigo, si me quemo el trasero, me haré un nuevo "ja-ja". "Entonces le sonrió a Santa, saltó a su trineo y se fue. ¡El muñeco de nieve salvó la Navidad, que era demasiado fría, pero justa para el muñeco de nieve!

Un Amigo Brillante

Es una hermosa mañana en la escuela de equitación de los padres de Mila. Mila, mamá, papá y muchos caballos viven ahí. A Mila le gustan todos, aunque sean todos diferentes. Una estrella fugaz, por ejemplo, es muy mansa. Al menos para Mila. Cuando papá no mira, le gusta acurrucarse con la mejilla en las estrellas fugaces. Kara, por otro lado, es muy descuidada y salvaje, pero a Mila también le encanta que cada caballo sea único a su manera. Mientras Mila pueda pensar, quiere su caballo. Pero papá siempre dice que es demasiado pronto. Así que ayuda a su padre a cuidar de los caballos en la granja e incluso ha limpiado uno u otro establo sola. Hoy es el séptimo cumpleaños de Mila. Está emocionada y espera finalmente tener su caballo. Se levanta muy temprano y despierta a sus padres. "¡He cumplido siete años! "Llama a los pies de la cama de sus padres.

Se desgarró los brazos en el aire. Mamá y papá se frotan los ojos con sueño. Papá se endereza lentamente: "Oh gorrión, claro, es tu cumpleaños. Casi lo olvido. "Mila lo mira sospechosamente: "¡No lo has hecho! ¡Sólo quieres engañarme! "El padre de Mila se ríe: "¡Volviste a ver a través de mí! Eres muy inteligente. Tienes que conseguir eso de tu madre. "Dice y besa a la madre en la mejilla antes de levantarse. Mila resopla y saca la lengua. "Hazlo cuando estés solo. "Luego baja las escaleras y llama: "Ahora, finalmente llega. ¡Hora de mi desayuno de cumpleaños! "Cuando Mila llega abajo, se sorprende. Normalmente, los regalos siempre se ponen en la mesa de la cocina. Pero hoy está de pie frente a una mesa vacía. "¡Disculpa, cariño! "Dice papá mientras baja las escaleras.

"Te has levantado tan temprano que aún no hemos tenido tiempo de hacer el desayuno. "Mila está mirando ahora debajo de la mesa de la cocina. "¿Qué estás haciendo, cariño? "Pregunta a papá. Entonces la cabeza de Mila se desliza entre la mesa y la silla: "¡Bueno, ¡qué! ¿Dónde están mis regalos? "Entonces ella empuja bruscamente la silla a un lado y salta. Radiante de alegría, llama a su padre: "Por fin voy a tener un caballo, ¿verdad? Por eso no hay regalos aquí. "El padre enciende la máquina de café y se vuelve hacia Mila: "Querida, sabes… "Mila lo interrumpe… ella conoce este tono: "Sí, sí, es demasiado pronto para un caballo. "El padre asiente con la cabeza. "¡Correcto! Todavía es demasiado pronto. Ahora, primero desayunamos y luego vamos a la escuela. Recogeremos tu caballo esta tarde. "

Mila no escuchó a su padre: "Cada vez que dices que es demasiado pronto. Pero yo cuido de los caballos, y todos me quieren. Nunca he montado, pero ya he limpiado todos los establos, cepillado todos los caballos…" Mila se detiene y escucha: "¿Acabas de decir…" El padre de Mila asiente con la cabeza. "Pequeño parlanchín. ¿Ha llegado a ti ahora?" Él pregunta. Pero Mila ya se dirige hacia él y cae en sus brazos. Mientras tanto, mamá ha bajado y los abraza a ambos. "Entonces, tu padre ya te lo dijo", dice ella, besando a Mila en la cabeza. Mila apenas puede concentrarse en la escuela. Mil preguntas pasan por su mente. ¿Cómo es su caballo? ¿Cómo debe subirse al lomo del caballo, tan pequeño como es? Mila no puede esperar a llegar a casa.

Cuando la campana suena al final de la última hora, ha empacado todo y comienza a parpadear como un destello aceitado. Cuando llega a casa, inmediatamente corre hacia su padre en el establo. "Estoy aquí. Podemos irnos. "Dijo que estaba sin aliento. Corrió todo el camino. "Pequeña Mila", se ríe el padre. "Toma un respiro primero. Bombea como un gallo. "Mila tiene que poner su mano en su cadera y doblar sus rodillas ligeramente para tomar un respiro… ella está tan sin aliento. "Está bien. Coge las llaves. Estoy esperando en el coche. "El padre deja el saco de comida a un lado. "No tenemos que irnos. Tuve algo de tiempo esta mañana cuando ya tenía tu pony. "Mila de repente se pone derecha. Su mirada se aleja de los establos. Sólo hay una caja que ha estado vacía durante mucho tiempo.

Mila vuela de nuevo inmediatamente. Pero la caja sigue vacía. "¿Dónde está? "Ella llama. "El poni está en el gran pasto", responde el padre. Significa el gran prado de flores en lo alto del arroyo. Mila apenas puede caminar.

Sin embargo, ella lo da todo y sale corriendo. Su padre tiene problemas para mantener el ritmo. De camino al pasto, piensa. "Papá dijo pony. Así que puedo dejar de preocuparme. "Ella piensa y es feliz. "Debería subirme a un pony. "Mila se detiene en la cima del pasto. Ahí está su poni. Finalmente, parece un Hollinger encogido. Tiene una melena blanca y peluda, una cola blanca y peluda y es marrón claro por todas partes. Sólo tiene una mancha blanca en la cara. ¡Es perfecto! Papá viene con una bolsa de comida en la mano. "Bueno, ¿qué te parece?" Él pregunta en voz baja. "Es perfecto."

Ella susurra y lo abraza fuertemente. "El resplandor de la cara es encantador. "Mila saca una zanahoria de la bolsa y atrae su flequillo con ella. El poni huele con cuidado. Las fosas nasales se abren mucho, pero no se come la zanahoria. En cambio, el poni huele al papá de Mila. Mila está decepcionada: "¿No tiene hambre? "Le pregunta a su padre. Pero en el mismo momento, el poni arrebata la bolsa de comida de la mano del padre. Entonces se da la vuelta y quiere donar. Mila se ríe a carcajadas. "¡Eh, tejón descarado!" Llama al papá de Mila y rápidamente toma las riendas. Mila está emocionada: "¿Viste eso? ¡Eso fue muy inteligente! "El papá de Mila se ríe: "Por supuesto, lo he

visto. "Luego toma la bolsa de comida y se la quita al poni.
"¡Pero tienes razón, fue un movimiento brillante! "

Mila mira a su padre. "No creo que le haya gustado tanto ahora. "Ella se ríe. "¿Cómo se llama mi pony? "El padre de Mila lleva la bolsa de comida a un lugar seguro detrás de él. "Tu pony es un niño. Y se llama Brillante. "Luego dice. Mila está radiante en toda su cara: "¡El nombre encaja como una olla en una tapa! "Como una olla con tapa, quieres decir", corrige el papá de Mila. "¡Sí, eso es lo que quiero decir!" Responde Mila. "¿Y ahora? ¿Finalmente estoy aprendiendo a montar ahora? ¿Debería alguna vez subirme al pony? "¡No tan rápido! "Dice el papá de Mila. "Nadie ha montado a Brilliant todavía. Tú eres el primero. "Mila salta arriba y abajo con alegría y aplaude siempre. Está tan feliz que apenas puede soportarlo. El papá de Mila se está poniendo serio ahora. "Escucha, pequeña. Montar a caballo es algo para jinetes experimentados. Si quieres que Brillante se acostumbre a ti desde el principio, tu nuevo amigo tiene que aprender a confiar en ti completamente. "

Mila está ahora calmada de nuevo. "Lo entiendo, papá." Ella dice. Piensa en los otros caballos del establo y en cómo fue la primera vez que cepilló a Kara. Tenía que ser muy cuidadosa. Kara es muy enérgica, y él estaba muy inquieto; hasta que se acostumbró a Mila. Mila se acerca lentamente a Brillante con la zanahoria. Brillante golpea sus pies un poco inseguros como si considerara qué hacer con ella. Pero el aroma de la zanahoria gana. Muerde cuidadosamente la zanahoria. Al masticar, Mila pone suavemente su mano en su frente. Brillantemente cierra sus ojos brevemente. Como si estuviera disfrutando el toque. Finalmente, Mila pone su mano en su cuello. "Silencio, amigo mío." Ella dice y continúa alimentándolo.

"¡Estás bien! "El padre de Mila elogia en silencio. Mila puede acariciar su pony en el lomo después de un corto tiempo. Y luego incluso deslizarse bajo el cuello hacia el otro lado sin que el Brillante se encoja. Como recompensa, hay una manzana directamente del árbol. Resulta que Brillante ama las manzanas. Porque cuando ve la manzana, inmediatamente comienza a patalear y resoplar excitadamente con sus pezuñas. Mila también ama las manzanas. Así que, Mila da el primer mordisco, y Brillante recibe el resto. Mientras Brillante sigue disfrutando de la masticación, Mila le da palmaditas en la frente de nuevo y susurra: "Seremos los mejores amigos. ¿Verdad, Brillante? Y los mejores amigos comparten todo." Brillante baja su cabeza, y Mila coloca suavemente su mejilla en su frente, da un codazo a Mila una y otra vez.

El padre de Mila apenas puede creerlo. No quiso decir nada hasta que Mila puso su mejilla en la frente de Brillante. Entonces vio la familiaridad entre los dos y, con la mejor voluntad del mundo, no podía imaginar que la Brillante Mila haría algo. El sol se ha puesto, y el padre de Mila la llama porque ya es tarde. Mila toma a Brillante por las riendas y lo lleva del pasto al establo. Brillante trota tras Mila todo el camino. Cuando Brillante está en su caja, papá acaricia a Mila en la mejilla y le dice: "Pero ahora vas a cenar y a prepararte para ir a la cama, ¿de acuerdo? Mamá está esperando. Podemos continuar mañana. "Mila asiente, presiona a su papá y le da a Brillante otro beso en la frente: "Duerme bien, amigo mío. "Ella susurra y lo abraza de nuevo.

Luego se encuentra con mamá y le cuenta sobre su gran día mientras cena. Antes de irse a la cama, abraza a su madre y le da las gracias por el hermoso cumpleaños. Por mucho que Mila haya experimentado hoy, ni siquiera necesita un cuento para dormir. Otro beso de mamá y luego se da vuelta y se duerme tranquilamente mientras sueña con cómo cabalga brillantemente a través del gran prado de flores. Pero esta es otra historia.

La Gran Magia del Caballo

Celebramos el Año Nuevo a principios de enero, pero en muchos lugares, este evento ocurre a principios de la primavera. Después de todo, esa es la era de la nueva vida, cuando las plantas crecen y florecen. En Persia, había una tradicional cena de Año Nuevo a principios de la primavera. En el palacio, artistas, artesanos y extraños mostraban al rey sus mejores habilidades o tesoros. Si el rey estaba satisfecho, les daría regalos exquisitos. Al final de una de las celebraciones del Año Nuevo persa, un viajero se acercó al rey. Le mostró caballos artificiales bellamente decorados. El desconocido le dijo al rey: "Señor, me siento muy halagado. Nunca he visto algo tan maravilloso. "El rey frunció el ceño y dijo: "Cualquier artista capaz puede crear un caballo así. "

"Señor", respondió el viajero, "no es la decoración de este caballo, sino su propósito lo que lo hace tan diferente". Sobre su lomo, puedo volar en avión en poco tiempo al lugar más lejano de la tierra. Incluso enseñar a otros a montar a caballo." El rey estaba interesado. "En la cima de la montaña de allí," el rey señaló una montaña a diez millas de distancia, "hay una palmera. Estas ramas tienen cualidades únicas que me gustan. Ve, si tu caballo es tan rápido y robusto como dices, búscame una rama de él. "El viajero montó el caballo.

Girando el clavo alrededor de su cuello, él y mamá volaron. Quince minutos después, volvió con una rama de palma en la mano y la colocó bajo los pies del rey. El rey quedó impresionado. Inmediatamente pidió comprar el caballo.

El viajero dijo: "El artista que me vendió este caballo me hizo jurar que nunca me separaré por dinero. "¿Qué significa eso? "Preguntó el rey. El viajero respondió que, si sólo se casara con su princesa y le diera la mano a su hija, estaría feliz de soltar el caballo. Cuando el consejero real escuchó esta extravagante petición, se rieron. El príncipe Darío, el hijo del rey, se sorprendió. Cuando vio a su padre, el rey, fue muy considerado, como si estuviera considerando seriamente la oferta. El príncipe Darío abordó al rey y le dijo: "Padre, por favor perdóname. Pero ¿es posible que consideres casarte con tu hija (mi hermana) y obtener sólo un caballo de juguete? "El rey temía que, si rechazaba la petición de matrimonio, otro rey podría conseguir magia.

Le pidió a su hijo que examinara el caballo e informara de su opinión sobre él. Al menos esto le dará más tiempo para considerar el asunto. El Príncipe Darío se acercó al caballo. El viajero se puso de pie y le mostró al príncipe cómo manejarlo. Pero el joven príncipe no estaba de humor para aceptar las instrucciones de un viajero que se atrevió a tratar de engañar a su familia real. Incontrolablemente, saltó a la silla de montar involuntariamente y dio la vuelta al clavo.

Inmediatamente, Ma Yuen saltó en el aire con el príncipe en ella. El viajero quedó muy sorprendido cuando vio al príncipe volar en este caballo mágico antes de aprender a manejarlo. Se arrojó a los pies del rey, rogándole que no lo culpara de los accidentes que pudieran ocurrirle al príncipe porque el descuido del príncipe lo exponía al peligro.

El rey se dio cuenta inmediatamente del peligro de su hijo. Maldijo al viajero y a su caballo mortal y ordenó a su personal que atrapara al viajero y lo enviara a prisión. Dijo en voz alta: "Si mi hijo no puede volver a casa a salvo en poco tiempo, ¡al menos no vivirá su insignificante vida con satisfacción!" "Al mismo tiempo, el príncipe Darío voló por los aires a una velocidad asombrosa. Pronto, ya casi no pudo ver la tierra. Trató de arreglar el clavo de esta manera, pero no pareció afectarle. En todo caso, el caballo sólo se elevará en el aire. Estaba muy sorprendido y comenzó a lamentar su orgullo y su prisa. Intentó por todos los medios clavar el clavo, pero no le afectó. Al examinar más de cerca al caballo, finalmente encontró otro clavo, detrás de su oreja. Al girar ese clavo, pronto descubrió que el caballo empezó a descender.

Cuando el príncipe se acercó al suelo, ya estaba oscuro. Encontró un tejado más alto que los demás tejados, hizo aterrizar el caballo en él y desmontó. Estaba hambriento y cansado, buscando y se encontró en el techo de un gran edificio. Finalmente, dio algunos pasos. Bajó los escalones, encontró una puerta, y a través de la puerta, vio una lámpara. Muchos guardias estaban en sus bandejas, y sus espadas estaban a su lado. El hecho de que el techo más alto del país motiva al príncipe que debe estar en el palacio del país. Sabía que, si algún guardia se despertaba, correría un gran peligro. Así que subió tranquilamente los escalones del tejado y decidió pasar la noche en un rincón oscuro. Antes del amanecer, dejaría su caballo mágico antes de que alguien se despertara.

Pero la princesa fue despertada por el sonido que escuchó en el techo. Dio instrucciones a los guardias para que averiguaran dónde bajar e inmediatamente trajo al intruso hacia ella. El guardia bruscamente trajo al príncipe hacia ella, y él se arrodilló. Le dijo: "Por favor, perdóneme. "Soy el hijo del rey y una persona que ha pasado por una aventura completamente inesperada. Si me lo permite, estaré encantado de conocerle. "Esta dama no es más que la princesa Nadia, hija del rey de Bengala, en una región del norte de la India. Muchos de sus camareros también se han despertado esta vez. La princesa le dijo a Darío que estaba feliz de escuchar todas sus aventuras por la mañana pero que le pidió que lo dejara. Le ordenó al camarero que lo llevara a una habitación y le diera comida y refrescos.

Al día siguiente, el príncipe Darío seguía siendo huésped de la princesa Nadia. En los días siguientes, los dos se conocieron, y poco después, se enamoraron. El príncipe le dijo: "Ah, mi princesa, todo parece ser diferente ahora. Estaba pensando en el pícaro que intentaba engañarse a sí mismo para entrar en la familia real. Por supuesto, es un piojo piojoso, pero puede que supiera que antes de subirme a ese caballo, tuvo la oportunidad de mostrarme cómo funciona. La princesa dijo: "¿Quieres volver ahora?" "¿Vendrás? "Preguntó. Ella estaba feliz de estar de acuerdo. A la mañana siguiente, la princesa dejó una carta, así que nadie se preocupó. Al amanecer, caminaron hasta el tejado, donde está el caballo. El Príncipe Darío ayudó a la Princesa Nadia a bajar. Girando los clavos, ya no se veían antes de que los camareros del palacio se excitaran.

El príncipe llegó a la capital de Persia en treinta minutos. Condujo el caballo mágico a la tierra de la prisión. Como el príncipe pensó, el extranjero encarcelado allí. Ya que los horarios para llevar a cabo la pena de muerte a la mañana siguiente, estaba casi atrasado. El príncipe decidió ver a su padre inmediatamente. El príncipe llevó primero a la princesa en su súper caballo a una cabaña en el bosque no lejos del palacio. Le dijo: "Quédate aquí, iré a ver a mi padre". Le diré que estoy bien y le instaré a que se apodere de la pena de muerte del tipo del caballo mágico. Lo más importante es que quiero hablarle a mi padre de ti. Estoy seguro de que preparará una recepción adecuada en el palacio para recibir a la princesa. "

Le explicó cómo manejar el caballo mágico, en caso de que huyera por seguridad cuando estaba fuera.

De hecho, aunque hablen, el peligro acecha. Un ladrón detrás de los arbustos escuchó su conversación. "¡Tengo tanta suerte! Pensó felizmente, "¡una princesa y un caballo mágico!" La llevé al sultán de Cachemira. Él sabe que está buscando una novia. ¡Qué maravilloso regreso le traeré! "El ladrón esperaba que el príncipe desapareciera en el bosque. Entonces saltó sobre la princesa, montó el caballo mágico, y la mantuvo a salvo frente a él. Estaba encantado por lo fácil que era. Giró el clavo con precisión, justo cuando vio al príncipe mostrarle la princesa a la princesa, y el caballo voló inmediatamente. El príncipe dio vueltas en el suelo, sorprendido al oír la exclamación de amor de la Señora Príncipe, girando mientras el caballo mágico saltaba de las manos inexpertas al agua, no pudo hacer nada al respecto.

Maldijo a los secuestradores con mil maldiciones. Cuando el rey se alegró de ver a su hijo y ordenó la suspensión de la sentencia de muerte del vendedor de caballos a petición suya, comprendió por qué su hijo tenía que irse de nuevo tan rápidamente. El príncipe se puso sus ropas y decidió no volver nunca más hasta que encontrara a la princesa de nuevo. Al mismo tiempo, el sultán de Cachemira quedó muy impresionado por la princesa de Bengala. Su preocupación por el secuestro sólo aumentará su belleza natural, o hará que surjan sus malos pensamientos. Sudán cumplió la remuneración prometida y escoltó a la princesa a su palacio. Le ordenó al camarero que tomara el caballo mágico que llegaron al tesoro real para guardarlo.

La princesa espera que el sultán de Cachemira sea glorioso y razonable y la envíe de vuelta a su amado príncipe de Persia, pero está muy decepcionada. A la mañana siguiente, sus cuernos y los golpes de tambor la hicieron despertar temprano y reverberar en los palacios y ciudades. Cuando le preguntó la razón de esta alegría, le dijo que celebrara su matrimonio con Sudán, y que la boda se celebraría más tarde ese mismo día. Desesperada, sintió que sólo podía hacer una cosa. Se puso de pie y se vistió descuidadamente; todo su comportamiento parecía caótico y salvaje. Sudán pronto informa de este extraño acontecimiento. Cuando él vino a visitarla, ella le echó una mirada loca y voló hacia él con rabia, cada vez que él entraba en la habitación, ella lo hacía.

El Sudán está muy inquieto y ofrece una generosa recompensa a cualquier médico que pueda curarla. Sin embargo, cada vez que el médico se acerca, la princesa volará hacia ellos, golpeando su puño, haciendo que todos pierdan la esperanza en su recuperación. Durante este tiempo, Darío se hizo pasar por un mendigo errante. Había viajado por muchas provincias y estaba lleno de dolor. Casi toda la esperanza se había ido, y se apoyó en una roca. Entonces, ¿quién iba a caminar delante de él, sino la extraordinaria persona que trajo el caballo mágico al banquete de Año Nuevo se cambió de ropa más que nunca pero estaba feliz de ser liberado. "Puedo preguntar, ¿dónde está el caballo mágico? "Le dijo al príncipe. "Para usted, ¿este objeto resulta ser impredecible? "Los dos se sentaron juntos para compartir sus problemas.

El hombre contó la historia de una princesa de Bangladesh de una manera narrativa, y la princesa se enfadó el día que se casó con el Sultán de Cachemira. Mientras describía la situación, la esperanza intermitente encendió el corazón del príncipe. ¿Será esta princesa de Bangladesh la misma que el amor perdido que busca? Estaba decidido a averiguarlo. Al llegar a la capital de Cachemira, se puso la ropa de médico. Se presentó en Sudán, afirmando que podía curar a la princesa. El supuesto doctor dijo: "En primer lugar, tengo que verla donde ella no pueda verme. "Así que lo llevaron a un armario, donde podía verla a través de un agujero en la puerta. Ella cantó canciones sin cuidado y se deshizo de su desafortunado destino. "¡Si!" Pensó, queriendo suprimir su excitación. "¡Esta es mi novia! "

El doctor dijo que el príncipe Darío podía curar a la princesa, pero necesitaba hablar con ella a solas. Sudán estuvo de acuerdo. Tan pronto como el príncipe entró en la habitación, ella comenzó a acusarlo con su habitual ira. En ese momento, él se tomó la muñeca y susurró ansiosamente: "Yo soy Darío, tu amor". "La princesa detuvo el carnaval inmediatamente. El camarero se estremeció y quedó satisfecho con la prueba de la habilidad del doctor. El príncipe susurró más y compartió un plan con ella. Luego regresó a Sudán. El supuesto doctor sacudió la cabeza y dijo: "Todo depende de una oportunidad. Sabes, princesa, debe haber encontrado algo fascinante unas horas antes de su enfermedad. A menos que pueda conseguir esa cosa, sea lo que sea, no puedo curarla. "

El sultán de Cachemira recordó el caballo mágico, que permaneció en su casa del tesoro. Pidió que se lo trajeran y se lo mostraran al doctor ficticio. Cuando el joven vio el caballo, dijo muy seriamente: "Te felicito. Es, en efecto, la magia lo que fascina a la princesa. Que el caballo sea llevado a la gran plaza frente al palacio y que la princesa se convierta en una princesa. Le prometo unos minutos. Ella se recuperará completamente más tarde." Por lo tanto, a la mañana siguiente, el caballo mágico fue colocado en el centro de la plaza. El hipotético doctor dibujó un gran círculo a su alrededor. Rodeó la olla caliente del plato, y cada uno de ellos prendió fuego. Sudán y todos sus nobles y el secretario de estado observaron con gran interés. La princesa se levantó con la cabeza cubierta con un velo y se dirigió al centro del círculo.

El supuesto doctor la puso en el caballo encantado. Luego fue a cada olla caliente, rociada con un polvo particular, y rápidamente emitió un humo espeso, que no podía ser visto por el doctor, la princesa y el caballo mágico. En ese momento, el Príncipe de Persia se montó a sí mismo. Al girar la uña, el caballo mágico se levantó. La princesa exclamó: "¡Sultán de Cachemira, no puedes perder lo que nunca tuviste! "El príncipe gritó: "¡Debes ganarte el corazón de la novia, no comprarlo! "El mismo día, el Príncipe de Persia y su amada princesa llegaron a salvo a la corte persa. El padre se deleitó con el regreso de su hijo e inmediatamente ordenó una fiesta de bodas para celebrar la boda más fabulosa de la historia del país. Y al final, el príncipe y la princesa vivieron felices para siempre.

El Huevo Parlante

Había una mujer con dos hijas, llamadas Malison y Blanche. Malison era gruñona y cruel, mientras que su hermana Blanche era dulce y alegre. La favorita de la madre no era la dulce Blanche, sino Malison y su afilada lengua, lo que puede deberse a que la hija mayor se asemejaba a su despreciable yo. Madre y Blanche trabajaban duro todo el día, y ella y Malison no hacían nada de la mañana a la noche, contando cómo vivían en esta ciudad rodeados de honorables damas. Una mañana, la madre mandó a Blanche al pozo y tomó agua del cubo. Cuando llegó al pozo, la niña vio a una anciana y le dijo: "Hijita mía, tengo tanta sed, por favor, dame un poco de agua. "Sí, por supuesto", dijo Blanche. Enjuagó el cubo y sacó mucha agua dulce.

"Gracias, señorita, eres una buena chica. "Le dijo a la mujer mayor. Unos días después, su madre regañó a Blanche más severamente que antes y le dio una paliza. Con miedo, la niña huyó al bosque. Lloró sin saber adónde ir porque tenía miedo de volver a casa. De repente, Blanche se paró frente a ella, reconociendo a la mujer mayor que conoció en el pozo. "¡Ah! Pequeña dama, ¿por qué lloras? "Mi madre me golpeó, tengo miedo de tener que volver a casa. "Entonces, ven conmigo", dijo la anciana. "Te daré la cena y espacio para dormir. Pero debes asegurarme una cosa: no puedes reírte de nada de lo que veas. "Tomó la mano de Blanche y comenzaron a caminar hacia el bosque profundo. Extrañamente, el arbusto de espinas se extendió delante de ellos y se escondió detrás de ellos.

Avanzando, Blanche vio dos hachas luchando entre sí. Pensó que este tipo de cosas eran extrañas, pero no se rió ni dijo nada. ¡Fueron más lejos y lo descubrieron! Eran dos brazos luchando; más lejos, dos piernas; finalmente, vio las dos cabezas chocando entre sí y luchando entre sí. Todo esto es increíblemente extraño, pero Blanche no se rió ni dijo una palabra. Finalmente, llegaron a la cabaña de la mujer mayor. La anciana dijo: "Niña, haz un fuego para la cena. "Se sentó junto a la chimenea. Luego extendió la mano y apartó la cabeza, poniéndola en su rodilla como una pequeña sandía. Blanche descubrió que era lo más extraño que había visto, pero aun así no hizo ningún ruido. Entonces la mujer mayor empezó a peinarse.

Al pasar, giró la cabeza hacia atrás. "¡Está bien!" Ella dijo. "Se siente mejor. "Le dio a Blanche un gran hueso y le prendió fuego a su cena. Blanche no podía imaginar que sólo un hueso podía hacer sopa, pero el hueso era difícil de tratar, ¡pero puso el hueso en la olla! Después de un rato, el tazón se llena con un buen guiso. La mujer mayor le dio a Blanche un grano de arroz y lo golpeó con un mortero. Blanche no pudo ver el significado de aplastar un grano de arroz, pero lo hizo, y pronto, el mortero se llenó de arroz al vapor. Cuando Blanche se despertó a la mañana siguiente, la anciana le dijo: "Tienes que irte a casa ahora. Porque siempre has sido una buena chica, así que quiero darte el regalo de los huevos parlantes. Ve al gallinero."

"Está bien", dice. Los huevos que dicen "no me tomes", no debes tomarlos, sólo los huevos que dicen "tómame". "Cuando estés en el camino, tira los huevos uno por uno en la parte de atrás para romperlos, te sorprenderás." Blanche fue al gallinero y cogió un montón de huevos. Algunos parecen tan sosos como los huevos normales que Blanche ha visto en su vida, pero otros son de oro puro y están rodeados de joyas. Desafortunadamente, los huevos de aspecto sencillo gritaron: "¡Tómame, tómame!" Entonces, Blanche tomó unos pocos huevos comunes y dejó los huevos de oro. Cuando Blanche estaba en la carretera, tiró un huevo detrás de ella. Con el rabillo del ojo, miró las cosas brillantes. Se dio la vuelta, ¡imagina su sorpresa! - ¡Un montón de diamantes brillando en la cáscara de huevo rota!

Los adornos de oro emanaban de otro huevo roto, y otro hermoso carruaje. Sin embargo, otro hermoso vestido es increíble. Cuando llegó a la casa de su madre, ya tenía muchas cosas buenas, y no fue fácil ponerlas todas en la casa. Su madre estaba contenta y fingía estar muy contenta de verla. Al amanecer de la mañana siguiente, la madre sacudió a su hija mayor con sobriedad y le susurró: "También debes ir al bosque a buscar a esta anciana". No hay razón por la que sus ropas sean más hermosas que las de su hermana. Malison no estaba satisfecha con levantarse tan temprano. Se quejó a sí misma y se fue al bosque. Pronto conoció a la misma anciana, que la invitó a su cabaña. La anciana también le advirtió que no se riera de nada de lo que viera.

Pero cuando Malison vio el hacha, los brazos, las piernas y la cabeza luchando, no pudo evitar reírse. Cuando la anciana se quitó la cabeza, puso la cabeza sobre las piernas para peinarse y trenzar el pelo, la chica gritó: "¡Bueno, ahora, eso no es la cosa más estúpida que he visto nunca! "Al día siguiente, la anciana le dijo a Malison: "Escúchame. Lo que quiero decirte es lo que le dije a tu hermana. Como ella, en el gallinero, creo que encontrarás lo que te mereces. Sólo puedes tomar los huevos parlantes que dicen "Tómame". "No los otros. Cuando tires los huevos uno por uno en la parte de atrás, te sorprenderás. "Con alegría, Malison entró en el gallinero. Como antes, la gente común y corriente gritaba: "¡Tómame, tómame! Y esos deslumbrantes huevos de oro que decían: "¡No me tomes!" "

En un instante, Malison agarró tantos huevos de oro como pudo y se los llevó rápidamente. Cuando caminó, dejó caer un huevo detrás de ella, y luego otro. Pero un gran número de serpientes, sapos y ranas no hicieron una fortuna, sino que empezaron a perseguirla. Grupos de mosquitos emanaron de otros huevos, y rodearon su cabeza. Malison gritó y salió corriendo. Cuando llegó a su madre, estaba demasiado cansada para hablar. Blanche sabía que quedarse en la cabaña significaba ser responsable de los problemas de su hermana mayor. Debía irse inmediatamente, pero para ayudar a su hermana, dejó muchas joyas y riquezas, y recogió todos sus bebés, luego dejó el carruaje y se fue a la ciudad. Pasa el resto de su vida como una gran dama que era amable con todos y estaba rodeada de amigos y admiradores.

Buscando Granos de Arena

Hubo un caliente y robusto viento del desierto del oeste. El cielo negro. La cara del sol se escondió del mundo. Un joven viajero estaba viajando por el desierto; sin saber a dónde ir y cómo ir. La tormenta de arena fue tan fuerte que no pudo ni siquiera ver la oreja de su caballo. Pensó: "Mi única esperanza es seguir el viento. Si me detengo, el viento tóxico quemará mis pulmones, y mi cuerpo se cubrirá de arena y si voy en cualquier otra dirección, me perderé y moriré de todos modos. "Así que se cubrió la cara con un turbante y caminó en la dirección del viento. Con el tiempo, su caballo encontró una torre. "¡Finalmente!" Pensó, aliviado. "¡Aquí hay un refugio contra el viento! "Entonces, él y su caballo entraron en el frío y oscuro refugio de la torre. Cuando se quitó la arena de los ojos y el pelo, escuchó el sonido.

Decía: "¿Eres un humano o eres un elfo? ¿O eres malvado en el viento? "El hombre llamado Ali respondió: "Soy un humano, ¿qué eres tú? "Entonces, frente a sus ojos, apareció una joven mujer, sus ojos atravesaron el corazón de Ali. Ella dijo: "Yo también soy un humano, pero me perdí en esta tormenta. El viento me sopló; no sé a dónde ir porque estaba preocupada por el viento venenoso y el terrible vendaval que volaba en el aire. "Ali le dijo a la joven: "Podemos quedarnos aquí hasta que el viento venenoso se disipe. Pero dime,

¿cómo te llamas? "La joven respondió: "En cuanto a mi nombre, no te diré nada. En cuanto a ti, no puedo hablarte nunca, porque soy una chica, tú eres un hombre. "Ali quiere saber el nombre de la chica y hablar con ella. La llevó a la puerta de la torre y señaló a la nube que llamar.

Dijo: "Todo el aire está lleno de arena, sin espacio, sin arena! "La chica dijo: "Sí, lo está. "Entonces Ali preguntó: "¿Un grano de arena le teme a otro grano y evita el contacto con él? Al contrario, el grano de arena no será soplado por el viento para temerle. Tú y yo sólo somos arena soplada por el viento. No podemos temernos, ni evitarnos, porque ese es nuestro destino. "La joven vio que Alí estaba diciendo la verdad. Ella dijo: "Me llamo Salma, y soy la hija de Hussein. "Ali y Salma pasaron todo el día hablando, y la tormenta estaba llena de ira. Varias horas pasaron rápidamente, y Salma se enamoró. Se durmieron, y cuando Ali se despertó, el mundo estaba oscuro y Salma se había ido. Corrió a la puerta de la torre y vio que el viento estaba quieto, y la tormenta había pasado.

Cuando intentó caminar por el sendero de Salma en la playa, se perdió rápidamente bajo la arena fresca. Ali se sintió triste, aunque no quería llorar. Estaba preocupado: "Es la hija de los árabes, pero los árabes son tantos como la arena del desierto. Entonces, ¿dónde puedo encontrar a la hija de Hussein entre miles de personas? Dime dónde vive. Dos granos de arena podrían juntarse durante la tormenta, pero ahora están separados. ¿Qué hará que se junten de nuevo? "Ali vaga por ahí, buscando y buscando a la joven Salma. Estaba tan triste por perderla que ni siquiera dejó de peinarse o de cortarse la barba. Preguntó por cada persona y pueblo: "¿Vive aquí Hussein, tiene una hija llamada Salma? "

Pero nadie le respondió; sus hombres pensaron que estaba loco porque pensaron: "Encontrasteis cientos de hombres llamados Hussein y cientos de chicas llamadas Salma. ¿Qué sabemos de la chica que está buscando?" Ali fluye de pueblo en pueblo y de tribu en tribu. No puede hacer ningún trabajo, ni puede dedicarse a ninguna ocupación, porque sólo puede pensar en el amor perdido. Un día, cuando estaba suspendido en su flaco y hambriento caballo, una fuerte lluvia cayó sobre el mundo y un río se desbordó. La inundación casi ahogó a Ali y a su caballo. Viendo un montículo a lo lejos, nadó y usó su caballo para cruzar el barro hasta que llegó. Cayó, sus pulmones se llenaron de agua y su estómago se colapsó por falta de comida.

El montículo lo obligó a morir, pero una joven mujer cayó al agua para salvarlo a él y a su caballo. ¡Imagina que Alí se sorprendió al descubrir que la chica que lo salvó era Salma! Ella miró la cara de Ali. Sonrió y dijo: "Cuando los dos granos de arena son soplados juntos por el viento, el viento los hará pedazos. Pero cuando los dos granos de arena se encuentren de nuevo, siempre estarán juntos y nunca se separarán.

El Tigre de una Belleza única

Hace mucho tiempo, un niño vivía en una aldea cerca del Monte Kumgang, Corea del Sur. Su padre ha estado desaparecido desde que era un bebé, y el niño lo tiene muy claro. El enorme tigre blanco todavía vive en el Monte Vajra, que ha torturado a la aldea durante muchos años, no sólo depredando caballos y ganado, sino incluso matando a los humanos que viven allí. Hace unos años, su padre era el mejor cazador y pistolero de la zona. Se aventuró en las montañas de King Kong para disparar a los tigres blancos y rescató la aldea. Nunca regresó. Cuando el niño era muy joven, había decidido que cuando creciera sería un hombre que derribaría al tigre que derrotó a su padre. Una vez que se le permitió, fue rigurosamente entrenado con un arma y se convirtió en un pistolero al igual que su padre.

Cuando tenía 15 años, el chico fue a su madre y le dijo: "Madre, ahora voy a ir al Monte King Kong para encontrar al tigre blanco y derrotarlo". Por favor, déjame ir. "La madre no quiere perder a su hijo. Dijo con lágrimas en los ojos: "El terrible tigre blanco mata incluso a un tirador famoso como tu padre. Hijo, por favor, no sueñes más, estate seguro en casa. "El hijo lloró y dijo: "Mamá, no te preocupes. "Encontraré a Bah, ¡lo sé! "Al final, la madre dijo: "Muy bien, haz lo que quieras. Pero primero, déjame preguntarte algo. Tu padre me pidió una vez que pusiera una tetera en mi cabeza. Luego la recogía de la olla de una persona. A un kilómetro y medio de distancia sin regar. ¿Puedes hacer lo mismo? "

Cuando escuchó la noticia, el joven hijo inmediatamente trató de igualar las habilidades de su padre. Le pidió a su madre que se parara a una milla de distancia, con una tetera sobre su cabeza. Apuntó con cuidado, pero falló. Así que abandonó la idea de subir a la montaña y practicó con un arma durante tres años. Tres años después, lo intentó de nuevo. Esta vez logró golpear el mango de la tetera en la cabeza de su madre. No había ninguna gota de agua y entonces la madre dijo: "En realidad, hijo, tu padre puede disparar al ojo con una aguja desde una milla de distancia. ¿Puedes hacer esto? "El hijo le pidió a su madre que perforara el tronco. Luego caminó una milla. Apuntando con cuidado, soltó el arma, pero falló. Una vez más dejó la idea de ir a las Montañas Vajra y se estableció para practicar por otros tres años.

Al final de tres años, cuando tenía 21 años, intentó el mismo truco de nuevo. Esta vez, cuando el arma se rompió, la aguja cayó al suelo. Ahora, la madre le dice a su hijo que la increíble hazaña que el padre podría hacer es todo mentira y la madre había pensado que, si le contaba la inverosímil historia de su padre, entonces el chico podría abandonar la loca idea de buscar al tigre blanco loco. Sin embargo, como él había realizado con éxito cada hazaña, ella se lo había dicho a su marido y a su esposo, la madre quedó profundamente impresionada por su determinación. Por lo tanto, le permitió dejar el Monte Kongo. El hijo está encantado. Se puso en marcha inmediatamente. A los pies de la montaña, se encontró con un pequeño hotel. Una mujer mayor, que es la posadera, le preguntó por qué vino este joven.

Le dijo que su padre fue víctima de Bahu hace unos años y que ha practicado durante muchos años para vengarse. El antiguo propietario del hotel dijo entonces: "Ah, sí, conozco a tu padre. Es el mayor pistolero del mundo. Hace muchos años, se detuvo en este hotel y se aventuró en el Monte Kongo. ¿Puedes verlo? ¿Qué hay del árbol alto en la distancia? Tu padre giró una vez la cabeza hacia el árbol y luego derribó la hoja más alta de la rama más alta desde su hombro. Si no puedes hacer las mismas cosas, ¿cómo puedes esperar derrotar al Tigre Blanco? "Cuando el hijo del cazador escuchó la noticia, dijo que lo intentaría. Se puso la pistola en el hombro, apuntó y disparó. Pero no lo consiguió. En ese momento, supo que aún no estaba listo, así que le pidió al viejo dueño del hotel que lo dejara quedarse con ella por un tiempo.

Desde ese día, ha estado practicando el tiro al hombro en los árboles. Tres años más tarde, finalmente fue capaz de derribar las hojas más altas de la rama más alta y entonces, el viejo posadero le dijo al hijo del cazador, "Sólo porque puedas hacerlo; aún así no significa que puedas superar a tu padre". Por qué, tu padre una vez puso una hormiga en el borde del acantilado, puso una hormiga en todas partes. Puede disparar a la hormiga sin siquiera arañar la superficie del acantilado a tres millas de distancia. No importa lo bueno que seas como pistolero, no puedes igualarlo. Entonces el joven intentó hacer lo que el viejo dueño del hotel dijo que su padre hizo. De nuevo, falló al principio y tuvo que practicar durante otros tres años. Al igual que la madre del joven, resulta que todo lo que el viejo dueño del hotel le dijo estaba compuesto porque sólo quería salvarle la vida.

Pero el hijo del cazador no le preguntó una vez, sino que practicó hasta que pudo completar la tarea que su padre le dijo. El antiguo propietario del hotel se sorprendió. "Con tus habilidades actuales, vengarás la muerte de tu padre." Puede decirse que el dueño de la vieja posada preparó una bolsa con muchas albóndigas para que él comiera en el camino. El hijo del cazador le dio las gracias y comenzó a recorrer el camino que lleva al corazón de las Montañas Vajra. El joven se adentró más y más profundamente en la montaña. Días y días, vagaba por el desierto. Después de todo, hay 12.000 picos en el Monte Vajra, que se extienden por una vasta zona, y no puede saber dónde se esconde el tigre blanco. Así que, vagó por las vastas montañas.

Un día, cuando el hijo del cazador estaba sentado en una gran piedra y una bola de arroz, una anciana con una etiqueta de ropa tropezó y le dijo: "Lo siento, señor. ¿Puede ayudarme a reservar otra bola de arroz? "El hijo del cazador le dio a la anciana unas bolas de arroz, y ella comió una gran comida. Entonces la anciana dijo: "No hemos visto tantos extraños en lo profundo de esta montaña. ¿Qué te trajo aquí? "Cuando el hijo del cazador se lo explicó, la anciana sacudió violentamente la cabeza. "No, buen chico", dijo ella. "Olvídate de disparar al terrible tigre blanco. Es demasiado rápido. Una vez que el tigre quiere atacar, su próxima presa desaparece. De un día para otro, nunca sabemos si tenemos que sobrevivir. Hasta mañana. Eres un hombre joven. ¡Será mejor que dejes estos picos de una vez y te vayas a casa mientras sigas vivo!

"Entonces, el hijo del cazador respondió que no, que no persuadiría para irse. Describió lo duro que ha practicado durante muchos años. Ahora, con sus habilidades, sabe que puede luchar contra el tigre blanco después de todo. "Bien", suspiró la anciana. "Si estás muy segura, entonces deberías saber que la única manera de disparar al Tigre Blanco es disparándole a él. Sólo veo un punto blanco en el horizonte. Fue demasiado tarde en un flash," Ella sacudió su dedo aquí,

"O, si fallas el primer disparo, créeme, todo se perderá para ti. La anciana se ha ido. El hijo del cazador se dispuso inmediatamente a revisar el horizonte hasta que se familiarizó con cada curva y sombra de cada ladera en la distancia y a pleno rendimiento. Por lo tanto, esperó durante varias horas, y su arma estaba lista.

Cuando el sol se puso, una pequeña mancha blanca apareció instantáneamente en la ladera de la montaña en la distancia. No hace mucho tiempo, no había lugares esporádicos allí, y el joven lo confirmó. Inmediatamente disparó a White Point. Su corazón latía, y corrió a la ladera de la montaña apuntando al disparo. Entonces llegó al tigre blanco abatido, casi tan grande como una montaña. ¡Se desplomó con la boca abierta, listo para tragarse una presa! El hijo estaba asombrado por su tamaño y estaba tan emocionado que había derrotado a la legendaria bestia. El hijo entró en la garganta del tigre muerto. En la boca del tigre, caminó a lo largo de un túnel negro. Finalmente, llegó a una habitación tan grande como un patio de recreo. Es la panza de un tigre blanco gigante. Entonces el joven conoció a una chica inconsciente que se encogió en un montón.

El joven cazador sostuvo a la chica en sus brazos y la levantó hasta que se despertó. La chica le miró a la cara y le agradeció de todo corazón. Luego lo reveló y fue la hija del más alto consejero del rey, que era famoso en la capital. La

joven le dijo que la noche anterior, un gran tigre blanco la
robó mientras se lavaba el pelo en el balcón de la casa. De
repente, los dos oyeron voces humanas. Estaban
desconcertados, andaban a tientas en la oscuridad. Cuando
tú… Esta voz pertenece a un hombre mayor agachado en un
rincón. ¿Quién es? ¡El padre del niño! A lo largo de los años,
sobrevivió en el estómago del tigre blanco, y la bestia
superviviente se tragó a su presa. El padre y el hijo estaban
finalmente felices de encontrarse. Entonces los tres
escaparon de Hukou con la joven y los encontraron en un
campo.

El joven peló una parte del tigre porque quería llevarse el
hermoso tigre blanco a casa para conmemorarlo. Sostenía a
la niña en una mano y al padre en la otra. Regresó orgulloso
a casa, y su madre lo estaba esperando. Las palabras no
podían describir su alegría, no sólo vio a su hijo regresar a
salvo, sino que también vio a su marido perdido hace mucho
tiempo. Entonces, el joven cazador llevó a la chica a su casa
en la capital. El padre lloró felizmente y vio a su hija regresar
sin incidentes. En gratitud, su padre acogió al joven cazador
en su familia y se convirtió en el marido de su hija y heredó
su nombre y su riqueza. La joven madre y el padre asistieron
con orgullo a la boda de su hijo. Desde entonces, el joven y su
novia han vivido felices en la mansión del Consejero
Supremo del Rey.

El Príncipe y el Hombre del Bosque

Hace mucho tiempo, hubo un rey que gobernó el país de Serbia. Un día, el rey entró en su bosque para cazar, pero no atrapó al loco como de costumbre. Este bárbaro es diferente a cualquiera que el rey haya visto. Por supuesto, era más alto y prominente y estaba totalmente cubierto de piel. Se movía como una bestia, sólo hablando del sol. El rey estaba orgulloso de su rara captura y le ordenó que llevara a los salvajes a su castillo, donde fue encerrado en un calabozo para su seguridad. Al hacerlo, el rey anunció que cualquiera que se atreviera a liberar a los salvajes ejecutaría. Resulta que la mazmorra donde se encuentra la criatura está justo debajo del dormitorio del hijo menor del rey. Ahora, los salvajes capturados lloraron y gimieron toda la noche.

Aunque al principio el príncipe trató de ocultar sus oídos del lastimoso grito de abajo, al final, justo antes del amanecer, no pudo soportarlo. Subió al calabozo y abrió la puerta del calabozo para dejar escapar al prisionero. A la mañana siguiente, el rey y todos los cortesanos y sirvientes se sorprendieron al no oír más lamentos desde el calabozo. El rey sospechó que algo andaba mal y bajó a ver la situación del cautivo en persona. Cuando descubrió que el estudio estaba vacío, voló con gran entusiasmo. Instó a saber quién había presumido de violar su orden real. Al ver la ira del rey y todos los cortesanos estaban tan asustados que nadie se atrevió a hablar. Sin embargo, el joven príncipe, hijo del rey, se acercó y admitió que el lastimoso grito de la pobre criatura le tocó el corazón y fue él quien abrió la puerta.

Cuando el rey escuchó la noticia, le tocó a él sentir pena, porque se vio obligado a ejecutar a su hijo o a burlarse de su juramento real. Sin embargo, algunos de sus antiguos consejeros vinieron a ver los problemas que tenía el rey y le aseguraron que si simplemente exiliaba al príncipe en lugar de matarlo, el anuncio tendría lugar. El rey se alegró de encontrar una forma de salir del apuro. Por lo tanto, ordenó a su hijo que dejara el país y no volviera nunca más. Al mismo tiempo, le dio a su hijo muchas cartas de recomendación al rey de un reino lejano. También instruyó a un oficial de la corte para que fuera con el joven príncipe. Entonces, el desafortunado joven príncipe y su sirviente comenzaron un largo viaje. Después de un período de viaje, el joven príncipe se volvió muy sediento.

Viendo un pozo no muy lejos, se adelantó para tomar un trago. Sin embargo, aunque el pozo ya estaba lleno, no tenía cubos ni lugar para bombear agua. Al ver esto, el principito le dijo a su sirviente: "Sujétame el tobillo y déjame bajar al pozo donde puedo beber. Entonces, yo te sujetaré el tobillo y podrás beber. "Se inclinó. El sirviente le sujetó el tobillo y lo bajó según sus instrucciones. Cuando el príncipe calmó su sed y quiso retirarse, el sirviente dijo: "Bien, mi buen señor, puedo soltarle y caerá en el pozo y se ahogará". O puedes aceptar cambiarte de ropa y vivir conmigo. Acepta que de ahora en adelante yo seré un príncipe y tú serás mi sirviente. Entonces, te haré retroceder".

El hijo del rey vio que se ponía tontamente bajo la autoridad de su sirviente, prometió hacer todo lo que su sirviente le pidiera, y le rogó que lo redactara. El sirviente entonces lo levantó, y se cambiaron de ropa. El malvado sirviente se vistió con las ropas de su amo, montó el caballo de su amo y se fue de viaje. En cambio, el desafortunado príncipe se disfrazó con la ropa sucia del sirviente y caminó hacia él. De esta manera, continuaron avanzando hasta que el hijo en el exilio fue recomendado a la corte del rey por su padre. Fiel a su promesa, el desafortunado príncipe no tuvo más remedio que ver cómo el falso sirviente recibía un gran honor en la corte como hijo del rey. Al mismo tiempo, fue escoltado a la sala de espera con sus sirvientes y fue tratado con familiaridad por ellos, comparable a sus grados.

El falso sirviente, después de disfrutar del extravagante disfrute y hospitalidad del rey por un tiempo, comenzó a preocuparse de que la paciencia de su amo se agotara pronto por todos los insultos que soportaba. Estaba preocupado, ¿qué pasaría si un día el verdadero príncipe fuera tentado a olvidar su promesa y se declarara a sí mismo como un verdadero príncipe? Lleno de estos temores, este hombre malvado pensó en todas las formas posibles de deshacerse del amo traicionado sin causarse ningún peligro a sí mismo. Un día, pensó en un método. Ahora, debes saber que este infeliz príncipe y falso sirviente está en la corte del rey, y su jardín tiene muchos animales salvajes feroces fijados en grandes jaulas. Una mañana, al fingir que el príncipe y el rey caminaban por estos jardines, dijo de repente:

"Hay muchas bestias magníficas, y las admiro mucho. Sin embargo, creo que es una lástima que tengas que gastar mucho dinero en comida. ¿Por qué no sacarlos de la jaula y enviarlos al bosque con un sirviente capaz de dejar que la bestia encuentre su dieta durante el día? Al anochecer. "El rey preguntó: "Príncipe, ¿crees que existe tal persona, puedes llevar a la bestia de vuelta a la bestia después de correr en el bosque todo el día? "Por supuesto", respondió el impostor sin dudarlo. "Esa gente está ahora en su corte. Quiero decir, por supuesto, mi sirviente. Las bestias brutales son sólo sus queridos, y él puede controlarlos fácilmente para la licitación. Me atrevo a decir que podría intentar perdonarme a mí mismo, diciendo que esto es imposible, pero sólo puede amenazarlo.

Si se niega a obedecer o no ejecuta sus órdenes, perderá la cabeza. En lo que a mí respecta, si no sigue, estoy muy dispuesto a pedirle que sea ejecutado porque ciertamente merece este destino. "Cuando el rey escuchó la noticia, convocó al príncipe disfrazado. Dijo: "He oído que puedes hacer maravillas: puedes conducir bestias salvajes como el bisonte del bosque para encontrar tu comida en el bosque y puedes cogerlas. Dádselos. Ponlos de nuevo en su jaula a salvo por la noche, así que te ordené que enviaras a todos los osos al bosque esta mañana y los trajeras de nuevo esa noche. Si no lo haces, tu cabeza será el precio que pagarás; ¡cuidado! "El desafortunado príncipe respondió: "No puedo hacer tal cosa, así que puedes cortarme la cabeza ahora. "

Pero el rey no quiso escucharle, sólo dijo: "Debemos esperar hasta la noche; entonces, a menos que lleves a todos los osos a sus jaulas a salvo, me cortaré la cabeza. "El pobre príncipe no tiene nada que decir que cambie las órdenes del rey. La jaula del oso se abrió, y las bestias se abalanzaron, y pronto se dispersaron por el bosque y desaparecieron en el bosque. El príncipe las siguió hasta el bosque. Intentó rastrear algunos rastros de oso, pero pronto todos los rastros desaparecieron en las hojas y no pudieron ser encontrados. Finalmente, dándose cuenta de la desesperación de la situación, se sentó en un árbol caído. Considerando su difícil destino, lloró amargamente, porque esa noche no tenía otra perspectiva que perder la cabeza. Cuando se sentó desesperadamente, una criatura parecida a un hombre, pero cubierta de pelo grueso, salió de los arbustos cercanos y le preguntó por qué lloraba.

El príncipe le contó todo lo que pasó. Como todos los osos habían escapado, cuando volvió sin un oso esa noche, esperaba ser decapitado. El príncipe terminó su historia y examinó el gran animal que tenía delante. Dijo: "Eres como la persona que conocí. "Por supuesto", dijo la criatura. "Soy un salvaje atrapado por tu padre. Lo rescataste del calabozo de su padre. "Pero hablas como un caballero", dijo el príncipe sorprendido. "Además, ¿cómo me encontraste? "Salvaje", dijo el príncipe: "Está bien; me has liberado; yo te liberaré. "Le dio al príncipe una campana y le dijo: "Cuando quieras que el oso vuelva, toca suavemente, todos volverán y te seguirán tranquilamente a la jaula. "Dicho esto, se fue. Cuando el sol comenzó a ponerse, el príncipe tocó suavemente la campanilla.

Para su deleite, todos los osos bailaron alrededor de él con vergüenza y le pidieron que los trajera al jardín y lo siguiera como un rebaño de ovejas. Estaba complacido con su éxito. Salió de la flauta y tocó una menor delante de él. Por lo tanto, puede volver a colocarlas sin esfuerzo en sus nidos. Todos en la corte se sorprendieron. El falso sirviente estaba particularmente sorprendido, aunque ocultaba su sorpresa. Le dijo al rey: "Ahora sé que os he dicho la verdad. Si lo amenazas como antes, puedo estar seguro de que los hombres pueden tratar a los lobos como a los osos. "Inmediatamente, a la mañana siguiente, el rey llamó al pobre príncipe y le ordenó que sacara a los lobos del día, buscando comida en el bosque, y los trajera de vuelta a la jaula cuando cayera la noche.

El Rey Ma dijo entonces como siempre: "A menos que hagas esto, perderás la cabeza. "El príncipe fue incapaz de hacer tal cosa en vano, pero el rey se negó a escuchar y sólo dijo: "Más vale que lo intentes, porque no importa si fallas o te niegas a obedecerme, perderás la cabeza. "El príncipe tuvo que abrir la jaula del lobo; lo hizo; cada lobo voló sobre los arbustos a su lado como un oso. Luego, se movió a lo largo de la pista, pero en vano, y luego se sentó y lamentó su perdición. Mientras se sentaba tan dolorosamente, el salvaje salió del bosque y le preguntó por qué lloraba como el día anterior. El príncipe le dijo que la criatura le había dado una pequeña campana otra vez. Le dijo: "Cuando quieras recuperar al lobo, toca la campana y ellos vendrán contigo". "Dicho esto, volvió al bosque y dejó al príncipe solo.

Justo antes del anochecer, el príncipe tocó la campana. Los lobos corrieron hacia él desde todos los rincones del bosque, y luego lo siguieron tranquilamente de vuelta al castillo y a su jaula. El falso príncipe estaba aterrorizado. Como si supiera que su sirviente siempre había sido capaz de llevar a cabo esas tareas imposibles, sugirió que el rey también liberara a los pájaros. Si no podía traer a toda la bandada por la mañana, amenazaría con perder la cabeza de su sirviente. Por lo tanto, a la mañana siguiente, el rey ordenó al príncipe disfrazado que liberara todas las palomas y las pusiera a salvo en la jaula antes del anochecer. En el momento en que el pobre joven abrió la puerta de la jaula. La paloma se elevó en el aire como una nube y desapareció en lo alto del árbol.

El príncipe dijo: "Por supuesto, esta tarea es desesperada porque, aunque tenga una campanita mágica, las palomas pronto desaparecerán y no volveré a oírlas. "El príncipe se sentó de nuevo en el árbol caído, y no pudo evitar lamentar todas las desgracias del pasado. Sin embargo, antes de que el mismo salvaje saliera de los arbustos y le preguntara qué nuevos problemas tenía, apenas comenzó a suspirar. El príncipe le contó su triste historia. Entonces, la criatura le dio una tercera campana y le dijo: "Cuando quieras que la paloma vuelva a la jaula, sólo tienes que tocar esta pequeña campana. "La cosa sucedió, en el momento en que el príncipe comenzó a tocar suavemente. Todas las palomas aparecieron del cielo y se amontonaron. Volvió al jardín del palacio y las metió en diferentes jaulas sin ningún problema.

Esta vez, un grupo de personas se reunió para esperar el regreso del sirviente milagroso porque su increíble talento salió a la luz. El mismo rey hizo que la gente esperara. Cuando la última paloma fue atada, el rey se acercó al joven y le dijo en voz alta, "¿Quién diablos eres tú, puedes encantar a los animales salvajes y a los pájaros? "El príncipe dijo, "Rey, porque me pediste que te dijera la verdad, no tengo elección. "Te lo contaré todo. "Luego, el príncipe contó cómo ofendió al rey, a su padre y se exilió de por vida. Cómo su falso sirviente lo traicionó; cómo los salvajes que liberó lo ayudaron a salir de las terribles trampas puestas por los malvados sirvientes. El rey se sorprendió al escuchar esto. Inmediatamente ordenó que el sirviente expuesto fuera arrojado al calabozo.

La hija del rey se enamoró en secreto, no en un romance secreto con el príncipe visitante. Todos esperaban que se casara con él, pero se enamoró de su guapo, amable y misterioso sirviente. No es nada más que feliz para él también. El rey estaba encantado de permitir que su hija se casara con el príncipe descubierto. Para obtener un regalo de bodas, el príncipe pidió al rey que liberara a todas las bestias del jardín real en la jaula. Después de eso, el príncipe y la princesa vivieron felices juntos. Cuando el rey (su suegro) murió, les dejó el reino y todos sus tesoros.

Magia en el Cielo

En un valle de California, que hoy lo llamamos El Capitán, pero la gente que vivió allí hace muchos años, la gente del pueblo Miwok le dio otro nombre, y sucedió una historia. Es una alta roca vertical que se alza en todas las demás colinas. Hace unos años, cuando la tierra era todavía joven, se formaron las colinas. Pero, como dijo el pueblo Miwok, esta roca alta vertical apareció mágicamente de la noche a la mañana. Un día, era una piedra plana ordinaria, pero de la noche a la mañana se levantó y se extendió hasta que atravesó las nubes por encima de las copas de los árboles más altos. La historia comienza hace muchos años en una tarde de verano cuando un niño y una niña caminaban por el arroyo y su valle. Salieron del agua y se estremecieron con el aire fresco.

"Tengo frío. "El chico le dijo a su hermana. "Mira la piedra de allí", dijo la hermana. "El sol brilla sobre ella. El musgo que tiene parece tan suave como una manta. "Así que subieron a la roca, se estiraron sobre el denso musgo verde y se durmieron bajo la cálida luz del sol. Cuando se duermen, nadie sabe cómo o por qué, pero la roca se inclina hacia arriba poco a poco. Su sueño era tan profundo que los niños no se movían en absoluto, y los acantilados crecían más y más durante toda la noche. Cuando los aldeanos se despertaron, notaron que las colinas rocosas más altas que las especies de árboles más altos aparecieron misteriosamente durante la noche de alguna manera. Al mismo tiempo, los padres buscan a sus hijos, pero en vano. Nadie los vio jugando en el río. Nadie supo que estaban parados en la roca que se elevó de la noche a la mañana. Los padres preguntaron si los antílopes, conejos, mapaches y muchos otros animales habían visto a sus hijos la tarde anterior. Aun así, todos estaban ocupados y nadie sabía dónde podrían estar los niños.

Es el coyote más inteligente, olfateando el suelo alrededor del arroyo, y luego lleva el Olor a la nueva y misteriosa alta montaña. Lo anunció: "Su hijo debe ser el más importante." Los aldeanos y los animales se reunieron alrededor. ¿Cómo se elevó la roca durante la noche? Más importante aún, ¿cómo decepcionar al niño? El padre de los niños dijo: "Antílope, eres el mejor de todos, paracaidistas. ¿Puedes saltar a la cima de la montaña? "Haré lo que pueda", dijo el Antílope. Saltó alto, pero sólo a una corta distancia de la cara de la roca. La madre se dio la vuelta. Dijo: "Grizzly, eres el animal más fuerte. Por supuesto, puedes subir a la cima de la montaña. "Haré lo mejor que pueda", dijo Grizzly. Pero tan fuerte como un Oso Grizzly, esta roca está tan llena que no puede abrir sus brazos como los árboles, y no puede levantar su peso a ambos lados.

Animal tras animal lo intentó. El puma caminó un largo camino para tener un buen comienzo, corrió hacia la roca con un gran salto, se precipitó hacia arriba y se dio vuelta. Saltó más alto que nadie, pero no lo suficiente. "Déjame intentarlo", dijo la vocecita de atrás. Los aldeanos y los animales miraron a su alrededor. ¿Quién dijo esto? "¡Por favor, no me pises!" Dijo la voz ofensiva, y la persona que pasó por la multitud resultó ser Inchworm. "¡De verdad! "Dijo el antílope. "No puedes esperar que creamos que puedes hacer lo que nosotros no podemos. "¡Qué descaro!" "El mapache le susurró despectivamente a Jack Rabbit, quien accedió a sacudir sus orejas despectivamente. Pero todos los demás aldeanos y animales estaban agotados por el intento. Nadie más tenía ideas nuevas, así que al final, los padres dijeron, "Adelante, insecto, inténtalo. "

El bicho del chi cuelga su nariz en alto, empezando por el lado de la roca alta. Poco después, cruzó el punto donde llegaron antílopes, osos y leones de montaña. Luego sólo está el águila, que puede ver al gusano de Inch. Durante todo el día, en el gusano, subió a la roca, y finalmente, llegó a la cima de la montaña. El momento en que los niños son adictos a las piedras musgosas, como cuando estaban dormidos. Sin embargo, los insectos chi se arrastraron por sus brazos y caras hasta que se despertaron. "¿Dónde estamos? "Se durmieron. Mirando a su alrededor con horror, vieron nubes abajo y pájaros por todas partes. El gusano gobernante asegura a los niños que estarán bien. Los instó a seguirlo a través de la cresta rocosa para que sus pies pudieran agarrarse. Pronto, el niño y la niña bajaron a salvo y finalmente llegaron al suelo.

Por lo tanto, los niños y sus padres están felices de estar reunidos. Desde ese día, el pueblo Miwok ha nombrado la roca mágica en honor a las criaturas más pequeñas que manejan el comportamiento más elevado.

Bendición de la Sirena por Amor y un Anillo

En Escocia, había un joven que amaba profundamente a una niña, y no hacía más que pensar en ella día y noche. Al final, se atrevió a ofrecer su diligencia y le pidió que regresara. Pero ella no compartía estos sentimientos, porque esto podría suceder. Sonrió dulcemente y salió corriendo. El joven estaba triste, derrotado y avergonzado. Sintió que ya no podía aparecer por la ciudad. ¡Todo el mundo sabe que ella lo ha dejado! Ni siquiera podía pescar con sus amigos en la orilla porque estaba demasiado avergonzado. Por lo tanto, con el corazón pesado, guardó el mosquitero, se subió al bote y navegó a una isla desolada. Construyó una cabaña él mismo y salió al mar muy temprano cada mañana. Echó una red allí, esperando retrasar el día.

Llevó la pesca al puerto más cercano, donde nadie le conocía. Vendía el pescado en el mercado local y usaba el dinero que ganaba para comprar comida y otras necesidades, y luego tomaba un barco para volver a su isla. Es su vida, día tras día. Entonces un día, algo brillante le atrapó por el rabillo del ojo, el pescado en su red. Pronto, lo agarró con una mano, aunque estaba retorcido y golpeado, y luego anudó la red en un nudo para que nada pudiera escapar. "¡Suéltame!

"Escuchó un grito. Para su sorpresa, ¡es una sirena! Se parecía a las otras chicas, de cintura para arriba, pero debajo de ella, volteó una larga cola de pescado con escamas brillantes de color amarillo-verde. "¡Sirena!" Él dijo. "Sabes tanto como yo que debes pedirme un deseo. "Muy bien", dijo la sirena,

"Creo que quieres una bolsa de monedas de oro. Resulta que sé que hay un barco hundido de este tesoro no muy lejos." Él dijo, "No tengo interés en las monedas. "Eso no me dará lo que quiero. "Entonces, ¿este es el tesoro que necesitas?" "Ella giró la cabeza con orgullo. "Soy la hija del dueño del Mar y puedo permitir que mi sirena sirva para transportar esas cajas a su isla." Él dijo: "Si me conoces lo suficiente como para conocer mi isla, entonces sabes lo que quiero. "¿Esa chica? "La sirena suspiró. "¿Por qué ella? "¡Oh, ya sabes por qué! "Dijo. "Sus ojos azules. Su pelo rubio. La forma en que se mueve. Ella es la cosa más buscada en el mundo. ¡Si no puedo tenerla, no quiero nada! "Ah, no es tan especial", dijo la sirena.

Pero cuando el joven agarró la malla con fuerza, rápidamente añadió: "Por supuesto, puedo satisfacer tu deseo de amor, pero debes darte cuenta de que llevará algún tiempo. Déjame ir; entonces te daré un anillo mágico. Un año y un día después, cuando vayas a ella y le des un anillo, no se negará. "¿Cómo sabes que no estará casada para entonces? "La

sirena lo prometió: "No lo hará. "Por lo tanto, decidió dejar ir
a la sirena. Tomó el anillo y lo puso en un frasco en la mesita
de noche. Decidió raspar madera en la repisa de la chimenea
para recordar el pasado. Al día siguiente, cuando regresó a su
isla, vio lo que parecía un montón de algas. Cuando las algas
se mueven, son aún más curiosas. Entonces vio que no era
un montón de plantas, sino una chica de pelo castaño con
pelo oscuro apilado a su alrededor.

"¿Qué estás haciendo aquí?" Él frunció el ceño. Dijo: "No
porque hayas venido aquí primero significa que esta es tu
isla. "¡No eres el único que va a alguna parte! Mi padre tiene
una nueva novia, no mayor que yo. Es terrible, despreciable,
y me temo que me hará algo terrible. "No puedes quedarte
aquí. Tienes que volver. "Ella dijo: "Esto no es lo que me
dijiste que hiciera. Además, el viento no es bueno, no puedo
ir a ninguna parte ahora. "Mañana por la mañana, el viento
cambiará. "Mi balsa está rota. "Lo solucionaré. "¡Para!
¡Necesito quedarme en un lugar seguro yo solo!" "¡Yo
también!" "El joven tronó. Ella dijo: "Tendrás suficiente
espacio. Tú te quedas en la isla, y yo también me quedaré",
dijo más suavemente. "

"Aptos para ti", dijo. "Pero yo como solo. "Esta chica es real.
Cuando el joven regrese de la pesca o del mercado, le
encontrará una comida caliente en la mesa. ¿Adónde se fue?
¿Dónde ha dormido? No lo sabía en absoluto, y no fue una

sorpresa. Un día tuvo un día particularmente bueno. El pescado es abundante y se vende muy bien en el mercado. Volvió a casa más temprano que de costumbre y encontró a la chica en la cabaña. Ella se asustó y comenzó a irse. Él dijo: "Ahora, no tienes que caminar tan rápido. Coge el plato y siéntate al otro lado. Podríamos comer juntos." Entonces, comen juntos y no dicen nada. Pero al día siguiente, cuando regresó, ella estaba allí, y dijeron algunas palabras más. Al día siguiente, hubo unas cuantas frases más hasta que se conocieron.

Entendió completamente por qué la chica se fue de su casa. Cuando ella le contó sobre su padre y cómo hizo la vista gorda ante su peligrosa situación, rompió la mesa con rabia. Trescientos sesenta y cinco días después de que ella simpatizara con esta historia, él se enamoró y pensó en cómo ganar su corazón con el anillo de la sirena. Ella colocó un gráfico en el manto para registrar los días pasados. Cree que es una idea inteligente porque los arañazos en la madera se convierten en un reto para distinguir y seguir contando. Poco después, el joven volvió a casa de pescar un día y la vio sacar flores del campo y plantarlas frente a la cabaña. "Qué amable y considerado", se dijo a sí mismo.

En esa época, ella comenzó a ayudarlo a atracar el barco y a desplegar el mosquitero. Aunque es sólo una niña de pelo castaño con casi un hijo, es poderosa y servicial. Una mañana, la niña dijo: "Cuando vayas al mercado, debes llevar una pequeña ventana de vidrio para evitar que el tiempo se nuble". Se esforzó al máximo. Después de que se fue al día siguiente, ella puso el vidrio en el hueco de la ventana. De hecho, la cabaña se mantuvo caliente esa noche. Durante el día, un rayo de luz solar brilló en las nuevas ventanas. Ella le dijo de nuevo: "Tráeme un poco de pintura blanca, estas paredes son demasiado aburridas. "Él obedeció, ella limpió las paredes y las pintó de blanco. Aunque empezó a quejarse de cuánto dinero le quedaba después de tomar esto o darle el dinero, tuvo que admitir que su camarote era más cómodo que nunca.

Un día, en el otro lado de la isla, notó que un montón de hierba empujaba hacia un grupo de árboles gruesos y presionaba en el medio y se dio cuenta de que debía ser donde dormía por la noche. Nunca se había sorprendido por esto y estaba un poco avergonzado de ello. Decidió dejar de pescar por unos días y empezar a recoger madera y a martillarla en la cabaña. "¿Qué estás haciendo ahora?" Preguntó. Él dijo: "No es apropiado que las jóvenes duerman en el pajar de afuera. "Esta será tu habitación. "Ella dijo: "No cuentes conmigo. Estoy bien en todas partes. "Pero él notó que ella estaba tarareando mientras caminaba por la casa esa noche. La melodía es la misma que su madre cantó antes. Por lo tanto, los días pasaron rápidamente.

Antes de saberlo, fue el día 365, que fue el año desde su destino de atrapar sirenas en una red. Cuando el muchacho entró en la cabaña esa tarde, vio a la chica frente a la chimenea, con un anillo mágico en el dedo, levantó la mano y la miró desde todos los ángulos. "¿Qué estás haciendo? "Ladraba. "Nada", dijo rápidamente, volviendo a poner el anillo en el tarro y sellándolo con una tapa. "Sólo asegúrate de que todo esté bien para el anillo de mañana. "Luego se fue a su habitación. Cuando regresó, tenía una bolsa de tela y todos los artículos. "Ahora, me voy. Me voy a la casa de mi padre. "¿Qué? ¿No te preocupa cómo te tratarán? "Me las arreglaré. Ya soy mayor. "Sólo un año. "Un año es suficiente. "Pero… el viento no es bueno. "

"Será pronto. "Pero nunca reparamos su balsa. Te llevaré en un barco. "Arreglé la balsa. Me iré tan pronto como sea posible. "Caminó hasta la carta, la sacó de la pared, la puso delante de él y la marcó el último día. Ella dijo: "Mañana, tendrás tu verdadero amor. "Se fue. Durante el resto del día, los jóvenes han estado sentados en sillas. Se quedó mirando la pared y el suelo. Dormía en una silla. A la mañana siguiente, cuando se despertó, lo primero que vio fue el gráfico en la mesa delante de él. Fue al manto, donde guardaba el anillo de la sirena y comenzó a perseguir su amor de toda la vida. No es sólo navegar al pueblo; nació en la tierra de la chica que vivía con él en la isla. Se puede

suponer lo sorprendida que estaba cuando lo vio entrar en el
jardín de su padre.

"¡Dios! No esperaba verte aquí. "Bien, aquí estoy", dijo.
"Entonces, ¿has encontrado al amor de tu vida? "Sí, lo he
encontrado. Quiero decir, ahora, lo he hecho. "¿Te tendrá
ella? "La chica le preguntó, mirando su anillo delante de ella
y "Dímelo tú", dijo él, mirándola a los ojos. "Vale, puede que
lo haga. "La chica dijo. "¿Qué tal si tú y la chica se dan un
tiempo para estar seguros? "Se sonrieron el uno al otro.
Pasaron su tiempo, lo hicieron y el joven encontró un lugar
no muy lejos de ella y se fue a pescar todos los días. Por la
noche, cenaban juntos y charlaban. Cada día están más
seguros de sí mismos que el día anterior. Entonces, los dos se
casaron y tuvieron una hermosa boda. Con toda la familia y
los amigos, la chica y el chico pensaron que estaban con
ellos, pero ya no estaban enfadados. Si alguna vez se
enfadaban de esta manera, el joven y su chica de pelo
castaño vivían una vida feliz por el resto del día.

El Rey Sapo

En los primeros días, cuando había esperanza, un rey vivía, y sus hijas eran todas hermosas. Aún así, la hija menor del rey era tan linda que aunque el sol la veía a menudo, él se fascinaba cada vez que ella salía al sol. Cerca del castillo del rey hay un vasto y oscuro bosque, en medio del cual hay un antiguo tilo, y las ramas bajo el árbol salpican una pequeña fuente. Por lo tanto, cuando hervía, la hija menor del rey corría por el bosque y se sentaba junto a la fuente. Y cuando se siente aburrida, suele distraerla lanzando una bola dorada al aire y atrapando la pelota. Este es su entretenimiento favorito. Un día, cuando la hija del rey la lanzó al aire, la bola dorada no cayó en su mano sino en la hierba. Luego rodó sobre ella hacia la fuente. Y la hija del rey siguió la pelota con sus ojos, pero la pelota desapareció bajo el agua tan profunda que nadie pudo verla.

Entonces empezó a suspirar y a llorar más y más. Lloró y una voz gritó: "Hija Kim, ¿por qué lloras? Tus lágrimas han derretido hasta una roca, qué lástima. "Miró a su alrededor y escuchó una voz y vio una rana que sobresalía del agua torpemente Cabeza fea. Ella dijo: "¡Ah! Eres un viejo marinero, ¿eres tú quien habla? Estoy llorando por mi bola de oro; se me ha caído al agua. "Silencio, no llores. "La rana respondió. "Puedo darte un buen consejo. Pero si vuelvo a coger tu juguete, ¿qué me darás? "¿Qué vas a tomar, querida rana? "Dijo. "¿Mis ropas, perlas y joyas, o la corona de oro que llevo puesta? "La rana respondió: "La ropa, las joyas o las coronas de oro no son para mí; pero si me quieres, déjame ser tu compañera y compañera, sentada en tu mesa de comedor y comer de tu pequeño plato de oro, beber de la copa y dormir en tu pequeña cama.

Si me prometes todo esto, entonces me sumergiré y recogeré tu bola de oro. "Ella dijo: "Oh, te lo aseguro. Pero pensó para sí misma: "¿De qué está hablando la rana tonta? Manténganlo a él y a sus compañeros en el agua; no puede integrarse en la sociedad. " Pero tan pronto como la rana recibió su promesa, puso su cabeza bajo el agua y saltó fuera del agua. Ahora se metió la pelota en la boca de nuevo y la nadó, y luego la tiró en la hierba. Cuando la hija del rey volvió a mirar, cuando llegó a su hermoso juguete, se llenó de alegría. Entonces, inmediatamente se escapó. "¡Alto! ¡Alto!" La rana gritó, "Tómame. No puedo hacer todo lo que tú puedes. "Pero toda su ronquera era inútil. A pesar de la voz fuerte, la hija del rey no pudo oírla, pero se apresuró a casa, y pronto olvidó a la pobre rana.

La rana tuvo que saltar de nuevo a la fuente. Al día siguiente, el rey y su hija y todos sus sirvientes estaban sentados a una mesa, comiendo de su pequeño plato dorado, oyeron el sonido de salpicaduras, salpicaduras, salpicaduras de las escaleras de mármol. Cuando llegó a la cima de la montaña, llamó a la puerta y una voz dijo: "¡Abre la puerta, hija menor del rey! " Así que se levantó para ver quién la llamaba, pero cuando abrió la puerta y vio la rana, cerró la puerta vigorosamente y se sentó a la mesa, con aspecto pálido. Su corazón latía violentamente, preguntó si era un gigante que la alejaba de la puerta, "¡Oh no!" Ella respondió: "No es un gigante, es una rana fea. "¿Qué quiere la rana? "El rey dijo, "Oh, querido padre, cuando estaba sentado junto a la fuente jugando ayer, mi bola dorada cayó al agua, y la rana lloró otra vez porque yo lloré mucho: Pero primero, debo decirte que me oprimió tanto que le prometí que sería mi compañero.

Nunca pensé que pudiera salir del agua, pero de alguna manera saltó y ahora quiere entrar. "En ese momento, hubo otro golpe, y una voz dijo, "La hija del Rey, la más joven, abre la puerta. ¿Has olvidado la promesa hecha por la fuente a la sombra del árbol? "La hija menor del rey abrió la puerta. Entonces el rey dijo: "Debes cumplir lo que prometiste"; la hija del rey fue a abrir la puerta, y la rana saltó y se sentó en la silla. Tan pronto como se sentó, la rana dijo: "Abrázame"; pero después de dudar durante mucho tiempo, el rey finalmente le ordenó que obedeciera. Después de que la rana se sentara en la silla, saltó a la mesa y dijo: "Ahora pon el plato cerca de mí, podemos comer juntos". " Lo hizo, pero todos se mostraron muy reacios.

A la rana parecía gustarle mucho su cena. Sin embargo, todo lo que comió la hija del rey casi la ahogó hasta que la rana dijo: "Estoy llena y me siento agotada; por favor, llévame arriba a tu habitación ahora y prepara tu cama para que podamos dormir juntos" En este discurso, la hija del rey comenzó a llorar porque tenía miedo del frío de la rana y no se atrevió a tocarla; además, quería dormir en su propia cama hermosa y ordenada. Sin embargo, sus lágrimas sólo hicieron enojar mucho al rey. Él dijo: "Te ayudó cuando estabas en problemas, ¡no te desprecies ahora! Pero cuando ella estaba acostada en la cama, él se subió a la cama y dijo: "Estoy muy cansado, necesito dormir". Por favor, abrázame. De lo contrario, se lo diré a tu padre. "

Esta frase llenó de rabia a la hija del rey, atrapó a la rana, la arrojó a la pared con todas sus fuerzas y le dijo: "Ahora, cállate, ¿eres una rana fea? "Pero cuando cayó, pasó de ser una rana a un apuesto Rey con ojos hermosos. Poco después, con el consentimiento de su padre, se convirtió en una querida compañera y se comprometió. La bruja lo transformó, y sólo ella puede sacarlo de la fuente por sí misma; a la mañana siguiente, entrarán juntos en su reino. Son atraídas por ocho caballos blancos, con pelo de avestruz en sus cabezas y brie dorado en sus cabezas. En la puerta del palacio, detrás del carruaje estaba Enrique, el sirviente del joven rey de confianza. Cuando el dueño se convirtió en rana, el confiado Enrique estaba tan triste que ató las tres orejas de la banda de hierro, temiendo estar triste y tristemente se rompió.

Aunque ahora que el carruaje estaba listo para llevar al joven Rey a su patria, el fiel Enrique, con la ayuda de los novios, se sentó en su asiento y se llenó de alegría por la liberación del maestro. Cuando el Rey escuchó una voz áspera, como si algo se hubiera roto detrás del carruaje, se fueron muy lejos. Así que sacó la cabeza por la ventana y le preguntó a Enrique qué estaba pasando. Enrique respondió: "Este no es el carruaje, mi amo, es una orquesta, cuando cayó en tal pena, me enredó el corazón porque una rana lo reemplazó. Ambas veces durante el viaje, se hizo el mismo sonido, y cada vez el Rey pensó que era una parte del carruaje la que cedía; sin embargo, sólo la desintegración de la banda enredó el corazón de Enrique de confianza, y desde entonces, se ha vuelto libre y feliz.

Por Qué las Hojas de Otoño son Rojas

Hace mucho, mucho tiempo, nadie vivía en la tierra excepto los animales, y a veces celebraban grandes consejos. El oso está ahí. El oso tiene garras afiladas, un pelaje brillante, y un gran rugido. El ciervo se enorgullece de sus cuernos porque salen de su cabeza como un árbol. Todos los animales y todos los pájaros aparecerán en el gran consejo. La pequeña Tortuga también irá allí. Es tan pequeña que no quiere hablar con nadie. Sin embargo, a menudo tiene esperanzas: "¡Oh, si puedo hacer algo bueno! ¿Cómo podría hacer un animal tan pequeño? De todos modos", pensó, "seguiré vigilando, quizás en algún momento, tenga la oportunidad de que mi gente haga algo". "La pequeña Tortuga nunca olvidó las cosas buenas que planeaba realizar. Un día, la oportunidad llegó. Estaba en el Parlamento, y los animales decían: Está oscureciendo aquí; sólo podemos ver la nieve. Esto también es frustrante. Preguntaron, ¿no podemos poner las luces en Skyland?

La pequeña Tortuga dijo, "¿Podrías por favor dejarme ir a Skyland? "Dijeron que podría ir. Le pidieron a la nube oscura que llevara a la pequeña Tortuga allí. La nube oscura llegó. La pequeña Tortuga vio truenos y relámpagos en la nube oscura; cuando llegó a la tierra del cielo, creó el sol a partir de los relámpagos y lo colocó en el cielo. Y el sol no podía moverse porque no tenía vida, y el mundo entero estaba demasiado caliente para sobrevivir. "¿Qué debemos hacer? "Los animales se preguntaban unos a otros. Algunas personas dijeron: "Debemos darle al sol vida y espíritu antes de que pueda moverse en el cielo. "Así que presentaron su vida y espíritu, y se movió en el cielo. La pequeña tortuga cavó un agujero en la tierra y dejó pasar el sol. La pequeña Tortuga se casó con él por el rayo en la nube oscura, y ella era la luna, tienen un niño que es una estrella jugando sobre Skyland.

Ella está cuidando de Skyland. El animal de abajo la llama, "Cuida de Skyland. "Es genial porque está haciendo sus buenas obras. Algunos animales están celosos de la pequeña tortuga, especialmente el ciervo, que está orgulloso de la cornamenta. Un día, el Ciervo le dijo al arco iris: "Arco iris, por favor llévame al cielo donde vive la pequeña Tortuga. "El arco iris no sabe si es correcto llevar al ciervo a la casa de la pequeña tortuga, pero dijo: "En invierno", esto hace muy feliz al ciervo. No le dijo a nadie sobre la promesa del arco iris. Durante todo el invierno, esperó cerca de la montaña y vio venir el arco iris; pero el arco iris no fue a él. Un día, en primavera, el ciervo estaba junto al lago. Vi un arco iris. El arco iris preguntó: "¿Por qué no cumples tu promesa? "El arco iris le dio otra promesa. Dijo: "Cuando me veas en la espesa niebla, ven al lago a buscarme. "El ciervo también mantuvo esta promesa en secreto, porque quería ir a Skyland solo. Día a día, él estaba esperando junto al lago. Un día, cuando la densa niebla se levantó del lago, el ciervo vio un hermoso arco iris.

El arco iris se arqueó desde el lago hasta la montaña. Entonces un rayo de luz golpeó al ciervo, y vio un camino recto que brillaba con los colores del arco iris. Pasó a través de un vasto bosque. El arco iris dijo: "Ve por el hermoso camino a través del bosque de la gran carretera." El ciervo entró en el glorioso sendero y lo llevó directamente a la casa de Little Turtle en Skyland. El ciervo caminó por todo el reino de los cielos. Cuando el alto consejo se reunió, el ciervo no estaba allí. "El Ciervo no vino al Parlamento, ¿dónde está el Ciervo?" Preguntaron. Hawke voló alrededor y no pudo encontrar al Ciervo en el aire. El lobo buscó en lo profundo del bosque y no pudo encontrar al ciervo en el bosque. Cuando la nube trajo a la pequeña Tortuga al consejo, la pequeña Tortuga les dijo el arco iris cómo hacer que el ciervo subiera al cielo. La pequeña Tortuga dijo: "Está ahí ahora. "Los animales miraron al lago, donde vieron el hermoso camino.

Nunca lo habían visto antes. Dijeron: "¿Por qué no nos esperan los ciervos? "Y todos nosotros deberíamos haber ido a Skyland juntos. "Ahora, el oso pardo decide que de la forma en que lo verá la próxima vez. Un día, cuando estaba solo en el lago, vio el brillante sendero a través de un gran bosque. Pronto se encontró en Skyland. La primera persona que conocí fue un ciervo. "¿Por qué nos dejaste? ¿Por qué te fuiste a la tierra de las tortugas sin nosotros? ¿Por qué no nos esperas? Le preguntó al Ciervo. El ciervo agitó su cornamenta con rabia. "¿Qué ventaja tienes para cuestionarme? "Sólo el lobo puede cuestionar por qué vine. Te mataré por tu grosería. "El ciervo dobló su cuello. Puso su cabeza sobre su cabeza; sus ojos estaban irritados. "El oso no tiene miedo. Y se puso de pie; sus garras eran afiladas y duraderas. Su rugido sonó en toda Skyland.

La batalla entre el ciervo y el oso sacudió a Skyland. Estos animales levantaron sus cabezas de la tierra. "¿Quién va? ¿Quién va a Skyland, prohibiendo las peleas de ciervos? "Wolf dijo que me voy. "Puedo correr más rápido que nadie. "Así que Wolfe corrió por el camino de la luz, y después de un rato, llegó al lugar de la batalla. Wolf impidió que el ciervo luchara. La cornamenta del venado es cuando está temblando, un montón de gotas de agua del cielo, salpicando en todas las hojas del bosque, las hojas se vuelven rojas hermosas, así que, en otoño, cuando veas las hojas volverse rojas, sabrás que esto es porque, hace mucho tiempo, "Venado y Oso" lucharon una gran batalla en la tierra de la Pequeña Tortuga donde la tierra del cielo luchó una gran batalla.

Gracias a Dreamweaver

Este es un lugar muy secreto en la naturaleza. Así que, para llegar allí, necesitamos usar nuestra imaginación con los ojos. Suavemente cerrados, comenzamos mientras nos encontramos en un antiguo bosque en estas seguras y brumosas montañas. Pueden ver que hay vastos y hermosos árboles antiguos aquí. Y ahora notan que también hay una linda ardillita aquí, justo en frente de ustedes. Extiendes la mano y acaricias el peludo abrigo de la ardilla, que se siente tan suave y cálido, mientras salta sobre sus patas traseras y te sonríe. La ardilla ahora corre un poco y te mira con entusiasmo. Ahora te das cuenta de que la ardilla te invita a seguirla. Te sientes muy emocionado al comprender rápidamente que te mostrará el camino secreto a la cabaña del árbol del Tejedor de Sueños. Mientras sigues a tu amiga ardilla a través del bosque.

De repente notas lo que parece ser un palo flotando en el aire a la deriva suavemente hacia ti. Este pequeño palo de madera se detiene en el aire. Y está flotando justo delante de ti y notas que parece haber una energía extraordinaria alrededor de este palo y brilla con una luz dorada. Tu corazón se hincha de alegría al darte cuenta de que es tu varita mágica de aprendiz. Extiendes la mano, y el palo salta felizmente directo a tu mano. Al rodearla con los dedos, ves que la varita mágica es un viejo trozo de madera de higuera tallado, nudoso y muy misterioso. La madera se siente tan suave al tacto como si la hubiesen sostenido y usado innumerables veces durante incontables años.

Lo giras y soplidos de energía de luz dorada se arremolinan desde la varita y se deslumbran. Te sientes tan encantado. Es la varita mágica perfecta. Y es toda tuya, mientras sigues a tu amiga ardilla que se lanza por un camino iluminado por la luna con cada paso, sientes que tu cuerpo está contento y tranquilo moviéndose con total facilidad y emoción por lo que descubrirás, llegas a un claro de hierba verde rodeado de higueras que forman un hueco en el bosque nebuloso. Los árboles son colosales, se elevan hermosamente en la niebla. Se llaman higueras de cortina porque sus raíces caen como enormes cortinas desde las copas de los árboles hasta el suelo del bosque, manteniendo el claro.

El puro de la energía y seguro y oculto del mundo exterior. Este es el hueco de la higuera envuelto en una niebla mágica, que impide que otras personas puedan verlo esta noche. El amable y viejo Dreamweaver te ha llamado para que seas el aprendiz. Así que la niebla ha levantado la niebla se ha desviado, y tú has estado mostrando el camino que la ardilla se lanza felizmente a lo largo de un sendero de piedra pavimentado. De vez en cuando, la niebla se despeja aún más, y ahora puedes ver lo que debe ser la cabaña del Tejedor del Sueño. Es un vasto y antiguo árbol con una cabaña tallada en el tronco, que tiene una puerta roja con linternas encendidas y una chimenea para que la magia resplandezca y setos verdes a cada lado.

Subes por el camino de piedra hacia la cabaña del árbol, y ella levanta tu varita. La puerta cruje y se abre sola con una respiración profunda cuando entras. Sientes al instante que es una casita cálida y hogareña de confort, imaginación y diversión. El Tejedor de Sueños camina hacia ti. Y te saluda con la sonrisa más amable y el rostro más abierto y amistoso que jamás hayas visto. El Tejedor de Sueños es muy pacífico y de buen corazón y tiene una cara muy abierta y cariñosa alrededor de la cara de la vieja luna de permanecer despierto durante muchas lunas. El Tejedor de Sueños lleva un bastón mágico hecho de madera de higuera tallada, que sirve también como bastón para caminar porque el Tejedor de Sueños tiene cientos y cientos de años y es muy sabio y está muy inclinado para hacer girar las ruedas de los atrapasueños.

Te sientes tan especial al ser bienvenido aquí en este lugar sagrado. El Tejedor de Sueños está tan feliz de ver que amas tu varita de aprendiz y escuchas cuidadosamente mientras el Tejedor de Sueños explica que la vida en la cabaña del árbol es agitada por todo el tiempo. En algún lugar del mundo, la gente está durmiendo y soñando. Y durmiendo incluso si están soñando de día o sonámbulos, soñando de noche o hablando de sueño. El Tejedor de Sueños está ayudando a mantener los pensamientos felices fluyendo. El Tejedor de Sueños te muestra las viejas ruecas de madera que se usan para hilar la seda de los gusanos de seda para hacer atrapasueños hermosamente tejidos.

Miras con asombro el suelo tejido de los atrapasueños. Parecidos a los wimps de las arañas, pero mucho más hermosos, que brillan con luz mágica en cada color del arco iris. Tienen lo que parecen muchas pequeñas películas que se proyectan a la vez en la gran red de atrapasueños del arco iris. Te das cuenta de que estos son los sueños de la gente. Escuchas felizmente como el amable Dreamweaver te explica que podemos aprender de la sabiduría que se encuentra en los sueños. Algunos sueños son ridículos y divertidos, y otros son interesantes, hermosos y sabios. Y algunos tienen significados y mensajes únicos y significativos.

El Tejedor de Sueños te dice que, como aprendiz, tu trabajo es ayudar a la gente que está durmiendo a elegir pensamientos y sueños felices, que los eleven y los hagan sentir sobresalientes. Verás a The Dream's jugando en los atrapasueños. Y usarás tu varita para añadir un deslumbramiento de magia feliz para hacer los sueños de la gente. Aún más alegres, alegres, felices y deliciosos. Primero, debes girar la rueda de los sueños para ayudar a la gente del mundo a caer en un sueño profundo. Miras con emoción la rueda de los sueños, que cuelga de la pared de la cabaña del árbol cerca de la ventana, reflejando rayos de luz de luna y brillando con la luz de las estrellas.

La rueda está hecha de oro puro forjado en la tierra hace innumerables lunas cuando la humanidad se dio cuenta por primera vez del poder y la belleza de los sueños. Al mirar más de cerca o se puede ver que hay muchas criaturas talladas en el oro. Algunas personas mágicas y algunos animales antiguos, plantas y flores exóticas, galaxias y planetas y todas las cosas hermosas que la imaginación de la gente podría soñar. Si estiras la mano y tiras con fuerza de la rueda de los sueños dorados, ésta empieza a girar cada vez más rápido. Girando a su vez en la creación de la energía de los sueños más bellos de todo el mundo brillante trabajo de aprendiz.

Ahora podrás ver los sueños en los escondites de los sueños y usar tu varita mágica para añadir felicidad y alegría y pensamientos positivos a cada historia. Podrás ver tus sueños de jugar en los atrapasueños. Y tú también puedes elegir añadir felicidad, alegría y pensamientos positivos para imaginar sólo las mejores cosas que te suceden. Y te sientes tan felizmente feliz haciendo esto. Lo maravilloso de dar forma y añadir felicidad también hace la magia de tus propios sueños.

Te sientes al borde del sueño, o tal vez ya estás dormido, y todo esto es un sueño. Ya no estabas seguro, y te sientes tan cansado y feliz muy pronto. Mi voz te dejará y te dará algo de tiempo para seguir explorando la casa del árbol añadiendo una alegría mágica a los sueños de la gente. Y para disfrutar de tus propios y más maravillosos sueños después de haber sido una aprendiz fantástica. Te sientes más cansado que nunca y le has preguntado al Tejedor de Sueños si puedes dormir en una de las almohadas de plumas.

Cuando escuches mi voz se ha ido, te desviaras aún más profundamente en tus felices y pacíficos sueños. Te sientes tan único y acogedor. Te encanta tu sueño profundo y tu paz, positiva y divertida. Sueños felices que has elegido tan bien, te sientes tan feliz porque puedes imaginar que sólo las mejores cosas suceden en tus sueños. ¿Y sabes que puedes visitar la casa del árbol de Dreamweaver escondida en el mágico hueco de la higuera cuando quieras tener dulces sueños?

Las Aventuras de Billy

Billy es un gordito encantador con su naturaleza vibrante y el hábito de proporcionar dulces que prepara a cualquiera que conozca. Cuando era joven, intentó cocinar chicle con sabor a yogur de fresa, pero tuvo algunos problemas al cocinarlo, así que explotó. Pero desde entonces, ha mejorado gradualmente sus habilidades continuando, practicando su pasión por la cocina.

El mayor deseo de Billy es convertirse en el mejor fabricante de dulces del país en el futuro. Cuando era joven, le gustaba comer dulces y también quería cocinarlos. Su receta de cocina fue heredada de su padre, que era el jefe de cocina real en el palacio del rey de su tierra. Pero desafortunadamente, su padre no apoyó su objetivo de convertirse en un buen fabricante de dulces, porque según él, la fabricación de dulces no podía ser considerada como una verdadera cocina. Aunque secretamente estaba orgulloso del entusiasmo de su hijo por trabajar en la cocina. A Billy le gusta tanto cocinar caramelos que su bicicleta incluso tiene una gran caja detrás del mango con todos los artículos necesarios para cocinar, así que puede cocinar caramelos en cualquier momento.

Sus amigos siempre han estado llenos de amor y admiración por él. Siempre alaban sus dulces cocinados y esperan que su compañía tenga un carácter lúdico. Continúan inspirándolo para que se convierta en el mayor fabricante de dulces del mundo. Billy secretamente esperaba hacer un día un país de hadas, lleno de todo tipo de deliciosos dulces, todo lo que cocinaba. Pasa su tiempo libre leyendo libros de cocina o viendo programas de cocina en la televisión. Por lo tanto, desde su primer intento en la infancia, sus habilidades para hacer dulces han mejorado mucho. Debido a que se quedó en el palacio con sus padres por el trabajo de su padre, siempre tuvo acceso a la cocina real, donde normalmente conseguía todo lo necesario para cocinar dulces o postres.

Un día, preparó un tipo de caramelo único basado en las recetas del libro. Es un caramelo con sabor a limón cubierto con chocolate con leche. Colocó un plato de dulces recién preparados cerca de la ventana y esperó a que se enfriaran antes de probarlos. Al día siguiente se sentó en la sala de estudio para hacer sus deberes y de repente oyó una voz que salía por la ventana. Rápidamente se dio la vuelta y vio un hermoso pájaro que picoteaba un pequeño pico rojo sobre su caramelo. Billy permitió que el pájaro siguiera comiendo caramelos porque siempre le gustó alguien a quien le gustaba su cocina. ¡De repente, el pájaro azul se convirtió en un hada con una túnica azul y alas azules! Cuando el duende le habló muy dulcemente, Billy se quedó sin palabras de sorpresa. Le dijo que estaba encantada con él porque le permitía comer los dulces, cocinaba muy duro. Así que el Hada Azul se ofreció a llevarlo al País de las Maravillas como muestra de su amabilidad.

Billy estaba contento, por supuesto, estaba de acuerdo. El hada azul tomó su mano y se fue volando. Después de unos minutos, llegaron a una hermosa tierra; Billy se dio cuenta de que era un país de hadas. Allí conoció a muchas otras hadas bonitas. Decidieron mostrarle toda la tierra de los sueños y llevarlo en una nave espacial. La delicada naturaleza de esta tierra le sorprendió. El jardín estaba lleno de coloridas flores, y las cascadas y verdes praderas estaban cubiertas de árboles dorados y plateados. Fue llevado a un lugar donde vio montones de varios dulces, muchos de los cuales nunca había oído hablar. Alguien le dijo que podía comer o llevar los dulces que necesitara. Pero Billy quiere saber las recetas de estos dulces únicos para poder prepararlos él mismo cuando vuelva a casa. Educadamente le preguntó a la reina de los cuentos de hadas si podía comer esas recetas. Ella quedó satisfecha con su honestidad y lo conmovió con su varita. Inmediatamente, descubrió que todas estas recetas estaban en su cerebro, ¡y que podía recordarlas en cualquier momento! Y entonces, el hada azul lo llevó de vuelta al dormitorio.

Mientras se levantaba temprano en la mañana del día siguiente, primero pensó que tenía un hermoso sueño para un hada. Sin embargo, cuando vio los extraños dulces en la mesilla de noche, se dio cuenta de que había estado en el País de las Maravillas la noche anterior. Después del desayuno, fue directamente a la cocina. Trató de recordar las hermosas recetas de dulces y galletas que vio en el País de las Maravillas. Billy se sorprendió al descubrir que podía recordar fácilmente todas estas recetas.

Con el permiso de su padre, rápidamente cocinó deliciosas tartas y deliciosos dulces. Ambos dulces son tan fragantes que Billy le pidió a su padre si podía usar estos nuevos productos como postres para reyes y reinas. Después de algunas dudas, mi padre finalmente accedió. Por lo tanto, después del proceso primario del almuerzo, el padre de Billy proporcionó a la pareja real los platos cocinados del hijo. El rey y la reina están encantados de probar estos nuevos productos. ¡Y elogiaron al padre de Billy por cocinar algo tan delicioso que nunca había comido antes! Luego, su jefe de cocina reveló el hecho de que estos postres fueron preparados por su hijo de 11 años, Billy.

¡El rey y la reina se han quedado sin palabras! Llamaron a Billy y lo alabaron por sus excelentes habilidades culinarias. Billy les presentó su ambición de convertirse en el mayor fabricante de caramelos del mundo. El rey le aseguró que le daría todo el apoyo posible para alcanzar sus objetivos de vida. ¡La reina dijo que estaban orgullosos de tener un niño tan talentoso en su reino! ¡Incluso su padre admite que Billy tiene el don de hacer caramelos, lo que puede convertirlo en el mejor fabricante de caramelos del planeta! Por lo tanto, todo el mundo sabe que Billy es el niño con más talento para hacer dulces en el país. Billy siempre agradeció a sus sinceras hadas por su gran ayuda para cumplir su mayor deseo.

La Duda Eterna

Mark es el ejemplo perfecto de un niño de diez años elegante, inteligente y guapo. Está en casa, manda en la escuela, y es el compañero ideal para sus amigos. Es un niño extrovertido y juguetón que nunca estropeó nada, no se involucró en ninguna forma de travesura innecesaria, y vivió en el mundo de los cuentos de hadas que imaginó. "¡Oh! Vamos, ¿quién te lo dijo, Mark? Eres un niño grande; ¿crees que Santa Claus existe? Eso está completamente equivocado. Creo que alguien quiere burlarse de ti, por eso te cuentan todas estas historias", gritó su mejor amigo, Steve. Otros amigos de su grupo también apoyaron a Steve, burlándose de Mark y de su historia sobre Santa Claus.

"¿Cómo podrías recibir un regalo de una persona hipotética cada año? "Mark estaba diciendo. "Mark. Por favor, escúchame y no me malinterpretes. No quiero hacerte daño, incluso yo recibo regalos de Navidad todos los años. Creo que todos los niños lo hacen en Navidad. ¿Significa eso que todos los niños son buenos y merecen un regalo de Navidad? No, Mark. Tú eres bueno; te mereces el premio. Pero el hecho es que nuestros padres siguen poniendo el regalo en los calcetines, haciéndonos pensar que Santa Claus lo ha puesto. Santa es el piso de la furia del mercado del mar. Eso es todo. Cuanto antes te das cuenta de eso, eres mejor", así que se dice que Steve fue a clase, y luego otros amigos dejaron a Mark pensando solo.

Mark se sorprendió al escuchar todo esto. Su débil corazón se rompió y se le llenaron los ojos de lágrimas. Pero es un niño grande, ¿cómo puede mostrarle las grietas a alguien? Lo limpió y se fue a clase. Sin embargo, no pudo deshacerse de la tristeza. Estaba completamente decepcionado. Triste y agitado, se arrastró a casa después de la escuela. En el camino, vio a un cachorro cayendo en un charco en medio del camino. La fuerte lluvia tuvo un impacto significativo en las calles. Los caminos que antes eran llanos estaban sucios, y había grandes charcos por todas partes, lo que era muy difícil para los viajeros cotidianos.

Viendo al cachorro que luchaba, Mark corrió, sin importarle que sus zapatos de lona blanca se volvieran marrones fangosos. Se agachó para verse mejor. El cachorro estaba inicialmente asustado, pero el tacto suave de Mark le dio confianza. Saltó del peligro de ahogarse y de posibles accidentes de tráfico y se alegró de la mano de Mark. Toda la tristeza y la depresión de Mark desaparecieron. Le dio una palmadita al cachorro y lo llevó a casa. Como de costumbre, su abuelo se sentó en el porche mientras bebía té mientras estaba sentado sobre los libros, esperando que Mark volviera de la escuela. "Abuelo, mira lo que encontré. Un cachorro. "Mark gritó emocionado y le contó todo el incidente.

El abuelo también estaba muy emocionado y empezó a mirarlo bien. "Vaya. Es un lindo cachorro. Ahora tiene un compañero. Pero primero, limpia al pobre y dale algo de comer. Necesita descansar. "El abuelo le dijo que se acariciara las manos suavemente con el suave pelaje del cachorro. "Sí, abuelo. Tienes razón. Me voy ahora. "Mark lo dijo y entró. Le dio el cachorro a su madre, que le dio agua caliente para bañarlo. Ella estaba feliz de que Mark tuviera un compañero que siempre quiso. Alimentó al cachorro con leche y le preparó una cama cómoda con sábanas de algodón viejas. Mark lo bañó, lo alimentó y lo dejó dormir en la cama hecha. Cuando vio al cachorro abrazar su muy necesario sueño con el pequeño peluche de Mark en el sofá para acompañar al cachorro, se contentó.

Cuando regresó de la oficina, le contó a su padre todo el incidente con la misma emoción. Su padre estaba contento de ver la emoción y la felicidad de Mark, que quería estar con él durante mucho tiempo. Después de la cena, Mark se fue a la cama y se acostó junto a su abuelo. Sin embargo, su cara ahora se ve sombría, y su abuelo puede ver que esto molesta al niño. "Mi niño. ¿Qué ha pasado? ¿Algo te molesta?" El abuelo preguntó reconfortantemente. "Abuelo, estoy pensando en Santa", dijo Mark. "¿En Santa? ¡Oh! Lo sé. Se acerca la Navidad. ¿Es esa la razón?" El abuelo preguntó con una sonrisa. "No, abuelo. No tiene nada que ver con la Navidad. Es sobre Santa Claus. Abuelo, ¿existe? Mi amigo le dijo que es ficticio, sólo la Casa de la Furia en Haití. Abuelo, por favor, dime la verdad. Todo el mundo lo sabe. Y se burlan de mí y me dicen que un niño grande como yo no debe creer en cuentos de hadas sobre Santa Claus y regalos. Él trae tales regalos cada período de Navidad. "

Dijo, las lágrimas de Mark estaban llenas de lágrimas, y se abrazó fuertemente con el abuelo. "Mi querido muchacho. ¿Todos tienen dudas eternas sobre Santa Claus? "El abuelo lo abrazó para calmarlo y hacerlo feliz y triste. Después de un rato, el abuelo habló. "Mark, dime una cosa. ¿Por qué rescataste al cachorro y lo enviaste a casa? "Porque está indefenso, quiero ayudarlo", dijo Mark con lágrimas en los ojos. "Eso es todo, mi niña. Ese es el propósito de Santa Claus. No es un hombre gordo que lleva una chaqueta roja, monta un trineo y trae regalos. Está dentro de todos. Si crees, Santa Claus es real. Si no, es ficticio. Tu amigo te dijo que es un edificio de la furia del mar, ¿no es así? Querida, ¿qué es un edificio de furia marina? Es una ilusión de agua en un desierto caliente. Ver el edificio de la furia marina trae esperanza y energía desconocida al viajero aburrido. Del mismo modo, Santa Claus no existe. Sin embargo, él trae esperanza y energía a la gente de fe para permitirles vivir una vida mejor y esparcir la felicidad a todos. Y enseña el significado del amor; el amor desinteresado puede ayudar a la gente a pensar en la felicidad de los demás sin expectativas. Estas virtudes simbolizan a mi hijo Santa Claus. Eso es todo para la Navidad. Difunde la alegría y el amor a todos. "

Mark secó las lágrimas y mostró una gran sonrisa, abrazando a su abuelo: "Gracias, abuelo. Sé que Santa Claus es real. Vive en nuestros corazones y en silencio nos enseña cosas buenas. Siempre lo conservaré a él y a su virtud. "Luego se durmió.

El Robo de la Casa de Luz

Cierra los ojos y respira profundamente para que tu barriga se llene como un globo, y luego exhala lenta y suavemente. De nuevo, inspire profundamente para llenar su estómago como un globo y exhale lenta y suavemente. Una vez más inspire profundamente para llenar su barriga como un globo y luego exhale lenta y suavemente. Deja que tu respiración vuelva a su ritmo normal. Ahora imagina una hermosa luz blanca, que rodea todo tu cuerpo, y estás rodeado en un capullo de esta hermosa luz blanca sabiendo que siempre estás a salvo. Siempre eres amado y que esta hermosa luz blanca pura siempre te está protegiendo. Ahora imagina que estás en una pequeña isla rocosa con el hermoso océano azul fluyendo suavemente a su alrededor. Puedes oír las olas golpeando suavemente las rocas.

Podías verlos moviéndose por todos lados, balanceándose de un lado a otro. Puedes oír a las gaviotas mientras vuelan por toda la isla en busca de comida, y se sumergen, y se zambullen a tu alrededor. Saben de antemano que no eres comida, pero de todas formas tienen que mirar para comprobarlo. Por supuesto, te das cuenta de que me gusta un camino, y te preguntas a dónde va. Así que, empiezas a caminar para averiguarlo y mientras caminas, miras hacia arriba y nuestro laberinto Khoisan porque están justo delante de ti. Es un enorme faro con grandes rayas rojas y blancas por todas partes y una enorme luz en la parte superior. No entiendes cómo pudiste haberte perdido de verlo.

Pero de alguna manera se puede reír a carcajadas, se sigue el camino y lleva directamente a la puerta del faro. Así que, entras para ver cómo es la habitación en la que estás, es muy brillante, muy luminosa y soleada. Ves que hay unas escaleras delante de ti, son unas escaleras muy grandes, tan grandes que aún no puedes ver lo que hay en la parte superior de ellas. Comienzas la larga caminata subiendo los escalones y hay muchos de ellos, pero sigues caminando, tus pies hacen ruidos fuertes de golpeteo mientras subes los escalones y hace eco a tu alrededor. Llegas al primer piso y notas que hay una puerta a un lado y es de un color azul brillante. Te preguntas a dónde va, pero no te mueres de hambre porque quieres ir mucho más alto. Así que, sigues caminando y tus pasos se vuelven a tapar.

Ha llegado al segundo piso, y hay otra puerta. Esta puerta es de un hermoso color rosa, pero aun así, no te detienes porque quieres ir más arriba. Así que, sigues subiendo las escaleras y aun así, oyes tus pasos haciendo eco por todo el faro. Llegas al tercer piso y este es el último piso antes de llegar a la gran luz en la única cima del faro. Este también tiene una entrada, sólo que esta entrada es del color de las estrellas muy brillante, muy brillante. Decides que cuando llegues a la cima del faro para ver la luz, volverás a bajar y pasarás por esta puerta porque se ve muy emocionante.

Lo que puede esperar hasta que vuelvas a bajar, sigues caminando hasta que llegues a la cima del faro con una hermosa luz grande y brillante. Cuando abres una escotilla encima de ti y la pequeña escalera cae, y subes a la habitación. Esas casas, son muy ligeras en sí mismas, miras la gran luz brillante y ves cómo se quema y brilla. Es una luz increíble para todos los barcos del océano. Brilla tan brillantemente, y mantiene a todos los barcos a salvo de estrellarse contra las rocas de abajo. Camina hacia la ventana y echa un vistazo para ver si puedes ver alguno de esos barcos no esperar.

Si ves un barco, es un barco de vela muy viejo. Los que llaman los barcos altos de ese tipo. Ya no se fabrican más, tiene velas enormes que ondean en el viento e incluso puedes ver a los marineros haciendo sus tareas en la cubierta de madera. También está ondeando la bandera, puedes ver lo que es la bandera. Si ves el diseño en él, tal vez sea un barco robado. Robar, ¿puedes verlo mientras observas el barco alto y los marineros trabajando en la cubierta? El barco se desvanece de repente ante tus ojos. Simplemente se desvanece, se ha ido. Wow, tal vez fue una imagen del pasado lo que viste. Tal vez fue un barco fantasma que desde lo alto de aquí se ve algo que se mueve en el agua, algo muy grande.

Verán, la enorme cabeza y cuerpo de una ballena blanca se eleva y sale del mar y mientras se sumerge de nuevo, verán su enorme cola caer con un poderoso chapoteo. Decides ahora investigar la puerta que brilla como las estrellas. Así que regresas al piso debajo de tus pies, subiendo de nuevo los escalones. Te paras frente a la brillante puerta. Extiendes tu mano y la abres. Entras en la habitación, pero la habitación está vacía, no hay nada aquí. Si eso fuera así, sería algo realmente especial, pero justo cuando estás a punto de salir. Ves un pedazo de papel en la pared y dice que esta habitación es muy especial.

De hecho, las instrucciones escritas en el papel son para usted. Incluso tiene tu nombre en él, puedes verlo. Esta nota es de los robos, está bien los robos amistosos. El registro dice que hay una trampilla en el suelo, echa un vistazo y mira si la conoces. El registro dice que pases por esta trampilla y te llevará al sótano. El Salah' que está lejos el faro en el sótano es todo de robos - el oro, los diamantes y las joyas todas las cosas que han recogido y muchas más cosas. Así que atraviesas la trampilla y bajas los oscuros y turbios escalones del sótano y cuando llegas al fondo, huele un poco y está muy húmedo. Pero ves que este sótano tiene las cosas más asombrosas en él y todo es muy brillante también.

También ves un viejo robo que te espera, pero este robo es muy delgado a delgado. De hecho, bueno en realidad es un esqueleto en un uniforme robado sólo huesos realmente con ropa. Oh, querido, pero parece muy alegre y tiene un lindo sombrero de ladrón bastante grande. Tiene unas grandes botas y un Cutlass colgando de su cinturón y no da ningún miedo. Le gusta bastante, te dice que su nombre es Capitán Huesos. Piensas para ti mismo, te dice que le eches un vistazo y veas lo que tienen. Sabes que lo han robado todo, pero el robo dice que está bien porque sólo se llevan a los ricos. Porque la gente rica no parece darse cuenta cuando se ha ido.

El viejo robo dice que puedes tener todo lo que quieras en esta habitación, incluso puedes llevarte a casa todo lo que quieras tener. Puedes tomarte unos minutos para echar un buen vistazo y decidir qué es. Te gustaría llevártelo a casa porque es tuyo para que lo guardes. Ahora es el momento de devolver lo que ha sido este día y recordar. Puedes volver aquí a este faro y a tu habitación particular cuando quieras, por ahora, respira profundamente y déjalo salir lentamente de nuevo. Inspiren profunda y lentamente déjenlo salir por última vez. Mueva los dedos de las manos y de los pies y estírese si quiere y cuando esté listo, abra lentamente los ojos.

El Árbol de los Sueños

Haré un mágico viaje de aventura al más divertido lugar encantado y de ensueño. Puedes imaginar el árbol de los sueños. ¿Tienes un deseo muy especial y secreto? Te gustaría compartirlo con el árbol de los sueños muy pronto. Tendrás la oportunidad de descubrir tus deseos más felices y maravillosos. Entonces, ¿estás lista? Ahora para comenzar sus especiales aventuras de sueños de cuentos para dormir. Eso es maravilloso. Comencemos a cerrar los ojos suavemente cuando estén listos y empiecen a notar su respiración.

Inspira profundamente y expulsa bien todo el aire. Ahora relájese y deje que su respiración ocurra por sí sola. Noten la suave subida y bajada de su pecho. Mientras se asienta en esta gran meditación del sueño, puede continuar respirando un poco más profundo. Ahora, al sentir, su cuerpo se permite relajarse. A tus ojos les encanta este descanso detrás de tus párpados. A medida que relajas esos pequeños músculos alrededor de tus ojos y alivias los pequeños músculos alrededor de tu boca, sientes cuánto más relajado estás ya. Eso es brillante, lo estás haciendo muy bien. Ahora, en un momento, voy a contar hacia atrás de diez a uno, y vamos a flotar hacia arriba. Y volaremos seguros juntos sobre las Montañas Nebulosas para visitar el árbol de los sueños.

Lo notarás con cada número. En la cuenta regresiva, sentirás que te alejas hasta que llegue al número uno y será muy fácil para ti volar con seguridad por el cielo. Mientras sigues mi voz, todo el camino hacia abajo para llegar al árbol de los sueños en esta extraordinaria historia de sueño de meditación guiada. Y cuando cuente muy pronto, también está bien si pierdes la cuenta en cualquier número porque estarás a la deriva más y más profundamente con cada número que pase, así que, cuando baje al uno, te sentirás ligero como una pluma para volar a un lugar tan seguro, tranquilo y soñador.

Ahora, (diez, nueve) te sientes muy cansado a (ocho) vagando más y más profundo y (siete, seis, cinco) lo estás haciendo muy bien (cuatro, tres, dos). Y en el siguiente número digo, te descubrirás volando sobre tu propio bosque encantado. Ahora (uno) aquí estás flotando suavemente y volando seguro y feliz. Ya puedes oír los sonidos del bosque a tu alrededor. Y te das cuenta de que ahora estás llevando una aventura a un lugar muy encantado en la naturaleza.

Sigues los sonidos mientras vuelas y te elevas y miras hacia abajo en los gloriosos bosques. Debajo de ti te sientes tan libre como el aire fresco de la noche fluye por tu cara. Y a través de tu cabello mirando el campo desde el cielo. Ves las montañas nebulosas más claramente. Ahora te das cuenta de que en las montañas nebulosas. Hay un Valle Oculto. En el Valle Oculto, hay un bosque antiguo en el bosque antiguo hay un lago esmeralda y en medio del lago hay una pequeña isla en la pequeña isla está el árbol de los sueños. Wow, suavemente bajas flotando por el bosque. Ahora abajo, pasando por las suaves ramas de los enormes y amables viejos árboles.

Y aterrizas suavemente en el borde del lago esmeralda. El lago brilla a la luz de la luna, y el agua brilla en verde por el reflejo de las hojas de los hermosos árboles que lo rodean. El lago está quieto y brilla a la plateada luz de la luna con pequeñas olas que golpean la orilla sobre la suave y sedosa arena. Pones tus pies descalzos en el agua cristalina y tranquila. Por lo tanto, sólo cubre tus pies y hace suaves salpicaduras que sientes hormigueos de alegría en tus pies mientras se bañan en el agua fresca. También puedes sentir que la arena del suave lago es blanda y suave entre tus dedos.

Te sientes tan conectado a este lugar especial que has descubierto aquí por ti mismo porque estás disfrutando ahora mismo de esta increíble sensación de plantar tus pies en todas las energías de la buena naturaleza. Puedes ver que todo el lago es muy poco profundo. El agua sólo llega a tus tobillos de un lado a otro. En medio del Lago Esmeralda hay una pequeña isla y empiezas a vadear hacia ella a través de las aguas poco profundas hasta los tobillos.

El agua brilla a la luz de la luna mientras tus pies rozan la superficie. Cuando llegas a la isla, admiras muchas plantas y hongos hermosos. Y exóticas flores silvestres que prosperan y rodean el árbol de los sueños que brilla con vida y encanto el árbol de los sueños es antiguo, sabio, amable y te sientes tan especial. Que se te ha revelado, brilla con la energía de la vida y el amor puros, y es el árbol más magnífico. Han visto que el árbol de los sueños ha estado aquí. Desde el amanecer del tiempo ha sobrevivido a la Edad de Hielo, a la Edad de Piedra y a la Edad Media para estar aquí.

Ahora orgullosamente en la era digital como un símbolo sobreviviente de la naturaleza en toda su gloria y energía divina a través de la historia durante incontables años. Este árbol ha dado vida a sus deseos. Pero las criaturas extraordinarias de la gente y todo tipo de gente mágica. Pueden imaginar las linternas de deseo de luz de estrellas que brillan en sus ramas con los deseos de todos los que han visitado este místico y sagrado lugar. La gente de estas criaturas y la gente mágica han tenido una mente abierta y un corazón agradecido elevando su energía para creer en la bondad y el valor. que pueden regalar al mundo. Todo es posible, y todos tienen talentos únicos y maravillosos e ideas brillantes para compartir. Sientes que el árbol de los sueños te invita a pedir un deseo especial. Piensas que tu sueño secreto especial desea al árbol, y de repente una linterna de luz de estrellas aparece frente a ti. Flotan tan hermosamente y se posan en la rama más cercana.

Tu deseo ha sido creado y entregado al árbol de los sueños para que haga su magia en el tiempo. Todo lo que tienes que hacer ahora es sentirte feliz. Todo lo que deseamos es porque creemos que nos hará sentir felices. Elijamos sentirnos extra felices ahora mismo. Tú eliges sentirte feliz y divertido. Y empiezas a subir a este maravilloso árbol alcanzando y ascendiendo y sentándote en lo alto de sus fuertes y suaves ramas. Luego te balanceas en sus enredaderas y juegas como el niño más feliz del universo. Te sientes tan seguro y protegido en el árbol de los sueños. Y te sientes tan libre como retozar y divertirte en sus ramas encantadas. Te sientes tan ligero como te lanzas entre las hojas trepando con facilidad y alegría. Mientras juegas, compartes tus pensamientos positivos en la luz de la luna Estoy a salvo, soy inteligente, soy amado, soy digno, soy creativo, soy suficiente, soy feliz, estoy sano, estoy agradecido, puedo hacer cualquier cosa, puedo ser cualquier cosa que tú. Ahora tenéis tiempo para seguir explorando el Árbol de los Deseos de los Sueños y para disfrutar sintiéndoos tan felices y completamente libres.

Ahora, mientras exploras, puedes sentirte al borde de un sueño tan profundo, y tal vez ya estés dormido. Incluso mientras escuchas y todo esto se está convirtiendo en el perfecto sueño positivo. Ya no estás seguro de cuándo empieza el sueño y cuándo termina la vigilia. Debido a que te sientes tan cansado y feliz y tan relajado, tienes todo tu tiempo para explorar este lugar encantado completamente. Disfrutando de la libertad de sus sueños muy reconfortantes. Y finalmente, aquí te sientes tan feliz y seguro y felizmente pacífico que le has dado tu deseo especial al árbol de los sueños y amas tu más profunda de todas las noches de sueño.

Ahora muy pronto, mi voz te dejará. Y se desvanecerá, dejándote dormir felizmente y soñar en paz en las enormes y seguras ramas del árbol de los sueños. Mientras te mueves fácilmente hacia tus sueños más divertidos y felices, sabes que puedes visitar el árbol encantado de los sueños anidado en lo profundo del antiguo bosque. Cada vez que desees pedir un deseo muy especial, te soñaré con dulzura.

La Oscuridad de los Maniquíes

Esta historia tiene lugar en un reino donde hay un rey inteligente llamado Kushalsen, un ministro inteligente llamado Carlos, un payaso de la corte, llamado Clownsie, y un inteligente consejero de la corte, el nombre es Johnson. Un día, un gran escultor del reino llegó al palacio del rey. Hizo tres maniquíes de tamaño natural para dárselos al rey, a los ministros y a los payasos de la corte. Trajo los tres modelos; estos tres modelos son también magníficos y únicos. Los tres maniquíes son especiales porque estos maniquíes transparentes y brillantes están hechos especialmente para estas tres personas con funciones únicas. "Querido Rey, estos tres maniquíes son muy especiales. Uno es para ti, el rey, otro para tu astuto sacerdote y el tercero para el payaso de la corte. Bajo ma, debes decidir cuál de los tres es el más adecuado y luego decir mi razón. Es genial ver que entiendes mis pensamientos y los aprecias. "

El escultor dijo con confianza que la corte revelaría la oscuridad de su trabajo y estos tres maniquíes a la corte. El rey miró tres maniquíes muy hermosos y similares. El rey vio al consejero de la corte Johnson descubrir la oscuridad de los tres maniquíes y resolver el rompecabezas. Johnson escudriñó los tres maniquíes y encontró que los tres modelos tenían agujeros en las orejas. También hay un botón; cuando se presiona el botón, el interior del maniquí es muy visible.

El abogado de la corte ordenó la compra de un fino y largo alambre de metal. Cuando llegó, dejó caer un extremo de este por el agujero de la oreja de un maniquí y presionó el botón para iluminar el interior. La valla salió de otro agujero en la oreja de ese modelo. El alambre había penetrado en su estómago cuando puso el alambre en el agujero de la oreja del segundo maniquí. El consejero de la corte colocó el alambre en la oreja del tercer maniquí, y el alambre salió de la boca. Johnson completó su inspección y explicó su análisis así: "El primer modelo fue diseñado para adaptarse a nuestro payaso de la corte, Clownsie, porque es sencillo y el sonido que se oye de un oído se oye del otro, porque la naturaleza de su trabajo no es esencial para considerar seriamente nada. Es un caballero relajado por lo que el primer modelo será entregado a nuestros payasos. "

Johnson pensó genuinamente. El escultor aplaudió que Johnson hablaba de lo que pensaba cuando hizo el maniquí. Ahora, Johnson se para frente al segundo modelo y dice así: "Cuando el alambre de metal cayó de una oreja, había penetrado profundamente en el estómago y no salió. Por lo tanto, esto es perfecto para nuestro ministro Charles, y no revelará ninguna noticia que haya escuchado y lo usará como oscuridad escondida en su estómago. Cuando llegue el momento, revelará cualquier cosa hasta que todas las noticias que conozca o entienda se mantengan en la oscuridad. Un pastor dotado necesita este tipo de cosas para mantenerlas en la oscuridad hasta que necesiten ser reveladas hasta ahora. Por lo tanto, este modelo fue hecho para nuestro ministro, Charles. "

Cuando Johnson dijo esto, el escultor aplaudió con una voz más sustancial y lo aplaudió. Dijo: "Perfectamente. ¡Y yo hice este muñeco para nuestro respetado ministro Charles!" Ahora, el consejero de la corte se paró frente al tercer modelo y dijo que mirara al rey así: "Oh Dios mío, está hecho para ti. Oirás cualquier sonido. Antes de emitir un juicio, consultará con su pastor. Por lo tanto, este modelo es para ti. El alambre de metal sale del agujero de la oreja, pero de la boca. "Ahora, el escultor aplaude por su gran satisfacción y aplaude a Johnson, el consejero de la corte. "¡Perfecto! ¡Tan perfecto! ¡Sólo pretendo dar a nuestro amado rey!" Dijo el escultor. El rey quedó satisfecho con el escultor y el consejero de la corte porque mostraron su aguda sabiduría. Rindió un gran homenaje al escultor y al consejero de la corte y les dio honores y honores reales.

La Sirena Dorada

En el pasado, un granjero vivía en el pueblo de Umber. Sólo tiene una hija, llamada Elena. Vive con su esposa y su amada hija. No tiene dinero. Es dueño de una pequeña granja, que es su única fuente de ingresos. Elena es la chica más hermosa del pueblo. Tiene ojos azules, como el océano, mejillas rojas, como manzanas, y un pelo dorado y sedoso. Cuando su hija entró y le preguntó: "¿Qué le pasó a mi padre? "El granjero estaba angustiado. Respondió que su tierra era estéril y que pronto se volvería estéril debido a la sequía. Un día, su esposa se enfermó y tuvo fiebre. Debido a la falta de fondos, no podían permitirse un médico, ni comprarle medicinas. Elena hace todo lo que puede para cuidarla día y noche.

Su madre sabía que no podía vivir mucho tiempo, así que le dio a Elena una caja de madera vacía y le pidió que la guardara. Murió primero antes de que pudiera decírselo a Elena. Los granjeros y Elena están en problemas porque los granjeros están endeudados. El granjero tuvo que vender su granja para pagar la deuda. Ahora no tiene nada, así que decidió mudarse a otro lugar para encontrar trabajo. A la mañana siguiente, Elena y su padre dejaron la casa y comenzaron a caminar hacia la selva. Pero no podían cruzar el bosque de noche, así que decidieron pasar la noche en la selva. El granjero se quedó dormido. Estaba sentado bajo un árbol, preguntándose por qué su madre le dio la caja de madera vacía.

Era medianoche, tenía hambre y su cuerpo sufría por llevar zapatos gastados todo el día. Espera recibir una comida deliciosa, ropa nueva y brillante, zapatos rojos brillantes, y todo su dolor. Después de unos minutos, se quedó dormida. Soñó que la caja se abría, y la brillante luz dorada atravesaba toda la mesa. Apareció frente a ella una sirena dorada, que cumplió su deseo con una varita dorada. Elena se sorprendió al verla, y Jin Xianzi le dijo: "Soy tu sirena, madrina." Elena dijo: "Espero que esto no sea sólo un sueño. "

La Sirena Dorada sonrió y le dijo que ya no podía pasar la caja. Pero antes de irse, Jin Xianzi le dijo que cruzara la jungla por la mañana y fuera al palacio para asistir al baile del Príncipe Caspio. El príncipe puede ayudarles a resolver problemas y dolores. Elena se despierta por la mañana; le cuenta a su padre sobre sus sueños. De repente se ve a sí misma usando un vestido nuevo y luego ve sus pies. Hay zapatos rojos brillantes. Entonces se da cuenta de que no sólo es un sueño, sino que es real. Por lo tanto, siguió el consejo de la madrina de la Sirena y asistió al baile del príncipe. Cuando el Príncipe Caspian vio a Elena, se enamoró de ella. A ella también le gusta. Bailó con ella toda la noche. Cuando bailan, se hablan de sus familias, de lo que les gusta y lo que no, de sus intereses, etc. Al día siguiente, el príncipe le pidió que se casara.

Ella le ha dejado una profunda impresión. Elena estuvo de acuerdo porque el príncipe era amable y le conmovió el corazón. Se casaron la semana siguiente, y el reino se alegró de la boda. El príncipe rindió homenaje a los granjeros. Un año más tarde, Elena dio a luz a una hija y la llamó Hannah. El Rey Caspio y la Reina Elena bañaron al bebé. Todos en el reino vinieron a ver a la niña, la bendijeron y le dieron un fantástico regalo y un invitado especial inesperado, una sirena dorada con una caja de madera. Elena sonrió y agradeció a Jin Xianzi por darle a su hija un regalo tan precioso. Desde entonces han vivido una vida feliz.

La Tierra de los Elfos

Respire profundamente y llene sus pulmones. Tus pulmones están llenos de aire limpio y fresco, y lentamente se han vuelto a sacar, inspira y espira profundamente. Ahora cierra los ojos e inspira profundamente y luego suspira. Imagina que estás en el bosque para una aventura que te ayudará a sentirte renovado. Pero diviértanse al mismo tiempo, este bosque es muy especial. Es un lugar donde puedes liberarte y sentirte seguro. Es tu escondite privado, y estás muy seguro. Eres tan amado, y estás muy protegido. Ahora imagina que es el tipo de día perfecto para estar afuera, y el Sol está brillando en lo alto del cielo.

Pero no hace mucho calor para ti, el cielo es de un color azul brillante. La luz del sol te rodea con luz curativa y te calienta a través de ella. Y al hacerte sentir cálido y cosquilleante. Las nubes se forman en todo tipo de formas y patrones. Se desplazan perezosamente y mientras observas las nubes moviendo todas tus preocupaciones. Simplemente evapora tu mente y todos los pensamientos que estaban allí se han ido. Hay muchos árboles altos en su bosque especial, y son verdaderamente magníficos. ¿Puedes ver todas las diferentes variedades de árboles, puedes nombrar alguno de ellos?

Imagina que estás caminando por el sendero y toma un poco de tiempo y nota de cómo es este camino. Qué tan ancho es este camino, de qué está hecho, qué se siente al caminar por él. Y con cada acción, tomas nota de cómo te sientes más y más vivo con un rebote en tu paso. Te sientes tan feliz en tu hermoso bosque. Tan feliz que es difícil no estar tan verde, tan verde que te sientes tan especial aquí y tan amado. Mientras caminabas con cualquier cansancio, puedes haber sentido que se derrite. Te das cuenta de que hay un arco iris de flores silvestres sonrientes que bailan a la luz del sol.

¿Puedes verlos? ¿Puedes ver su belleza? Fíjate en los sonidos que puedes oír, tal vez puedes oír los cantos de los pájaros o tal vez puedes oír el ladrido ocasional de un perro en la distancia. ¿Qué sonidos puedes oír que la luz del sol fluye a través de las ramas de arriba proyectando sombras aquí? Y por todas partes el aire hormiguea y la madera centellea con la vida y con cada respiración. Toma. Finalmente, tienes más energía, más y más vitalidad y entusiasmo por la vida. Nota todos los otros sonidos alrededor.

Notan las diferentes cosas que pueden oler, notan los increíbles colores a su alrededor. A medida que continúas caminando a lo largo de tu camino. Ves delante de ti, el gato más grande y hermoso. que has visto, y es como del tamaño de un perro pequeño. Este hermoso gato te mira, y sabes que debes seguirlo a donde sea que te lleve. Este maravilloso animal es el guardián del bosque, y ha venido a llevarte a un lugar especial, a un lugar muy especial.

Sigues donde tu jardín te lleva y como sigues al gato. Notan que es justo, notan lo brillante y suave que es, notan lo vibrante que es el color de su Kotov. ¿De qué color es el asombroso abrigo de guía una brillante y hermosa feria? Sigues caminando con tu Guardián del bosque. Te lleva a un magnífico y enorme árbol. Ves que este antiguo y maravilloso árbol tiene una puerta en el centro de su tronco. Tu guardián del bosque se detiene y te mira. Y escuchas un pensamiento en tu mente que te dice que abras la puerta y entres al árbol. Sabes que este es tu guardián del bosque hablándote con su mente. Porque puedes oír sus pensamientos, tu guardián del bosque te dice que no puede ir más allá, pero que esperará a que regreses.

Te dice que estás muy seguro. Y que eres tan amado, y que estás protegido en tu viaje. Sonríes, abres la puerta y entras en el árbol, lo que ves a continuación te sorprende completamente que hayas salido del otro lado del árbol hacia otro mundo. Has entrado en el mundo de los elfos, ves extendida ante ti una materia maravillosa, y al final de la pradera, un hermoso bosque verde y exuberante se extiende por kilómetros. Y a kilómetros incluso puedes ver las cimas de las montañas en la distancia que son tan altas.

Y tienen nieve sobre ellos, y parece como si alguien los hubiera rociado con polvo de ángel. Hermoso polvo de ángel de plumas blancas a lo lejos. Puedes oír el sonido del agua que cae, y te preguntas de dónde viene, tal vez es una cascada. Caminas hacia el bosque, y es verdaderamente magnífico. Puedes ver puentes de cuerda que conectan todos los árboles. Qué maravilloso y mientras estás ahí parado mirando a alguien que se acerca a ti es una persona alta y delgada con orejas puntiagudas y pelo muy largo.

Es un duende, el ser más hermoso que hayas visto, te dice que su nombre es Minaya. Te sonríe y te agradece que hayas venido a visitar la tierra de los elfos hoy. Así que te pregunta si te gustaría ver dónde viven todos los elfos. Te pregunta si te gustaría visitar a algunos de sus amigos. Le dices "oh sí, por favor" y te subes a una de las escaleras de cuerda y sigues a este maravilloso ser para conocer a sus amigos y a su familia. Así que, por unos minutos, ve con el duende y explora su hogar. Explora lo que es vivir en lo alto de los árboles, a través de los puentes de la carretera que se unen entre sí.

Y ese enlace de árbol a árbol puedes incluso entrar en una de sus casas y ver cómo es. Así que, has explorado todo el lugar, Minaya te pregunta si te gustaría conocer al rey y a la reina de los elfos oh y por supuesto. Dices que sí, Minaya te lleva a través de un puente de cuerda muy largo hasta el árbol más grande que hayas visto, y tiene flores que crecen por todas sus hermosas flores de diferentes colores y senderos para colgar. Mientras caminas, puedes oír el susurro de que es el sonido de los elfos hablando entre ellos. Susurran que no entiendes lo que dicen porque hablan un idioma diferente al que puedes oír. ¿Puedes oírlos susurrando que están hablando en el idioma de los elfos y es un sonido maravilloso si la curación tuviera un sonido? Entonces así es como te sonaría al final del puente de cuerdas es el castillo más magnífico de los árboles. Te parece increíble que haya un castillo en los árboles. Pero ahí está, e incluso tiene torretas, dos en la puerta del castillo hay dos guardias elfos. Te saludan con una sonrisa, y te dejan pasar por la puerta.

Minaya te lleva al Gran Salón. Y al final del Gran Salón hay dos tronos y, en cada uno de ellos, se sienta el rey. La reina de los elfos está vestida con las más maravillosas y brillantes cuerdas Brillan y resplandecen como el Sol. Nunca has visto nada tan hermoso como esto, cada uno de ellos tiene una elegante corona de oro en sus cabezas que brilla con diamantes. Caminas muy tímidamente hacia ellas, sonríes, y te acercas al rey y a la reina, y te preguntan si te gustaría sentarte con ellas un rato.

Y tener una charla y una buena bebida fresca, por supuesto, lo haces si te sientas un rato con Minaya y el rey y la reina de los elfos. Puedes preguntarles lo que quieras, puedes preguntarles sobre sus vidas. Cómo viven y mientras charlas con ellos puedes oír el sonido más hermoso que puedes oír el sonido de un Alfa cantando al final del Gran Salón. Es el sonido más maravilloso que jamás hayas escuchado. Así que siéntate un rato y disfruta de todo lo que tienen que decirte. Es hora de que dejes al rey y a la reina de los elfos, pero antes de que te vayas, quieren darte un regalo para que te lo lleves a casa. Y te dan una hermosa caja de madera. Está todo tallado y adornado, abres la caja y ves tu regalo especial.

¿Qué es? ¿Qué te han dado el rey y la reina de los elfos? El maestro de los elfos te dice que todos los elfos tienen una habilidad excepcional para curar; pueden enviar la curación en tu nombre a alguien que crees que puede necesitarla, así que el rey de los elfos te pregunta si hay alguien a quien te gustaría que enviaran la curación. Si es el momento de decírselo, agradece al rey y a la reina que se hayan tomado el tiempo de charlar con usted. Y les agradeces por tu extraordinario don, les chupas por enviarle la curación a alguien que crees que la necesita y le dices adiós. Minaya ahora te lleva de vuelta a través del largo puente de cuerda pasando por todas las casas de los elfos y luego te lleva por la escalera de cuerda hasta la base del árbol. Te despides de Minaya, y te dice que eres bienvenido a visitarlo.

Cuando quieras, y siempre estará aquí para marcar el camino. Vuelves al árbol Magnífico y vuelves por la puerta. Y al salir por el otro lado, el Guardián del bosque está allí esperándote. Él está esperando para llevarte de vuelta a casa, te lleva de vuelta al camino que te lleva de vuelta a tu hermoso bosque especial. Y todavía puedes escuchar los pensamientos de esta magnífica criatura. Estás casi seguro de que está cantando una canción en su cabeza, y esto te hace sonreír. Tu guardián del bosque se detiene y no va más allá. Porque esto es lo más lejos que puede llegar. Ahora sonríes y dices adiós, así que inspira profundamente y mientras caminas para dejar que el aliento vuelva lentamente a salir, das otros pasos, inspira profundamente y de nuevo lentamente deja que el aliento salga. Por última vez inspira profundamente y deja salir lentamente la respiración cuando estés listo para mover los dedos de las manos y de los pies y luego abre lentamente los ojos.

La Privación del Sueño

Cierra los ojos y ponte cómodo. Acurrúcate profundamente bajo las mantas de tu encantadora y suave cama, inspira profundamente por la nariz y exhala suavemente por la boca con cada respiración. Te llevas a sentirte más tranquila y pacífica. Así que, inspira profundamente otra vez y exhala suavemente, y estarás respirando en pura paz. Estás exhalando todos los pensamientos negativos que has estado cargando. Inspira profundamente por segunda vez y exhala suavemente por última vez, respirando en paz, despacio y suavemente.

Exhalando todos los pensamientos negativos, y te sientes muy tranquilo, pacífico y relajado. Ahora imagínese rodeado de una hermosa luz blanca. Una luz tan brillante, y esta luz está protegiendo tu respiración en esta luz blanca. Siéntela cuando entra en tu cuerpo, haciendo que te sientas cálido y seguro. Ahora imagina que estás en una hermosa selva tropical verde y exuberante y este bosque tiene los árboles más asombrosos y algunos de ellos son muy altos. De hecho, tan altos que parece que están tocando el cielo, hay muchos árboles de un verde exquisito aquí. Puedes escuchar todo tipo de sonidos provenientes del bosque.

Puedes escuchar muchos pájaros diferentes. Podrías escuchar los sonidos de los animales moviéndose alrededor y la maleza. Incluso puedes escuchar la música del agua corriendo sobre las rocas, no puedes verla, pero puedes escucharla es muy relajante. Te encuentras caminando por un sendero los vinos dentro y fuera del suelo del bosque, y te relajas en esta hermosa selva tropical ocupándote de tus propios asuntos. Cuando de repente escuchas los sonidos de los ronquidos fuertes y estruendosos roncando mi bondad. Sigues la música hasta que te lleva a un árbol que parece muy interesante. Te detienes frente a él y le echas un buen vistazo.

Los sonidos de los ronquidos son tan fuertes ahora que te tapas los oídos, preguntándote quién en la tierra está haciendo ese sonido. Deben estar profundamente dormidos. Verán que este árbol en particular se parece a la casa secreta del árbol. Pero no es la casa secreta del árbol tallada en el árbol es una señal, y esta señal dice enterrar una enorme residencia. Te preguntas cómo es que en la tierra se entierran en Normandía los ronquidos se detienen repentinamente, y se escucha el movimiento que viene desde arriba. Así que, mira hacia arriba, tratando de ver lo que se está moviendo alrededor de arriba. Allí deja que sus ojos se ajusten y luego, para su sorpresa.

Ves una privación, sí, eso es correcto, una privación cuya cola está enrollada alrededor de las ramas. Está colgada al revés, mirándote con enormes ojos soñolientos las privaciones se mueven extremadamente despacio, y les encanta estar en lo alto de las copas de los árboles. Para tu sorpresa, la privación te habla y te saluda. Es la privación de una chica, y te dice que su nombre es fantástico. Tiene un sombrero amarillo brillante con una gran pluma verde en él, y hace que parezca que el sol sale de la parte superior de su cabeza. Saludas a Maisie, y le dices tu nombre.

Te pregunta si te gustaría venir a conocer a su familia y ver dónde vive bien, por supuesto, lo haces Maisy baja una escalera de cuerda para ti. Y subes, y te encantaría vivir en lo alto de las copas de los árboles. Cuando llegas al primer nivel, hay una escalera de caracol que rodea todo el árbol. Puedes ver eso ahora cuando llegues a la cima de la escalera, y te quedas de pie al lado, increíble. Ahora está en el camino correcto para subir. Se ajusta su gran sombrero amarillo y dice: "Sígueme". Maisie te lleva a su puerta. Ves que su casa es una cabaña de madera circular, y es muy inteligente y de alta tecnología con todas las comodidades que te gustaría tener en tu casa.

Entras y ves que su casa está equipada para dormir y relajarse. Hay grandes y suaves cojines mullidos por todas partes. Incluso tienen un sistema de altavoces de alta tecnología que emiten una dulce música relajante. Te gusta la casa de Maisy. Maisy te presenta a su familia, está su padre Barry, y notas que tiene un colgante en su oreja izquierda y una gorra de béisbol en la parte posterior. Lo encuentras muy divertido, pero no dices nada para no molestarlo. Su mamá se llama Norma, y su mamá Norma sólo tiene una zapatilla porque no sabe dónde dejó la otra.

Está Cyril, su hermano Mays, su hermano mayor, y es un adolescente bastante gruñón que no deja de meterse el dedo en la nariz mientras está en su iPod. Sólo te saluda bien, al menos eso es lo que crees que dijo que soy; por último, hay un bebé. El hermano pequeño de Lightning Maisy y lleva una camiseta con su rayo estirado en la parte delantera. Pero sigue vomitando cada dos minutos, y crees que es porque ha tomado demasiado chocolate. Mazie parece ser el único normal en esta familia tan colorida. Esta familia tiene la mejor música, y les encanta tocarla muy fuerte.

Una de las pistas del CD sigue saltando, pero les lleva tanto tiempo repasarlas y arreglarlas que se fija sola. Si te acercas a la ventana y echas un vistazo al exterior, podrás ver las hermosas vistas panorámicas sobre las copas de los árboles. Notarás que esta encantadora y lenta familia de privaciones tiene un sistema de altavoces esparcido por todo el bosque, para disgusto de todas las demás criaturas que comparten esta hermosa selva con ellos. Te das la vuelta y miras alrededor de la habitación. Es como si todo estuviera en cámara lenta; incluso hablan en cámara lenta cuando Norma se acuesta con su madre y le da una buena taza de té.

Siéntense y charlen un poco. Cuéntales todo sobre tu familia y dónde vives. Díganles cuáles son sus cosas favoritas y quién es su mejor amigo, así que por unos momentos. Siéntense y charlen con esta fantástica familia de privaciones y averigüen sobre ellos también, y no se olviden de beber una taza de té cuando hayan terminado su gráfico. El padre de Barry Macy dice, mira, sé que es el momento. Tonto, pero te pregunta si quieres quedarte y dormir una siestecita también, y por supuesto, le dices que sí. El padre de Barry Macy dice que ya llevan dos horas levantados y están exhaustos.

Ahora es agradable charlar con nuevos amigos, pero a las privaciones les gusta dormir al menos 18 horas porque todo su mundo es muy lento. Te das cuenta de que fuera de esta fantástica casa, hay una ligera lluvia que cae. Te hace sentir muy somnoliento al escucharla. Por lo tanto, sales y eliges una silla muy cómoda en la terraza envolvente. Es una tumbona, y es muy cómoda, y tiene una gran y suave almohada para tu cabeza. Te sientas, y puedes escuchar la suave y gentil música que suena a través de este increíble sistema de altavoces. Te hace sentir muy cansado. Te hace sentir tan somnoliento que finalmente te cuesta abrir los ojos. Pero está bien porque no tienes que abrir los ojos.

Si no quieres, no necesitas sentarte en esa silla con una gran almohada suave escuchando la lluvia mientras te ayuda a caer suavemente para dormir. Todavía puedes escuchar los dulces y hermosos sonidos de la hermosa música. Te estás adentrando cada vez más en el más hermoso sueño nocturno que jamás se haya acurrucado. Te sientes tan seguro, tan protegido y muy amado, y cuando te despiertas por la mañana, te sientes refrescado completamente brillante sin aleaciones. Estoy listo para comenzar el fantástico nuevo día que se avecina, y cada noche a partir de ahora, dormirás cada vez mejor por la noche.

La Burbuja Dormida

Acuéstese en su encantadora y suave cama. Pongase cómodo, cierre los ojos y observe cómo se siente tu cuerpo en este momento. ¿Se siente todo calmado y suave, qué se siente bastante duro y abultado? Si se siente grumoso y duro, vamos a arreglarlo. Vamos a hacer que se sienta suave y blando otra vez, inspire profundamente y exhale lentamente. De nuevo, inspira profundamente y exhala lentamente una vez más inspira profundamente y exhala lentamente. Siente que tu cuerpo empieza a relajarse lentamente, relajándose ahora. Así que, levante los hombros hasta el cuello con fuerza, eso es, ahora deje que caigan de nuevo y relájese. Ahora, vuelve a levantar los hombros hacia el cuello, intenta con fuerza tocarte las orejas con los hombros.

Luego, suavemente, déjalos caer de nuevo y relájate, lo estás haciendo bien. Ahora, sólo fíjese en cómo está respirando su cuerpo. Sabe cuánto aire y necesita ver cómo su respiración entra y sale. Al igual que tu cuerpo se relaja con calma y en paz. Ahora, imagina que estás sentado en un encantador Greenfield, un campo con muchas flores de hermosos colores. Pero huele hermoso, y en este campo, puedes ver una magnífica burbuja. Y está a sólo unos metros de ti. Wow, tu propia burbuja, esta burbuja tiene un letrero de madera a su lado, que dice una burbuja dormida. Este es el lugar donde todos tus sueños soñolientos se hacen realidad. Entonces, caminas hasta la burbuja. Ves que tiene escalones que conducen a ella, así que te apilas en los escalones. Siempre te has preguntado qué hay al final de la burbuja. No lo sé, ¿lo haces y de repente con un lavado, estás en la burbuja. Ya sabes, caminar entre todos los fantásticos colores que se sienten.

Tan vivos que casi puedes tocarlos. Puedes ver el color rojo, imagínate el rojo con todos los diferentes tonos de rojo. Todos los diferentes tonos del color rojo rosas animales de ladrillo, incluso el atardecer lo hermoso que eres. Ahora descubre que te has movido más lejos a lo largo de la burbuja. Empiezas a sentirte un poco dormido. Sabes que ves que el color rojo cambió a naranja. Ahora imagina todas las diferentes tonalidades del color naranja de la imagen semillas de naranja en el ojo de tu mente flores de naranja. Calabazas naranjas zanahorias naranjas demasiado hermosas. Ahora te das cuenta de que te has movido más lejos a lo largo de la burbuja de nuevo. Tu cuerpo está empezando a sentirse un poco pesado. Ahora, pero al mismo tiempo, se siente todo suave y calamitoso. Permitiré que esa llamada naranja cambie a la luz amarilla del sol. Ves en tu mente todas las diferentes tonalidades de los limones amarillos, las flores amarillas. Las hojas cuando caen de los árboles, ¿qué más puedes pensar del color amarillo? Estás rodeado por este color amarillo feliz; te hace sentir vivo. Ahora te das cuenta de que has avanzado más a lo largo de la burbuja. Te sientes tan profundamente relajado y tan seguro. Ahora deja que el color amarillo cambie a verde lentamente. Llena tu mente con el color verde todas las diferentes tonalidades de plantas verdes hojas verdes hierba verde. ¿Qué más puedes pensar sobre el color verde? Tal vez sea tu color favorito, imagina que estás rodeado por el hermoso color verde, lo seguro que te sientes. Ahora te das cuenta de que has avanzado aún más a lo largo de esta burbuja. Te estás adentrando cada vez más en la pura relajación.

Ahora deja que el color verde cambie a azul y rodéate de este hermoso azul. El color del profundo mar azul, el núcleo del hermoso cielo azul, todas las diferentes tonalidades de azul. ¿Qué más puedes pensar sobre el color azul? El color azul que rodea todo tu cuerpo es como un capullo. Ahora te das cuenta de que te has movido aún más lejos a lo largo de esta burbuja cada vez más profunda. Vas despacio y suavemente empezando a dormirte. Me gusta el color azul que cambias a púrpura y te rodeas de las magníficas flores de color púrpura. Un profundo amanecer púrpura, ¿qué más puedes imaginar del color púrpura? ¿Cómo te hace sentir? Ahora te das cuenta de que has llegado al final de esta hermosa burbuja y mientras tus cansados ojos miran. Ves que al final de la burbuja hay una nube muy hermosa, suave y cómoda. Esta nube tiene la forma de tu mejor hogar. Incluso tiene tus almohadas favoritas en esta nube, se ve tan atractiva y tan perfecta.

Aunque sólo para ti, justo lo que siempre has querido. Te subes a la suave y calamitosa nube. Pones tu cabeza en tus almohadas favoritas, oh esto se siente tan maravilloso, tan encantador, tan suave y gentil. Tan confortable como vas más y más profundo, deslizándote lentamente hacia el sueño. Te sientes segura, tranquila y muy protegida y amada. Puedes sentir tu mente deslizándose en el sueño más y más profundo en el sueño más asombroso. Te sientes tan cansado, pero tan feliz, cómodo, y simplemente descansas y tienes la mejor noche de sueño que jamás hayas tenido.

Las Increíbles Historias de los Perros Espaciales

Puedes cerrar los ojos mientras sientes que tu cuerpo se relaja. Ahora, deja que tu imaginación se desate. Ahora, imagine que tiene un nuevo cachorro en su raza de perro favorita. Es genial que lo hagas de forma brillante. Puede imaginar fácilmente a su cachorro como mascota. Es la cosita más linda y feliz a la que le ha puesto el nombre de Spotty. Ahora, imagine que Spotty ha estado echando muchas siestas de gato durante el día últimamente y no está seguro de si es normal que un perro eche tantas siestas de gato. Todo eso, pero parece muy feliz de ir a su perrera cada noche.

Te apetece ir a verle a la perrera de tu patio trasero. Esta noche para asegurarse de que está durmiendo. Ahora, imagínese mientras sale. Puedes ver ahora cómo la luz de la luna hace que todo en los jardines sea tan claro y pones los pies bajo la hierba verde y fresca con los pies descalzos. Se siente instantáneamente relajado, seguro y conectado a la tierra natural. Notan que hay pequeñas gotas de rocío en las briznas de hierba, haciéndolas brillar con un resplandor plateado a la luz de las estrellas a cada paso. Te sientes feliz, tranquilo y un poco excitado por aventurarte un poco fuera de tu zona de confort.

Te arrastras dentro de la gran perrera de madera para ver a Spotty, esperando que esté durmiendo y haciendo unos adorables sonidos de ronquidos de cachorro. En cambio, está de pie, saltando y moviendo su pequeña cola. Y ahora te lame la cara con su cálida y babosa lengua. Está súper emocionado por algo. Te preguntas qué podría ser. Ahora, puedes ver lo que Spotty ve y es increíble que en la parte trasera de su perrera haya una pequeña ventana. En contraste, un super brillante rayo de luz de la luna brilla intensamente a través de ella. Ahora es un vórtice giratorio de energía lumínica como un portal al espacio exterior que gira con la luz de las estrellas.

Y girando con rayos de luna mágicos. Te sientes curioso. Te encantaría ver a dónde lleva este vórtice, Spotty parece tan ansioso por saltar en él. Está a punto de saltar en cualquier momento, y entonces hace que Spotty dé vueltas y luego desaparezca en la luz arremolinada. Ahora te quedaba una opción: ¿encontrar a Spotty y explorar un nuevo lugar?

En el vórtice o te quedas atrás, nunca sabes a dónde te lleva el vórtice. Siempre me pregunto qué le pasó a Spotty con una respiración profunda. Tomaste la decisión de saltar e instantáneamente viajaste a la velocidad de la luz a través del vórtice. Tu espíritu se siente tan libre como giras, te retuerces y viajas más rápido de lo que nunca pensaste que fuera posible mientras te apresuras a través de esta increíble energía. Ves un traje espacial que empieza a formarse a tu alrededor a partir de polvo espacial blanco que se va formando gradualmente hasta que tienes un astronauta completo, con el traje puesto y un gran casco transparente de astronauta en la cabeza. Te sientes tan seguro e hinchado. Tan poderoso aquí, que ahora emerges al otro lado del vórtice hacia un espacio exterior masivo y pacífico lleno de seguridad.

Y el poder y la expansión y la diversión y las grandes y emocionantes posibilidades para ti y Spotty aquí fuera, tómate un momento para respirar y disfrutar de cuanta expansión hay en el espacio. Te sientes tan ligero aquí, y luego recuerdas que hay gravedad cero en el espacio. Te encanta este sentimiento en tu cuerpo-mente. Y el espíritu de ser ingrávido, sin miedo y libre. Esto es tan relajante como ir a la deriva por el espacio, disfrutando de algunos asaltos en tu traje espacial y admirando los colores mezclados de las brillantes galaxias. Usted mantiene una vigilancia para su cachorro favorito en todo el universo. Ahora puedes ver lo que parece un asteroide moviéndose hacia ti con algo pequeño y ancho encima, tu corazón se hincha de alegría al verlo.

Ahora que está manchado en un traje espacial de cachorro, es tan lindo parado en el asteroide tan orgulloso y moviendo su pequeña cola. Se veía complacido de verte, pero al menos no puede lamerte ahora en su traje espacial. Te acercas y te aferras al asteroide mientras se desliza junto con el amoroso ser con tu cachorro espacial y a la deriva por todo el universo abierto. Esto es tan divertido, que vas a surfear en asteroides montados en meteoritos, bajo la observación de estrellas fugaces desde cerca con tu encantador cachorro espacial. Disfrutas explorando libremente y siguiendo tus instintos, igual que Spotty.

Te ríes y te ríes para ti mismo de lo divertido y descarado que es el manchón ahora. Entiendes que tiene tantas siestas de gato durante el día porque viaja por la noche para tener estas increíbles aventuras espaciales, se siente tan bien. Ahora, para reírse de ello de la nada. Ves una nave espacial que pasa por delante llena de amistosos alienígenas verdes y púrpuras. Saludan con sus nuevas manos y parpadean con sus muchos ojos y te sonríen con sus muchas bocas… No puedes evitar reírte de su inusual apariencia, y entonces te das cuenta de que se están riendo de ti.

Demasiado para tener sólo dos ojos, dos manos y una sola boca. Tú y Spotty serán transportados a bordo de su platillo volador y se subirán a la Luna en un instante. Ambos están allí con la tecnología supersónica de su pequeña nave espacial. Despídanse de sus amigables vecinos alienígenas y exploren los grandes cráteres grises de la superficie de la Luna. Usted y Spotty van a hacer el paseo lunar, la Luna rebotando y lanzando rocas lunares. Hasta ahora, los has observado con asombro mientras se lanzan al espacio. Ahora piensas agradecidamente en cuánto. Disfrutas de estas fantásticas experiencias mientras flotas por el espacio, sintiéndote completamente relajado.

Es muy divertido confiar en tus instintos y seguir tu curiosidad, así como Spotty se ha convertido en una magnífica aventura en el espacio exterior. Puede que ahora desee a la galaxia de la Vía Láctea más alienígenas y ver cómo es su planeta natal para seguir navegando por los asteroides. Y continuar dando saltos mortales en su traje espacial sintiéndose ingrávido. Felizmente poderoso y te sentirás aún más relajado mientras te dejas llevar por tus sueños más felices. Es hermoso que te diviertas tanto con Spotty, tu cachorro espacial, mi voz te dejará pronto, ya que amaste este espacio y el sueño profundos, la aventura pacífica en tu universo.

Te sentías tan orgulloso de ti mismo que puedes permitirte. Ahora para expandirte y crecer y aprender y explorar. Sabes que cada vez que haces esto. Te estás convirtiendo en más de lo que eras antes ya que eres más feliz, más valiente, más curioso y convincente yendo con confianza. Ahora, en la dirección de sus sueños y finalmente, aquí puede continuar disfrutando de sus divertidas aventuras con Spotty su cachorro espacial. Y su más pacífico y agradable sueño profundo y sus más felices y dulces sueños.

El Espejo Mágico

El rey decidió casarse con todo el reino de Granada. La noticia fue dada primero al barbero de la corte, luego al vigilante nocturno, y luego a la mujer más vieja de la ciudad. El barbero dijo que todos sus clientes y los clientes dijeron a todos sus amigos. El vigilante nocturno anunció la noticia con un grito para que la noticia despertara a todas las muchachas. Durante el día, las mujeres mayores recordaban a los jóvenes reyes que decidieran casarse. Se hizo una pregunta: "¿Cómo elegirá el rey a su esposa? "El barbero respondió: "Me temo que tendré grandes problemas para encontrar una mujer valiosa." "¿Qué, tú?" Exclamaron. "¿Qué tiene que ver con que el rey ofrezca a su esposa? "Dijo: "Soy el único al que se le permite frotar las características reales. "Y también tengo un espejo mágico. Si alguna mujer que no es completamente buena se mira en el espejo, su papel las manchas aparecerán en la superficie lisa. "¿Es esta una de las condiciones?" Todos se preguntan. El barbero respondió: "Es la única condición. "

Su pulgar estaba en el brazo del chaleco, y se veía brillante. "¿No hay límite de edad?" Preguntaron de nuevo. El dueño del espejo dijo: "Cualquier mujer mayor de 18 años es elegible. "¡Entonces le darás a cada mujer el derecho de convertirse en reina en Granada! "Todos exclamaron. Él dijo: "Pero tendrán que demostrar que sus demandas son justificadas. "Toda mujer debe mirarse al espejo a mi lado. "Son bien conocidas las condiciones de quienes quieren ser reina de Granada. Como es natural, mucha gente se rió, pero extrañamente, ninguna mujer vino a la barbería a mirarse al espejo. Pasaron días y semanas, y el rey se acercaba cada vez más a su esposa. Algunas damas tratan de convencer a sus amigas de que se miren en el espejo, aunque nadie parece estar dispuesto a dar este paso. Deberíais saber que el rey es un hombre muy guapo y es amado por todos sus súbditos debido a sus muchas virtudes.

Por lo tanto, sorprendentemente, ninguna dama encantadora fue elegida su esposa en la corte. Se dan muchas excusas y explicaciones. Algunos ya están comprometidos. Otros están orgullosos de entrar en la barbería. Otros aseguran a sus amigos que creen que es mejor permanecer solteros. Pronto se notó que ningún hombre en Granada estaba dispuesto a casarse porque hasta que el rey no se casara, no era conveniente que consideraran casarse. Sin embargo, el verdadero problema era que ninguna dama se adelantaba para mirarse en el espejo. El padre de familia estaba muy molesto por la aparente falta de ambición de la hija. Al mismo tiempo, la madre permaneció en silencio al respecto. El rey preguntaba cada mañana en la barbería si alguna joven se levantaba y se miraba en el espejo. La respuesta era siempre la misma: mucha gente miraba su tienda para ver si entraban otras personas, pero nadie se atrevía a arriesgarse.

"¡Ah, Granada, ¡Granada! "El rey gritó. "En esta tierra, ¿no hay ninguna muchacha dispuesta a dedicarse a ser la novia del rey? Los reyes que conozco en otras tierras no tienen problemas para casarse. ¿Por qué? ¡Barbero! Deseaba que me dieras una esposa tan brillante como el día, tan pura como el rocío, tan hermosa como el oro… ¡Una persona que no tenga miedo de mirar tu espejo mágico! "El barbero respondió: "Hay una posibilidad. El pastor de la ladera de la montaña podría valientemente levantar la magia del espejo, pero ¿te casarías con una persona humilde? "Invítala a venir" respondió el rey. "Espejo, después de haberle dicho el peligro de hacerlo. "Pronto, el barbero llevó al perro pastor a la corte. Toda la ciudad anunció el juicio, así que la familia real pronto se llenó de todos los nobles y caballeros de la familia del rey. Cuando la pastora entró en la familia real, fue tímida al verse rodeada de tanta magnificencia.

El rey estaba encantado con su aspecto y la recibió y le dijo que, si quería ser su esposa, tendría que mirarse al espejo mágico. Si ella ha hecho algo inconsistente con la bondad y la virtud, el espejo dejará tantos puntos en su superficie como puntos haya en el pasado. "Señor", respondió la muchacha, "Todos cometen errores, y yo también. Mi rebaño cometió errores, pero creo que deben perdonarme porque me dejan cuidarlos todos los días, y si se sienten peligrosos, me protegen. Amo a mis ovejas y hago lo mejor para ellas. No tenía la ambición de convertirme en reina, pero no tengo miedo de mirar ese espejo mágico. "Después de decir esto, se dirigió al espejo y lo miró, ligeramente sonrojada, tal vez bajo su reflejo. La dama de la corte la rodeó. Cuando vieron que el espejo mágico no tenía ninguna mancha en su superficie, le quitaron el espejo mágico de la mano y lo pasaron de un espejo a otro. Gritaron: "¡Mirad! ¡Este espejo no tiene trucos mágicos!" Pero el rey dijo: "Ahora, señoras, deben agradecerse a sí mismas. Porque si están tan seguras como el pastor que se convertirá en mi reina, no deben tener miedo de mirarse en el espejo. "

Pulgarcita

Había una mujer que quería tener un bebé. Fue a ver al hada y dijo: Quiero tener un bebé. ¿Puedes decirme dónde encontrarlo? "Oh, eso es fácil de manejar", dijo el hada. Es completamente diferente de lo que se cultiva en los campos de los granjeros y se come por las gallinas. Ponlo en una maceta y mira lo que pasa. La mujer dijo que era grande y hermosa. La flor parece un tulipán, pero las hojas están bien cerradas como si fuera un capullo. Es una flor preciosa. Cuando lo hizo, la flor floreció, y pudo ver que era un verdadero tulipán. Pero entre las flores, una niña muy delicada y hermosa se sienta en los estambres de terciopelo verde.

Tiene casi la mitad de un pulgar, y le dieron el nombre de Pulgarcita porque era pequeña. La cáscara de nuez pasó pulida con gracia y le proporcionó una cuna. Su cama estaba hecha de hojas de violeta azul con un banco de trabajo de color rosa en ella. Dormía aquí por la noche, pero durante el día se divertía en la mesa, los granjeros que su esposa ponía una bandeja llena de agua en la mesa. En esta bandeja están envueltos con tallos, están en el agua, flotando sobre ellos una gran hoja de tulipán para servir al pequeño barco. Ella se sienta aquí, un remo hecho de dos pelos de caballo blanco remados de lado a lado. Es una vista hermosa. Pulgarcita también puede cantar suave y dulcemente, así que nunca ha escuchado una canción como ella.

Una noche, cuando estaba acostada en la hermosa cama, un sapo grande, feo y húmedo trepó por una ventana de vidrio roto en la ventana, saltó directamente a la mesa, y se quedó allí, durmiendo bajo la colcha de hojas de rosa. El sapo dijo: "Qué hermosa mujercita sería para mi hijo. "Cogió la cáscara de nuez, Pulgarcita se durmió y luego saltó al jardín por la ventana. Toad y su hijo vivían al borde de un pantano de un gran arroyo en el jardín. Era incluso más feo que su madre cuando estaba. Cuando vio a la niña en su elegante cama, sólo pudo llorar "cuac, cuac, cuac". "Toad dijo: "No hables en voz alta. De lo contrario, se despertará, y entonces puede huir porque está tan tranquila como un cisne.

La colocamos en un nenúfar, un arroyo; como una isla, era tan ligera y pequeña, que no podía escapar, y cuando estaba allí, nos apresurábamos a preparar la cabaña bajo el pantano para vivir, estáis casados. "En el punto más lejano del arroyo, hay varios lirios de agua, con hojas verdes en ellos, que parecen flotar en el agua. La más grande de estas hojas parece más lejana que el resto, y el viejo sapo nada hacia ella con una cáscara de nuez, Pulgarcita todavía está dormida en ella. Esta pequeña criatura se despertó muy temprano, y cuando supo dónde estaba, comenzó a llorar porque no podía ver nada más que cada lado de la gran hoja verde, sólo agua, y no podía llegar a la tierra al mismo tiempo, este viejo sapo estaba muy ocupado bajo el pantano. Su habitación estaba cubierta de hierba y flores silvestres amarillas, haciendo que se vea hermosa para su nueva nuera.

Entonces, ella nadó con su feo hijo en la hoja, y allí estaba la pobre Pulgarcita. Quería traer una hermosa cama para poder ponerla en la habitación nupcial para prepararla. El viejo sapo inclinó la cabeza en el agua y dijo: "Este es mi hijo, y será tu marido, viviréis felices juntos en un pantano junto al río". "Crujiente, crujiente, crujiente", su hijo sólo podía decir por sí mismo. Así que Toad cogió el elegante catre y se fue nadando, dejando a Pulgarcita sentada sola en las hojas verdes y llorando. No pudo soportarlo. Quiero vivir con el viejo sapo y hacer de mi feo hijo un marido. El pececito que nadaba en el agua vio al sapo y oyó lo que dijo, así que ahora levantaron la cabeza al mar y miraron a la niña.

Cuando la vieron, vieron que era hermosa, lo que les molestó, pensando que debía vivir con un sapo feo. "¡No, absolutamente no!" Así que se reunieron en el agua, rodeados de tallos verdes, sosteniendo las hojas paradas de la niña en los tallos verdes, y en las raíces con sus dientes. Luego las hojas flotaron por el arroyo, llevando a Pulgarcita fuera del alcance de la tierra. Pulgarcita navegó por muchos pueblos, y los pájaros del monte la vieron y cantaron: "Qué animalito tan bonito". "Así que las hojas nadaron con ella más y más hasta que se la llevaron a otro lugar. Una hermosa mariposa blanca siguió volando a su alrededor y finalmente aterrizó en las hojas. La niña lo hizo feliz, y ella estaba contenta porque ahora, el sapo no puede alcanzarla, el país que navega es hermoso, el sol brilla en el agua hasta que brilla como el oro líquido. Se quitó el cinturón, luego ató un extremo del arco a la mariposa y fijó el otro extremo de la cinta a la hoja. La hoja ahora se desliza mucho más rápido que antes y lleva a Pulgarcita con ella. Actualmente, una cucaracha considerable pasó volando.

Tan pronto como la vio, la agarró con sus patas alrededor de su delicada cintura y voló hacia el árbol. Las hojas verdes flotaron en el arroyo, y la mariposa voló con ella porque estaba fijada en ella y no podía escapar. ¡Oh, qué miedo tenía Pulgarcita cuando la cucaracha voló con ella hasta el árbol! Pero sobre todo se arrepintió de la hermosa mariposa blanca que ató a las hojas porque si no podía liberarse, se moriría de hambre. Pero las cucarachas no se molestaron en absoluto. Se sentó a su lado, sobre una gran hoja verde, le dio un poco de miel para comer de las flores, y le dijo que era hermosa, aunque no como una cucaracha. Después de un rato, todas las cucarachas que vivían en el árbol vinieron a visitar a Pulgarcita. Y la miraron fijamente, y entonces la joven cucaracha levantó sus tentáculos y dijo: "¡Sólo tiene dos patas! Qué feo se ve. "¡Pooh! Ella es como un ser humano. "Oh, es fea", dijeron todas las cucarachas hembras.

La cucaracha que huyó con ella creía que todos los demás decían que era fea. No tiene nada que decir, sólo que ella puede ir a donde quiera. Luego bajó del árbol con ella, la puso en la margarita, ella lloró, pensando que era fea, incluso las cucarachas no tenían nada que decir. Siempre ha sido la criatura más linda que se pueda imaginar, tan suave y delicada como las hermosas hojas de una rosa. Durante todo el verano, la pobre Pulgarcita vivió sola en las profundidades del bosque. Se ha tejido un lecho de hierba y lo ha colgado bajo las hojas anchas para evitar la lluvia. Ella saca miel de las flores como alimento cada mañana y bebe el rocío de las hojas. De esta manera, el verano y el otoño pasaron, luego el invierno, un invierno largo y frío. Todos los pájaros que le cantaban volaron tan dulcemente que los árboles y las flores se marchitaron.

El gran trébol que estaba bajo la cubierta de su residencia está ahora enrollado y secado. Todo lo que queda es un tallo amarillo. Se sintió congelada porque las ropas estaban rasgadas, y era frágil y frágil que casi se congeló hasta la muerte. Empezó a nevar. Cuando los copos de nieve cayeron sobre ella, fue como si todos estuviéramos de pie porque éramos altos, pero ella sólo medía una pulgada. Se envolvió con hojas secas, pero el centro se abrió y no pudo mantenerse caliente, tembló por el frío. Cerca del bosque donde vive hay un gran campo de maíz, pero el maíz ha sido cortado durante mucho tiempo. Todo lo que quedaba eran rastrojos desnudos, de pie en el suelo congelado. Para ella, fue como luchar en un gran pedazo de madera. ¡Oh! Ella temblaba de frío. Finalmente llegó a la puerta de un ratón de campo con un pequeño nido bajo su rastrojo de maíz. Las ratas salvajes viven en un ambiente cálido y confortable, lleno de maíz, una cocina y un hermoso comedor. La pobre Pulgarcita se puso delante de la puerta como una niña mendiga y pidió cebada pequeña porque no había comido en dos días.

"Tu pobre animalito", dijo la ratoncita salvaje, porque era una ratoncita vieja, "Entra en mi cálido cuarto y come conmigo". "Estaba encantada con Pulgarcita, así que dijo: "Si estás dispuesta a venir conmigo todo el invierno, pero debes mantener mi habitación limpia y ordenada y contarme algunas historias porque quiero oír sus voces. "Pulgarcita hizo que todos los ratones de campo le preguntaran sobre ello y se encontró muy cómoda. Un día, el ratón salvaje dijo: "Pronto tendremos una visita. "Mi vecino me visita una vez a la semana. Su vida es mejor que la mía; su habitación es grande, lleva un hermoso abrigo de terciopelo negro. Si sólo puedes tratarlo como un marido, estarás satisfecha. Aunque es ciego, así que debes contarle algunas de tus más bellas historias. "Pulgarcita no está interesada en absoluto en este vecino porque es un topo. Sin embargo, vino de visita con un abrigo de terciopelo negro. El topo dijo: "Es rico y conocedor. Y su casa es veinte veces más grande que la mía. "

No hay duda de que es productivo y conocedor. Sin embargo, como nunca ha visto el sol y las flores hermosas, siempre susurra. Pulgarcita se vio obligada a cantarle "Mariquita, Mariquita, Volando a Casa" y muchas otras bellas canciones. El ratón se enamoró de ella por su dulce voz. Pero no dijo nada porque era muy cauteloso y precavido. No hace mucho tiempo, este topo negro cavó un largo camino bajo tierra desde el hogar del ratón de campo hasta su tierra. Aquí, está dispuesto a caminar con Pulgarcita por donde quiera. Pero les advirtió que no se asustaran al encontrar un pájaro muerto en el pasaje. Es un pájaro perfecto con pico y plumas y no puede morir mucho tiempo. Sucedió que fue por donde pasó la rata.

El topo le metió un trozo de madera brillante en la boca, brillando como el fuego en la oscuridad. Luego caminó delante de ellos, iluminándolos a través de un largo y oscuro pasaje. Y cuando llegaron al lugar donde el pájaro muerto se acostaba, la rata topo metió la nariz entera por el techo, de modo que el suelo cedió y la luz del día entró en el pasadizo. Había una golondrina en el medio del suelo, y sus hermosas alas fueron arrancadas a los lados, sus pies y su cabeza fueron levantados bajo las plumas - el pobre pájaro murió de frío. Esto hace que Pulgarcita se entristezca al verlo; le gustan mucho los pájaros; le cantaron durante todo el verano y cantaron muy bien. Pero el ratón la empujó a un lado con sus patas curvadas y dijo: "Ya no canta". ¡Qué desafortunado debe ser dar a luz a un pajarito! Estoy agradecida de que mis hijos no vuelvan a ser pájaros. Es amable porque no pueden hacer otra cosa que llorar, deben morir de hambre para siempre en invierno. "

"Sí, como una persona inteligente, ¡se podría decir que sí!" gritó el topo. "Si tuvo que morir de hambre o de frío cuando llega el invierno, ¿de qué sirve su nombre en Twitter? Sin embargo, la tasa de reproducción de las aves es alta." Pulgarcita no dijo nada, pero cuando las otras dos personas se inclinaron hacia atrás, ella se inclinó, acariciando las suaves plumas que cubrían su cabeza, él besó los párpados cerrados. Ella dijo: "Tal vez esta es la persona que me canta tan dulcemente ese verano. "Querido y hermoso pájaro, cuánta alegría me trajo. "El lunar bloqueó el agujero donde brillaba el sol y lo acompañó. La señora se fue a casa. Pero por la noche, Pulgarcita no podía dormir. Así que se levantó de la cama y tejió un hermoso trozo de heno.

Se lo llevó al pájaro muerto y lo roció sobre él, con flores en las flores encontradas en el cuarto del topo. Es tan suave como la lana, y ella rocía un poco de ella a ambos lados del pájaro para que pueda estar caliente en el suelo frío. Ella dijo: "Adiós, hermoso pájaro. Adiós. Gracias por el verano, cuando todos los árboles están verdes, el sol brilla sobre nosotros, una agradable canción. Luego puso su cabeza en el pájaro estaba en el pecho, pero se sorprendió porque parecía que había algo "popping" en el pájaro. Ese era el corazón del pájaro; no estaba muerto, pero estaba paralizado por el frío, y el calor le devolvió la vida. En otoño, todas las golondrinas vuelan a un país cálido. Pero si alguien se demora y olvida volver, el frío lo atrapará, y entonces se enfriará y caerá como si estuviera muerto. Permaneció donde cayó, y la nieve fría la cubrió. Pulgarcita estaba muy tembloroso.

Estaba aterrorizada porque el pájaro era enorme y mucho más abundante que ella (sólo medía una pulgada de altura). Pero ella reunió coraje y extendió la lana más gruesa sobre la pobre golondrina, luego tomó una hoja que usó para hacer la tabla de la encimera y la colocó sobre su cabeza. A la noche siguiente, salió a mirarlo de nuevo. Todavía está vivo, pero su cuerpo es débil. Sólo pudo abrir los ojos para mirar a Pulgarcita, que estaba a su lado, sosteniendo un trozo de madera podrida en su mano, porque no tenía otras linternas. "Gracias, pequeña", dijo la golondrina enferma. "Tengo tanto calor, y pronto recuperaré mis fuerzas y podré volar de nuevo bajo el cálido sol. Ella dijo: "Oh, ahora hace frío fuera; está nevando y helando. Quédate en tu cama caliente; yo te cuidaré. "Le dio a la golondrina unas gotas de agua y un poco de agua en las hojas.

Cuando estaba borracho, le dijo que una de sus alas estaba herida por espinas y no podía ser tan rápida como la otra. El suelo voló, y las otras alas se fueron rápidamente. Un país cálido. Finalmente, cayó al suelo, incapaz de recordar nada o cómo se convirtió en el lugar donde ella lo encontró. Durante todo el invierno, la golondrina ha estado enterrada bajo tierra, y Pulgarcita lo cuida con cuidado y amor. No le dijo nada al topo porque no les gustaban las golondrinas. Pronto llegó la primavera y el sol calentó la tierra. Entonces la golondrina se despidió de Pulgarcita, y abrió el agujero en el techo hecho por el topo. El sol era precioso, y la golondrina le preguntó si se iría con él. Le dijo que podía sentarse a su espalda y que volaría con ella al verde bosque.

Pero sabía que, si dejaba a los topos de esta manera, los haría sentir incómodos, así que dijo: "No, no puedo. "Adiós, adiós, chica bonita. Yanzi dijo: "Vuela hacia el sol". Pulgarcita se ocupó de él, y había lágrimas en sus ojos. Le gusta mucho la pobre golondrina. "Tweet, tweet. "Mientras el pájaro volaba hacia el verde bosque, cantaba, Pulgarcita se sentía muy triste. No se le permitió entrar en la cálida luz del sol. El maíz sembrado en la casa del ratón de campo ha crecido en el aire y se ha convertido en un grueso tablón de Pulgarcita de sólo una pulgada de altura. "Te vas a casar, pequeño amigo", dijo el topo. "Mi vecino te quiere. ¡Qué buena suerte para un niño necesitado como tú! Ahora prepararemos vestidos de novia para ti. Deben ser de lana y lino. Cuando eres la esposa de la rata, no se necesita nada. "Pulgarcita tuvo que girar el eje principal.

Las ratas salvajes contrataron cuatro arañas, que tejen día y noche. Cada noche, el topo negro la visita y habla del final del verano. Luego, mantiene el día de la boda con Pulgarcita, pero ahora, el calor del sol es tan alto que quema el suelo y lo endurece, como una piedra. Después del verano, debería celebrarse una boda. Pero Pulgarcita no estaba nada contenta, porque no le gustaba el lunar desagradable. Cada mañana, cuando sale el sol, cada noche, cuando se pone el sol, se arrastra alrededor de la puerta. Mientras el viento soplaba junto a la mazorca de maíz, para que ella pudiera ver el cielo azul, pensaba en lo hermoso y brillante que era el paisaje. Esperaba ver a su querida golondrina de nuevo. Pero nunca regresó, porque esta vez había volado hacia el hermoso bosque verde. Se acerca el otoño, la ropa de Pulgarcita está lista, y el ratón de campo le dijo: "Debemos tener una boda dentro de cuatro semanas. "Entonces ella lloró, diciendo que no se casaría con esa asquerosa rata verde. "Tonterías", respondió el topo. "Ahora, no seas terco, de lo contrario, te morderé con dientes blancos.

Es una rata topo muy guapa; la propia reina no lleva más terciopelo y pelaje. Su cocina y su bodega están llenas. Deberías estar muy agradecido, eres afortunado. "Por lo tanto, el día de la boda estaba fijado, y el topo la llevaría a vivir con él, en lo profundo de la tierra, y nunca más vería el cálido sol, porque no le gustaba. La pobre niña estaba frustrada porque quería despedirse del hermoso sol, y cuando se le permitió al ratón de campo pararse en la puerta, miró de nuevo. "Adiós, el brillante sol. "Lloró y extendió sus brazos hacia él. A pesar de que caminó una corta distancia de la casa porque el maíz había sido cortado, dejando sólo los rastrojos secos en el campo. "Adiós, adiós", repitió, envolviendo con sus brazos una pequeña flor roja que acababa de crecer a su lado.

"Por favor, muéstrame un poco más de golondrinas si lo ves de nuevo. "Tweet, tweet", sonó de repente en su cabeza. Levantó la cabeza y una golondrina volaba por ahí. Miró a Pulgarcita y se sintió muy feliz. Le dijo que no quería casarse con un feo topo y vivir bajo tierra para siempre, sin volver a ver el brillante sol. Mientras se lo contaba, lloró. La golondrina dijo: "Se acerca el frío invierno; volaré a un país más cálido. ¿Irás conmigo? Puedes sentarte a mi espalda y abrocharte el cinturón. Y entonces podremos volar lejos del feo lunar y la habitación oscura, a lo lejos, sobre las montañas, al país cálido, donde la luz del sol es más brillante que aquí; siempre hay verano, las flores florecen más hermosamente. Cuando me tumbo en el oscuro y aburrido pasaje, me has salvado la vida. "Sí, iré contigo. "Pulgarcita dijo. Se sentó en el lomo del pájaro con los pies en sus alas extendidas y ató su cinturón a una de sus plumas más duraderas.

La golondrina se eleva en el aire, volando sobre el bosque y el océano, más alto que las montañas más altas y cubierto de nieve eterna. Y Pulgarcita se habría congelado en el aire frío. Aun así, se arrastró bajo las cálidas plumas, revelando su pequeña cabeza, para poder apreciar la hermosa tierra por la que pasaron. Finalmente llegaron a un país amistoso donde el sol brillaba y el cielo parecía estar mucho más alto que la tierra. Junto a la valla y al camino, uvas púrpuras, verdes y blancas, limones y naranjas cuelgan de los árboles del campo, el aire se llena de mirto y flores de naranja. Hermosos niños corren a lo largo del camino del campo y juegan con grandes mariposas alegres. Mientras las golondrinas vuelan cada vez más lejos, cada lugar se ve más hermoso. Finalmente, llegaron a un lago azul, junto a él, a la sombra de los árboles de color verde más oscuro, se encontraba un deslumbrante palacio de mármol blanco construido en los viejos tiempos. Las vides están agrupadas en sus altos pilares, y en la cima hay un nido de muchas golondrinas, una de las cuales es el nido de las golondrinas. Yanzi dijo, "Esta es mi casa. "Pero vivir allí no te hará sentir cómodo. Tienes que elegir una de esas hermosas flores tú misma, y yo la pondré en ella, y entonces tendrás todo lo que quieras. Sé feliz. "Eso sería agradable. "Dijo, aplaudiendo de alegría.

Y un gran pilar de mármol yacía en el suelo y se rompió en tres pedazos cuando cayó. Las más bellas y grandes flores blancas crecen entre estos pequeños pedazos, así que la golondrina vuela con Pulgarcita y la coloca en una de las hojas anchas. ¡Pero se sorprendió al ver un pequeño hombrecito en medio de la flor, que resultó ser blanco y transparente como si fuera de cristal! Tiene una corona dorada en la cabeza y delicadas alas en los hombros, no más grandes que ella. Es un ángel de las flores, porque en cada flor viven un hombrecito y una mujercita, este es el rey de todos. "¡Oh, ¡qué hermoso es! "Pulgarcita mostrando su pulgar. Al principio, el principito estaba muy asustado por el pájaro. Este pájaro era como un gigante, no un animal delicado como él. Pero cuando vio a Pulgarcita, se emocionó y pensó que era la niña más hermosa que había visto.

Se quitó la corona de oro de su cabeza y se la puso en la cabeza, preguntándole su nombre y si se convertiría en su esposa y en la reina de todas las flores. Este es, por supuesto, un marido diferente del hijo de Toad o del topo peludo negro, y ella le dijo que sí al apuesto príncipe. Entonces se abrieron todas las flores, y en cada una de ellas había una pequeña dama o noble, encantado y muy feliz de verlas. Cada una de ellas trajo un regalo a Pulgarcita. Pero el mejor regalo es un par de hermosas alas, pertenecen a una gran mosca blanca, las fijan en los hombros de Pulgarcita, para que pueda ir de una flor a otra. Entonces, regocijándose, se le pidió a la pequeña golondrina sentada sobre el nido del pájaro que cantara una canción de bodas, lo hizo lo mejor que pudo. Pero sintió tristeza en su corazón porque le gustaba mucho Pulgarcita y no quería volver a separarse de ella. "Ya no puedo llamarte Pulgarcita", le dijo el espíritu de las flores. "Este es un nombre feo; eres tan linda. Te llamamos Maya. "Adiós, adiós. "Golondrina" dijo con el corazón pesado cuando dejó el país cálido y voló de vuelta a Dinamarca. Allí construyó un nido en la ventana de la casa, donde vivía el escritor de cuentos de hadas. La golondrina cantó "Tweet, tweet", y toda la historia se difundió a partir de su canción.

El Patito Feo

El campo es tan hermoso. Era verano. El campo de trigo es dorado, la avena es verde, y el heno se apila en lo alto de la hierba verde. La cigüeña marchaba sobre sus largas patas rojas y charlaba en egipcio cuando los egipcios charlaban. Esta es la lengua que aprendió de su madre. La hierba y los campos de maíz están rodeados de densos bosques, y los bosques profundos son lagos profundos. Sí, es hermoso y agradable en el campo. Un lugar soleado es una encantadora y antigua granja, rodeada por un profundo canal, desde el muro hasta la orilla del agua, crece una enorme vaca, y la vaca está tan alta que en su lugar más alto, los niños pueden mantenerse erguidos. Este lugar es tan salvaje como en el centro de Atsugi. En este cómodo refugio, un pato se sienta en su nido, viendo a sus polluelos salir del cascarón. Pero su placer inicial casi desaparece. Empezó a pensar que era una tarea difícil porque estos pequeños no habían descascarado durante mucho tiempo y casi no tenían visitas.

Otros patos prefieren nadar en el canal, en lugar de arrastrarse por la orilla lisa, sentándose bajo las hojas de la vaca y charlando con ella. Permanecieron solos durante mucho tiempo. Sin embargo, al final, un caparazón se rompió, y pronto se rompió de nuevo, y cada caparazón tenía una criatura viva que levantaba la cabeza y gritaba: "Pío, pío". "La madre dijo, "¡Cuac, cuac! "Entonces todos hicieron lo posible por hablar. Miraron a su alrededor desde las altas hojas verdes, y su madre les hizo mirar a su alrededor. Les gusta mucho porque el verde es bueno para los ojos. "Los niños dijeron que cuando descubrieron que tenían mucho más espacio que en la cáscara de huevo, podían decir con seguridad que era un gran mundo. Mamá dijo: "Después de todo el mundo, espera a ver el jardín aunque nunca me he aventurado tan lejos, está mucho más allá del dominio del sacerdote.

¿Están todos fuera? "Continuó levantando la cabeza y miró hacia arriba. Declaro que el huevo más significativo está ahí. Quiero saber cuánto tiempo puede durar este negocio. Empecé a aburrirme de esto", pero a pesar de ello, se sentó de nuevo. "Bien, ¿cómo estás hoy? Lloró un viejo pato que vino a buscarla. "Cuesta mucho dinero tener un huevo. La incubación. La cáscara es dura y no se romperá," dijo la encantadora madre, que todavía estaba sentada en su nido, "Pero mira a los otros. ¿No somos una familia hermosa? ¿No son los patitos más hermosos que has visto? Son la imagen de su padre, ¡sin éxito! Nunca vino a mí. "Déjame ver los huevos que no se rompen", dijo el viejo pato. "Así que no hay confusión de que este es el huevo de gallina de Guinea. "Lo mismo me pasó a mí, lo que me causó muchos problemas porque los niños pequeños tienen miedo al agua. Hice un graznido, pero sin propósito, déjame ver. Sí, tengo razón. En mi opinión, era una gallina de Guinea.

Por lo tanto, por favor, escuche mi sugerencia y manténgala en su sitio. Ven al agua y enseña a otros niños a nadar. "Creo que tengo que sentarme un rato", dijo la madre. "He estado sentada por tanto tiempo, y no importa si es otro día o dos. "Muy bien, haz lo que quieras", el viejo pato se levantó y dijo que se había ido. Al final, el primer huevo se rompió, y el último pájaro gritó "mira, mira" mientras se arrastraba fuera de la cáscara. ¡Qué feo es! Mamá Pato lo miró fijamente, sin saber qué pensar. Ella dijo: "Realmente, este es un enorme patito, completamente diferente de los demás. Me pregunto si se convertirá en una gallina de Guinea. Esperaremos y veremos cuando nos metamos al agua porque, aunque tenga que empujarlo, también debe meterse en su propio cuerpo. "Al día siguiente, el clima era agradable. El sol brillaba con fuerza sobre las hojas verdes de la vaca, y la madre pato llevó a toda su familia al agua y salpicó. "¡Ah!" Empezó a llorar, y un pato tras otro se tiró al agua.

El agua se cerró sobre sus cabezas, pero se levantaron de inmediato, nadando muy bien, cruzando las piernas debajo de ellos lo más rápido posible. Sus piernas saltaron por sí solas; un feo abrigo gris también estaba en el agua, nadando con ellos. La madre dijo, "Oh, eso no es una gallina de Guinea. Vean lo bien que tiene las piernas, ¡cómo se pone de pie! Es mi hijo, y si miras bien, no es tan feo. ¡Cuac, cuac! Ahora, conmigo, ven. Te llevaré a una gran sociedad y te introduciré en la granja, pero debes quedarte cerca de mí, de lo contrario, puedes ser pisoteado, especialmente ten cuidado con los gatos. "Cuando llegaron a la granja, una cosa triste ocurrió Riot; dos familias están luchando por la cabeza de la anguila después de que el gato se la haya llevado. "Mirad, niños, así es el mundo. "Madre Pato está en el pico porque quería la cabeza de la anguila. "Vamos, ahora, con tus piernas, déjame ver cómo te comportas. Debéis inclinaros ante el viejo pato; es el más alto de todos los patos y tiene ascendencia española; por lo tanto, vivió Es bueno que no se vea un trapo rojo atado a su pata, lo cual es algo muy grande, gloria para el pato; muestra que todo el mundo anhela no perderla, y se verá afectada por los hombres y los hombres Atención.

Vamos, ahora, no tuerzas los dedos de los pies; así, un patito de pura raza como este abre los pies como su padre y su madre; ahora dobla el cuello y di: "¡Cuac! "Los patitos pujan como lo hicieron, pero los otros patos miran fijamente y dicen: "¡Mira, hay otra contemplación, como si no fuéramos suficientes! Bendíceme, uno de ellos es algo de aspecto extraño. No lo queremos aquí"; entonces un hombre salió volando, mordiéndose el cuello. "Déjenlo en paz", dijo la madre; "no ha hecho ningún daño". "Sí, pero era grande. Feo. Era un verdadero miedo", dijo el pato malvado, "Por lo tanto, debe ser rechazado fuera de la puerta. Es bueno para él morder un poco. Los otros son niños hermosos", el viejo pato se limpió un trapo en la pierna. "Excepto el pato. Espero que su madre pueda hacer que se mejore. Mi madre respondió: "Eso es imposible, su gracia.

Aunque no es bello, tiene una buena personalidad y nada mejor que otros. Creo que se verá hermoso, tal vez incluso más pequeño. Estuvo en el huevo demasiado tiempo, por lo que su figura no se formó correctamente. Aunque luego le acarició el cuello y alisó las plumas, diciendo: "Esto es un dragón, así que no tiene mucho sentido". "Creo que se hará más fuerte y será capaz de cuidarse a sí mismo". "Los otros patitos son bastante hermosos", dijo Latoya. "Ahora, déjese en casa. Si encuentras la cabeza de la anguila, puedes traérmela. "Así que se sintieron cómodos, pero el pobre pato finalmente se arrastró fuera del caparazón, se veía feo, fue mordido y alejado, no sólo por el pato sino por todas las aves de corral. Sin mí, raro - "Es demasiado grande", decían todos, el pavo nació con las espuelas, fantaseando que era un emperador, se levantó como un barco y voló hacia el patito.

Se ha convertido en un cabeza rojo de pasión, para que este pobrecito no sepa adónde ir, y porque es tan feo que toda la granja es ridiculizada por él y es miserable. Por lo tanto, está pasando todos los días. Está empeorando. Todo el mundo se metió con este pobre patito. Incluso sus hermanos no eran amables con él, y decían: "Ah, criatura fea, espero que ese gato te coma. "Y su madre decía que esperaba que nunca naciera. El pato lo picoteaba, la gallina lo golpeaba, y la chica que alimentaba a las aves lo apartaba con sus pies. Así que, al final, escapó y se asustó cuando voló sobre las moscas, el pájaro del seto. Dijo: "Están asustados porque soy muy feo. "Así que voló más lejos hasta que salió del vasto pantano donde vivían los patos. Se quedó aquí toda la noche, sintiéndose muy triste. Por la mañana, cuando los patos se elevaron en el aire, miraron a sus nuevos camaradas.

"¿Qué clase de pato eres? "Todos le dijeron. Y él se inclinó ante ellos y fue lo más educado posible, pero no respondió a sus preguntas. El pato dijo: "Eres muy feo, pero si no quieres casarte con nuestra familia, no importará. "Pobrecita. No tenía intención de casarse. Quería que le permitieran tumbarse en la hierba y beber un poco de agua en el páramo. Dos días después de aparcar, aparecieron dos gansos salvajes, o gansos, por su culpa. No han crecido huevos, lo que demuestra su rudeza. "Escucha, amigo. Uno de ellos le dijo a Patito. "Eres tan feo, y nos gustas mucho. "¿Te gustaría ser nuestro amigo? No muy lejos hay otro pantano, donde hay unos gansos salvajes, son solteros. Esta es una oportunidad para que encuentres a tu esposa. Tu destino puede ser feo. "El sonido de "bang" sonó en el aire, dos gansos salvajes murieron en la hierba, y el agua estaba llena de sangre. Resonó en la distancia, todo el grupo de gansos salvajes se levantó de la hierba. El sonido se propagó desde todas las direcciones porque los atletas rodean el páramo, algunos incluso se sientan en las ramas, con vistas a la hierba. El humo azul de los disparos envolvía los árboles oscuros como nubes oscuras, y cuando flotaba en el agua, unos cuantos perros deportivos rodeados en la hierba, dondequiera que vayan, se inclinaban bajo ellos. ¡Cómo pueden asustar al pobre patito!

Giró la cabeza para esconderla bajo el ala, y al mismo tiempo, un prominente y terrible perro caminó a su lado. Su barbilla se abrió, su lengua se hundió, y sus ojos se horrorizaron. Y puso su nariz cerca del patito, mostrando sus afilados dientes, y luego "salpicó, salpicó", entró al agua sin tocarlo. "Oh", el patito suspiró, "qué agradecido estoy por ser tan feo, ni siquiera un perro me morderá". "Por lo tanto, se acostó muy tranquilo, el sonido del disparo sonando apresuradamente, disparado por un tiro de fuego hacia él. Era muy tarde ese día, y todo el mundo se quedó en silencio, pero el pobre joven ni siquiera se atrevió a moverse. Esperó tranquilamente durante varias horas, miró a su alrededor cuidadosamente, y luego dejó el pantano lo antes posible. Corrió por los campos y la hierba hasta que llegó la tormenta, y apenas pudo luchar contra ella. Por la noche, llegó a una pobre cabaña que parecía estar a punto de caer y parecía estar de pie sólo porque no podía decidir qué lado caería primero.

La tormenta continuó tan violentamente que el patito ya no podía caminar. Se sentó al lado de la cabaña y encontró que la puerta no estaba completamente cerrada, causando que una de las bisagras cediera. Por lo tanto, había una estrecha abertura cerca del fondo, suficiente para que se deslizara, lo hacía muy silenciosamente, y obtuvo refugio para la noche. En esta cabaña, hay una mujer, un gato y una gallina. Su ama llamó al gato "Mi hijo pequeño", su favorito. Puede levantar la cabeza y hacer una voz fuerte, y si la acaricia de manera incorrecta, puede incluso emitir chispas del pelaje. Las patas de esta gallina son muy cortas, por lo que se le llama "ternero de pollo". "Puso buenos huevos, y la señora la quiso como si fuera su hija. Por la mañana, se descubrieron extraños visitantes; el gato empezó a hacer un fuerte ruido, y la gallina hizo un gorgoteo. "¿Qué es esa voz? "Dijo la mujer mayor, mirando alrededor de la habitación. Pero su vista no es muy buena. Por lo tanto, cuando vio al patito, pensó que debía ser un pato gordo vagando por la casa. "¡Oh, qué lástima! "exclamó. "Espero que no sea Drake, porque entonces tendré unos huevos de pato.

Tengo que esperar y ver. "Por lo tanto, al patito se le permitió continuar la prueba durante tres semanas, pero sin huevos. El gato es el dueño de la casa, y la gallina es la amante. Siempre dicen "nosotros y el mundo" porque creen que son la mitad del mundo, así que es mejor. El patito pensó que otras personas podrían tener opiniones diferentes sobre este tema. Sin embargo, la gallina no escuchaba estas preguntas. "¿Puedes poner huevos? "preguntó. "No." "Así que no hables más. "¿Puedes levantar la cabeza, hacer una chispa?" "Dijo el gato. "No." "Entonces, cuando un sabio habla, no tienes derecho a expresar una opinión. "Así que el patito se sentó en un rincón, sintiéndose muy deprimido. Pero cuando la luz del sol y el aire fresco entraron en la habitación a través de la puerta abierta, comenzó a tener un anhelo de nadar, tanto que no pudo evitar hablar de ello. "¡Esta es una idea ridícula!" dijo la gallina. "No tienes elección; por lo tanto, tienes fantasías estúpidas. Si puedes poner huevos, ¡desaparecerán!" dijo el patito, "pero nadar en el agua es agradable. Cuando te adentras en las profundidades del mar, cuando yo estaba allí, se sentía refrescante, realmente refrescante. "

La gallina dijo: "Esto debe ser divertido. ¡Y tú debes estar loco! Pregúntale al gato, es el animal más inteligente que conozco. Quería nadar o bucear en el agua porque no quise decir mi opinión. Pregúntale a nuestra señora, la mujer mayor; nadie en el mundo es más inteligente que ella. "Patito" dijo: "¿Crees que le gustará nadar? "Veo que no entiendes lo que quiero decir. "No te entendemos. "Quiero saber quién puede entender. ¿Te crees más listo que los gatos o las mujeres mayores? -Yo mismo no diré nada.

No te imagines esas tonterías, muchacho, y gracias, afortunadamente, eres tan bienvenido aquí; ¿no estás en una habitación cálida, o en una sociedad donde puedes aprender de ella? Pero eres una persona terrible, y tu compañía no está muy satisfecha. Yo sólo represento sus intereses. Puede que le cuente hechos desagradables, pero esto prueba mi amistad. Por lo tanto, le sugiero que ponga huevos y aprenda a hacer nuestras llamadas lo antes posible. "Pequeño Pato" dijo: "Creo que debo nacer de nuevo. "Sí", dijo la gallina. Por lo tanto, el pequeño pato dejó la choza y rápidamente encontró agua para nadar y bucear. Aún así, debido a su fea apariencia, todos evitaron a sus otros animales. Cuando llegaron, las hojas del bosque se volvieron naranjas y doradas. Luego, a medida que se acercaba el invierno, cuando caían, el viento las bloqueaba y las hacía girar en el aire frío. A baja altura, el cuervo se paró entre los juncos y gritó: "Ro". "Mirándolo, se estremeció.

Todo esto es muy triste para el pobre patito. Una tarde, cuando el sol se puso, un gran grupo de hermosos pájaros salieron de los arbustos. El patito nunca había visto a nadie como ellos antes. Son cisnes. Doblan sus hermosos cuellos y sus suaves plumas emiten un deslumbrante color blanco. Cuando extendieron sus gloriosas alas y volaron de una región fría a un país más cálido, hicieron un grito. Cada vez están más alto en el aire, y los patitos feos tienen una sensación extraña cuando los miran. Gira en el agua como una rueda y se estira hacia sus cuellos, haciendo un grito hilarante, e incluso se asustó. ¿Puede olvidar los hermosos y felices pájaros? Así que cuando por fin los perdió de vista, saltó al agua, excitado de nuevo, casi fuera de sí. Y no sabía los nombres de estos pájaros o dónde volaban, pero sentía por ellos porque nunca había sentido por ningún otro pájaro en el mundo. No envidiaba a estas hermosas criaturas.

Nunca pensé que fueran tan lindos como ellos. Pobres criaturas feas, si sólo lo trataran y lo animaran, sería feliz, aunque viviera con el pato. El invierno se está enfriando. Tuvo que nadar en el agua para evitar que el agua se congelara, pero el espacio para cada noche que nada es cada vez más pequeño. En general, se congeló tanto que cuando se movió, el hielo del agua se rompió, por lo que el patito tuvo que remar con sus piernas y tanto como fuera posible para evitar que el espacio se cerrara. Finalmente estaba exhausto, tumbado sin hacer nada en el hielo y congelándose. En la mañana temprano, un granjero que pasaba vio lo que pasó. Aplastó el hielo con zapatos de madera y llevó al patito a su casa con su esposa. El calor rejuveneció al pobre animalito, pero cuando los niños quisieron jugar con él, el patito pensó que le causaría algún daño, así que empezó a entrar en pánico, se tiró a la bandeja de la leche y derramó la leche en la habitación. Entonces la mujer aplaudió, lo que le hizo sentir más miedo. Voló primero al cubo de la mantequilla, luego al cubo de metal y luego salió de nuevo. ¡Qué le pasó en ese momento! La mujer gritó y le golpeó con unos alicates.

Los niños rieron y lloraron cuando trataron de atraparlo y cayeron uno sobre el otro, pero afortunadamente, escapó. La puerta se abrió. La pobre criatura sólo pudo deslizarse a través de los arbustos y tumbarse en la nieve nueva y cansada. Sería desafortunado si conectara todo el sufrimiento y las privaciones que este pobre patito soportó en el duro invierno. Sin embargo, cuando pasó, se encontró una mañana tumbado en la hierba. Sintió el cálido sol brillar, escuchó el canto de la alondra y vio la hermosa primavera a su alrededor. Entonces, el pajarito sintió que sus alas eran fuertes, agitó las alas y las levantó a un lado. Continuaron pariéndolo hasta que supo lo que estaba pasando, se encontró en un gran jardín. Los manzanos están llenos de flores, y el fragante anciano dobla las largas ramas verdes hacia el arroyo, enrollándolas en el suave césped. A principios de la primavera, todo se ve hermoso.

Tres hermosos cisnes blancos volaron desde los arbustos cercanos, crujiendo y nadando suavemente en el agua suave. Los patitos están más molestos que nunca cuando ven estos lindos pajaritos. Volaré hacia estos pájaros reales", gritó, "Me matarán, porque soy tan feo que me atrevo a acercarme a ellos". Pero no importa; es mejor ser matado por ellos que ser picoteado por un pato, golpeado por una gallina, forzado por una chica que alimenta a las aves de corral, o muerto de hambre en invierno. "Entonces voló al agua y nadó hacia el hermoso cisne. Encontraron a un extraño que corría para alcanzarlo. Abrieron sus alas para saludarlo: "Mátame", dijo el pobre pájaro, y él bajó la cabeza. Estiró la cabeza hacia el agua y esperó la muerte, pero ¿qué vio en el claro arroyo de abajo? Ya no eran pájaros negros y grises, ojos feos y desagradables, sino hermosos y bellos cisnes; el pájaro empollado en el medio, nacido en el nido de patos de la granja, no tenía nada que ver con el pájaro.

Ahora, está contento con el sufrimiento y los problemas, porque le permite disfrutar de toda la felicidad y la alegría que le rodea; venga, y acaricie su cuello con el pico para mostrar la bienvenida. Ahora, algunos niños vienen, tiran pan y pasteles. El agua es nueva. "El niño más pequeño gritó: "Mirad, hay un niño nuevo. "Los demás estaban felices, corriendo hacia sus padres, bailando, aplaudiendo y animando: "Otro cisne viene, un nuevo cisne viene. "Echaron más pan y pastel al agua y dijeron: "El pan nuevo es el más hermoso. Es tan joven y hermoso. "El viejo cisne bajó la cabeza delante de él. Luego se sintió avergonzado, escondiendo la cabeza bajo el ala, porque no sabía qué hacer, estaba feliz, pero no estaba nada orgulloso. Fue perseguido y despreciado por ser feo, y ahora les oía decir que era el pájaro más hermoso.

Incluso el viejo árbol se inclinó para estirar las ramas en el agua delante de él, y la luz del sol era cálida y brillante. Entonces levantó sus plumas, dobló su delgado cuello y lloró felizmente desde lo más profundo de su corazón. "Cuando era el patito feo despreciado, nunca soñé con tal felicidad. "

Bebé de la Jungla

Había un bebé llamado Bab-ba con ojos azules brillantes y pelo rubio y rizado, y Ayah lo cuidaba como su enfermera. Desde que Bab-ba era un niño con una bata, ella ha estado con él, y le gusta mucho. Su nombre es Jeejee-walla, pero la llaman Ayah. Bab-ba vive en una hermosa casa blanca en Simla Hills, rodeada de grandes balcones. El claustro es un jardín. Fuera del jardín, la jungla se extiende por kilómetros, mientras que en el bosque hay una gran variedad de animales y pájaros salvajes. El pequeño Bab-ba solía jugar en el balcón con su mascota, el gato Sioux-Sioux, y el perro Wooff-Wooff, y ambos lo quieren mucho. Cariño, cuando accidentalmente tiró de su cola, los Sioux-Sioux lo odiaban, aunque a ella le gustaba mucho. Wooff-Wooff solía alcanzar sus patas traseras y usaba varios trucos divertidos para hacer reír a Bab-ba. Todas las mañanas, después del desayuno, el padre de Bab-ba tiraba migas de pan a los pájaros en el césped.

A menudo se sentaban en el árbol, lo observaban y cantaban para él hasta que salía. Una persona cantará y dirá, "Danos comida, a todos nos gusta la comida", varios otros responderán en otra parte del jardín. Los Sioux-Sioux solían mirarlos por el rabillo del ojo. Aun así, nunca intentó atraparlos porque sabía que a Bab-ba le gustaban, y Wooff-Wooff solía sentar su cabeza a un lado, preguntándose cómo es que manejan sólo dos piernas en vez de cuatro. Pero un día, cuando el padre de Bab-ba alimentó a los pájaros, la gran serpiente Hudu, que vivía en el jardín, se arrastró por debajo del balcón, tratando de atrapar algunos pájaros mientras comían, pero Bab-ba lo vio y lloró. ¡Sal! - "¡Vete, Hudu malo, vete!" Su Ayah escuchó su voz y salió corriendo para ver qué estaba pasando. Cuando vio a Hudu, tomó a Bab-ba en sus brazos y corrió a la habitación con él. Dos de ellos salieron con un gran palo de madera y golpearon la cabeza y el cuerpo de Hudu hasta que apenas pudo arrastrarse de nuevo. Y en un agujero bajo un gran árbol en el jardín. Ahora, Hudu es una serpiente malvada, y está furioso por todo esto.

Lo pensó y se preguntó cómo vengarse de la pequeña Bab-ba, porque lo culpó por todo lo que pasó. Un día después de que se mejoró, caminó por la selva para visitar a un viejo amigo de su tigre (TIG) y discutió el asunto con él. Hudu pensó que Tigre (TIG) era tan codicioso y cruel como él, así que le pidió que quisiera un niño gordo para comer, y entonces Tig se lamió los labios y dijo: "¡Bien! Ya veremos. "Entonces Hudu entró en la jungla y se encontró con Prowl, el lobo. "¿Qué quieres que coma un niño gordo? "Preguntó Hood, el lobo miraba a su alrededor, lamiéndose los labios, y dijo, "¡Ja!" No había nada más. Adiós, Hood conoció a Bluff el gran oso marrón y le preguntó qué haría si se encontrara un poco. El niño regordete de la selva.

Bluff se paró en sus patas traseras, se abrazó a sí mismo y dijo: "¡Oh! ¡Es genial! "Entonces el elefante salvaje Po Darda caminó a través de la selva, y Hudu tuvo que darse prisa para evitar ser pisoteado. El gordito gritó, pero Poda hizo un fuerte ruido con su trompa y se fue porque no le habló a la serpiente. Sin embargo, Hu Du estaba satisfecho porque dijo: "¿Pisotear? Por cierto, si yo estuviera aquí, él tendría hijos. "Sus malvados ojos negros nacarados eran brillantes, y sonrió maliciosamente. Cuando Hudu regresó a casa, volvió al agujero bajo el árbol del jardín del padre de Bab-ba, observando y esperando hasta que Baba estuviera solo; también Un día, cuando Wooff-Wooff se cayó de una liebre y Sioux-Sioux estaba dormido al sol, Ayah entró en la casa y recuperó las cosas de Bab-ba.

El Arca de Noé, se quedó solo en el balcón. Hudu se escabulló rápidamente de su agujero, se paró frente al balcón, sacudió la cabeza hacia atrás, y luego disparó una pequeña lengua, mientras el sol era suave, todos los colores del arco iris aparecen en el cielo. "¡Oh, hermoso Hudu! Babba dijo, "Pero eres travieso. ¡Vete! "No", dijo Hudu dulcemente, "Querida Bab-ba, no soy travieso, y sé dónde crecen algunas flores hermosas. ¡Ven conmigo y te lo mostraré! "No", dijo Bab-ba, sacudiendo la cabeza; y ahora,

290

Bab-ba se deslizó por el balcón. Se rió y luego regresó rápidamente a la parte exuberante del jardín. Bab-ba lo persiguió. Al sol, se asustó cada vez más, corrió a llamar a Bab-ba por su nombre, le retorció la mano y la de Bab-ba salió de madre.

Vagando por el jardín con su padre y ellos y algunos otros durante mucho tiempo, pero no se encontró ningún rastro de él, los Sioux-Sioux se despertaron, preguntándose qué pasaba con todo el alboroto, Wooff-Wooff volvió sin un conejo También quiero saber. Wooff-Wooff caminó hasta donde los Sioux-Sioux se sentaron y discutieron el asunto con ella. Mientras charlaban, había pájaros en sus cabezas llamándoles para atraer su atención. Dijeron: "Bab-ba, Bab-ba ha seguido a la serpiente Hudu a la selva. A menos que lo traigan de vuelta, se perderá y será comido por la bestia. ¡Rápido! ¡Rápido! ¡Persíganlo! ¡Urgente! "Así que Wooff-Wooff fue a los padres de Bab-ba e intentó decírselo.

Corrió de un lado a otro de la jungla y ladró, tratando de hacer que lo siguieran, pero no lo entendieron, así que al final, tuvo que decidirse a encontrarlo. Después de que Bab-ba siguiera un poco a Hudu por el jardín, la serpiente se volvió hacia un camino, causando que se rompiera un agujero en la pared. Hudu dijo: "Tienes que cruzar por aquí; las flores hermosas están al otro lado. "Así que Bab-ba se arrastró y se encontró en la selva. ¡Más lejos! Hudu gritó, cada vez que Bab-ba dejaba de recolectar, "Hay más cosas hermosas. "Así que Bab-ba siguió hasta que llegó al lugar donde el tigre dormía en la larga hierba. "Ahora es el momento", le susurró Hudu al oído. "Este es tu hijo. "El tigre gruñó. Pero Bab-ba no se asustó en absoluto, sólo sonrió, luego puso sus brazos alrededor del cuello de Tig y acostó su cabeza en el suave pelaje hasta que Tig olvidó su cena y parecía arroz Yokos-Mux se desinfló felizmente cuando estaba feliz. Hudu estaba furioso por esto y se enteró de que Tig no se estaba haciendo amigo de Bab-ba, pero se comió el Bab-ba y le dijo: "Vamos, o llegaremos tarde. "

Bab-ba besó a Tigre Tig, y luego siguió a Hudu a la selva hasta que conoció a Wolf Proll, "Esto es un niño", dijo Hudu en voz baja, y Proll dijo: "¡Ja! Entonces él se apresuró a ir hacia él y se lo comió. Pero Bab-ba sólo sonrió y dijo: "¡Qué gran Wooff-Wooff! "Entonces le dio una palmadita en la cabeza, le miró a los ojos, e hizo que Proll se olvidara de comer todo, le lamió la mano, y le arrugó, como haría Wooff-Wooff. Esto es muy estúpido", gruñó Hudu. "Vamos, es casi la puesta de sol, debemos ir a casa", guió el camino hacia donde vivía el gran oso marrón Bluff. "Te he llevado el bebé a ti", dijo Hudu. Bluff dijo: "¡Oh! ¡Es perfecto, muy bueno! "Luego lo abrazó en sus brazos, "¡como mi Ayah!" Bab-ba sonrió, y luego le dio una palmadita en la mejilla a Bluff y lo besó, así que Bluff no quiso comérselo completamente, sino que lo abrazó para mantenerlo caliente.

Entonces, al oír un fuerte sonido, Bluff puso a Bab-ba en el suelo, y Hudu se deslizó hacia la hierba, silbando. "Dah está aquí, y serás pisoteado hasta la muerte. Adiós, pequeña Bab-ba, ¡te odio! "Pero cuando Panda vino a ver al bebé, recordó que no siempre era un elefante salvaje, sino que una vez perteneció a una persona, así que eligió a Bab-ba para abrazar la trompa y ponerla suavemente en su espalda. Este era el padre del padre de Bab-ba. Encuentra su lugar hasta que finalmente entiende el ladrido de Wooff-Wooff y lo sigue a la selva, y sigue a algunas personas Wooff-Wooff siguió al niño con el olor de una pequeña pistola hasta que cabalgaron en Poon- cuando Dah lo tocó en su espalda, una cosa emocionante sucedió ahora, porque uno de ellos fue una vez el guardián de Poon-dah.

Panda se acordó de él y le pidió que lo llevara a la casa de Bab-ba, así que ellos y Bab-ba y su padre volvieron triunfantes sobre sus vastas espaldas. El buen lobo fue castigado por el malvado Hudu que rugió a su lado. Al entrar en el agujero bajo el árbol, se encontró con un hombre mayor. Los enemigos, Tig, Mangosta y dos hombres lucharon durante mucho tiempo hasta que Hudu se agotó, se estiró y murió. Tig se sentó y los frotó con los pies para limpiarlos, y luego saltó a su Bab (Bab-ba) Una pequeña casa bajo el balcón, todavía vive aquí para evitar que otras serpientes malvadas le hagan daño.

La Chica que Ama los Peces

Había una pequeña tribu entre los habitantes de los Everglades. Su territorio de caza estaba situado en la orilla del Gran Lago cerca de Storm Point. Una mujer llamada Ava. Es tonta y ociosa. Durante unos días juntos, se sentaba y no hacía nada. Luego, era tan fea y deforme que ningún joven de la aldea se lo diría a través del noviazgo o el matrimonio. Entrecerraba los ojos. Su cara era delgada y larga, su nariz era grande y encorvada, sus dientes eran curvos, su barbilla era casi tan puntiaguda como la boca de un hombre perezoso, y sus orejas eran tan grandes como las de un ciervo. En general, es una mujer extraordinaria. No importa a donde fuera, nunca causó muchas risas y burlas entre aquellos que pensaban que la fealdad y la deformidad eran objeto de burla. A pesar de ser muy fea, tiene un miembro de la facultad con un grado más sobresaliente que cualquier dama de la tribu. Eso es cantar. A menos que se pueda encontrar algo así en el mundo espiritual, no hay nada más importante que su dulce voz o su hermoso canto. Su lugar favorito es una pequeña colina que está lejos del río de la gente, donde se encuentra bajo un árbol sombreado, y ella pasará el verano con canciones encantadoras.

Su voz era tan bella y armoniosa que cuando cantaba una frase, las ramas sobre su cabeza ya estaban llenas de pájaros escuchados, los arbustos circundantes estaban llenos de animales salvajes, y el agua que rodaba a su lado estaba llena de peces, la dulce voz atrae todo esto. Desde el pez al delfín, desde el búho al águila y desde el caracol a la langosta, desde el ratón al topo, todos ellos llegaron a la escena, escuchando el fascinante canto de la terrible Marshpee girl, entre los peces reparados. Cada noche se le devuelve al pez cerca de las pequeñas colinas. La trucha es la mejor entre las tribus. Los acantilados bajos son el hábitat elegido por la fea y elástica ardilla de pino. El administrador suele ser mucho más grande que la gente de su país, sólo hay una persona, y el alcance es enorme.

Ninguna criatura que haya escuchado el canto de Ava disfruta de esta actuación como un líder de las truchas. Debido a su tamaño que le impedía acercarse como deseaba, de vez en cuando, anhelaba disfrutar de la música con la ventaja más significativa, extendió su nariz al suelo y entró en la tierra a una distancia considerable. Cada noche, continuó trabajando duro para acercarse a la fuente de los agradables sonidos que escuchaba, hasta que consiguió un completo y bello pasaje, que afectó su viaje desde el río a la montaña, y prolongó el vuelo de la flecha a distancia. Al principio de la oscuridad, tuvo que reparar cada noche, y debe encontrar una virgen que se hizo muy necesaria para su felicidad. Pronto, comenzó a hablar de la alegría que disfrutaba y escuchó a Ava con una viva protesta contra su amor y sus sentimientos.

Ya no le cantaba más, sino que empezaba a escuchar su voz. Escuchar el tono del amor y el cortejo era una novedad para ella, algo que se le dijo que su belleza era tan inusual, que no era raro que los nuevos acontecimientos se dieran vuelta, y comenzó a pensar en su amante mientras escuchaba el más dulce de todos los tiempos. Sólo una cosa destruyó su felicidad. Esto se debe a que las truchas no pueden vivir en la tierra o en el agua. Esta situación las hace sentir muy tristes. Se conocieron por una noche en un lugar familiar. Los desanimaron juntos, lamentándose de que dos personas que se aman estén destinadas a vivir separadas cuando un hombre aparece cerca de Ava. Preguntó a los amantes por qué parecían tan tristes. El jefe de las truchas le dijo al extraño por qué estaban preocupados. Después de que el jefe terminó, el extraño dijo: "No estés triste. "

"Los obstáculos pueden ser eliminados. Soy el espíritu de presidir a los peces. Aunque no puedo convertir a hombres o mujeres en peces, puedo convertirlos en peces. Bajo mi fuerza, Ava se convertirá en una hermosa trucha." De esta manera, invitó a la chica a seguirlo al río. Cuando no estaban enraizados en el agua, tomó un poco de agua y la vertió en su cabeza, murmuró algunas palabras, pero nadie supo el significado. Inmediatamente ella cambió. Su cuerpo era como un pez, y después de un tiempo, se convirtió en una trucha. Después de completar esta transformación, el espíritu la entregó al líder de las truchas, y los dos se deslizaron en las profundas y tranquilas aguas. Sin embargo, ella no olvidó su lugar de nacimiento. Cada temporada, en la noche en que la tribu desaparece, se ven dos truchas gigantes jugando en el agua de la orilla. Continuaron visitándonos hasta que el rostro pálido llegó a este país. En ese momento, pensaron que se enfrentaban al peligro de la gente que no respetaba el espíritu de la tierra y la conquistaba para siempre.

La Leyenda del Mar Negro

Había un hombre mayor que vivía a la orilla de un hermoso mar. Teje redes y pesca todo el día. Había demasiados peces, y el viejo pescador los compartía con sus animales. Tiene un perro y un gato negro. El perro se llama Bowley, y el gato se llama Serina. "¡Bowley! " el viejo le gritó a su perro, y vino inmediatamente. "¡Bowley, por favor, dame un poco de agua porque tengo sed! "El perro se fue volando, y después de un rato, el agua volvió. "Este es el pez para ti", le acarició el viejo. "¡Serina!" gritó al viejo pescador esta vez, pero Serina no apareció. "¡Serina! ¡Serina!" Gritó de nuevo, pero de nuevo no pasó nada. "Serina, ¿quieres comer pescado? "Tan pronto como el anciano dijo estas palabras, el gato saltó del tejado y se envolvió en sus piernas con falsas llamadas.

"Quiero pescar. Miau, miau… "Este es tu pez. Ahora tráeme mi sombrero porque me pongo a hervir. "El gato recogió el pescado, saltó al perchero y puso al viejo Pescador en el sombrero. "Gato negro, gato malvado", gritó el perro. "No" le regañó el viejo. Al día siguiente, el viejo Pescador estaba enfermo. Tiene una temperatura corporal alta y no puede levantarse de la cama. "Bowley me consiguió una pastilla del armario", dijo. El perro. Trató de saltar sobre el armario que contenía las píldoras, pero no logró alcanzarlo. Toma.

"¡Serina! "El viejo llamó, pero el gato no apareció. "¡Serina! "Gritó de nuevo, pero no pasó nada. "Serina, ¿quieres un pescado? "Tan pronto como el viejo terminó de hablar, el gato saltó del techo y murmuró: "Miau, miau… quiero un pescado. "Serina, hoy estoy enfermo, hoy no puedo ir a pescar.

Cuando mejore, todos tendrán suficiente. Apúrate, Serina, saca la píldora del gabinete. "El gato saltó sobre el armario, pero no tomé la píldora. El gran hombre que le trajo los pedos, quiero pescar. Miau, miau… "Serina, por favor, tráeme las píldoras; de lo contrario, no podré levantarme", repitió el viejo con tristeza, pero el gato no se movió. Los pobres, los madrugadores no saben qué hacer, empiezan a llorar de dolor. El perro gritó inmediatamente: "Woo… Serina." Y el perro le llevó la píldora al viejo Pescador, y pronto su temperatura comenzó a bajar. Cuando el anciano se despertó a la mañana siguiente, estaba sano de nuevo. Tiró la red al mar con impaciencia y atrapó muchos peces. Estaba sentado en una silla frente a la casa, sosteniendo una pipa en su mano y observando las olas. "¡Maestro, este gato será nuestra ruina! ¡Llevémosla lejos! ¡Gato negro, gato malvado!" el perro ladró.

"¡Nunca! Verás que Serina cambiará y mejorará. "Maestro, ¿recuerda que le dijo lo mismo a su madre? La maldita negra Isolda, todos los días, ¿rasgaba su red por la noche cuando aún estaba viva? "Bowley, debemos creer en el poder de la bondad. Ya lo verás. Un día, Serina cambiará y será mejor. "El viejo pescador se adelantó de su pipa y cayó en la contemplación, pero pronto perdió el rumbo, porque el perro volvió a decir: "Maestro, ¿no vamos a desayunar? "¿Quieres pescar? "¡Wow, woo! "Quita el ladrido con la lengua. El hombre mayor le tiró una gran caballa y le dio una palmadita en el cuello. Y justo entonces, la hambrienta Serina saltó del techo. "Miau, miau, quiero un pescado. "El hombre mayor le tiró un pescado y luego dijo: "Serina, por favor, no vuelvas a hacer eso. "El gato hizo un fuerte ruido y continuó en la mano del viejo pescador, acariciando, y se durmió en la silla. Desafortunadamente, cuando despertó, el anciano vio el techo de paja de su casa ardiendo. "¡Bowley, Serina, ¡ayúdenme! ¡Toma el agua del mar! ¡Apúrense! "El perro se apresuró, pero el gato no se movió.

El hombre mayor le tiró un pez y ella corrió hacia el agua, así que después de un rato, se detuvo. Y el viejo pescador le tiró otro pez al gato negro, y ella empezó a apagar el fuego de nuevo, pero sólo por un rato. Después de un rato, el pez salió corriendo, y Serina se detuvo de nuevo. El perro persistió hasta que se agotó, pero el fuego cubrió toda la casa. El pobre hombre mayor lloró porque no tenía casa. "¡Basta! ¡No puedo soportarlo más! ¡Gato negro, gato malvado! "No pudo detener su ira. Entonces agarró a Serina y la arrojó al mar con rabia. Finalmente, el hombre mayor escapó del gato negro. Sin embargo, el mar se volvió negro. Y unos minutos más tarde, un pequeño gatito negro apareció junto a la cabaña en llamas con la cola doblada. "¡Shoo! ¡Fuera! ¡Fuera! ¡No hay más gatos negros!" dijo el viejo Pescador enojado, alejando al gatito. "Espero, amo, que por fin comprenda su mente", gritó Bowley.

"Bowley, ¿deberíamos apurarnos y reconstruir la casa? ¿Qué dices? "El hombre mayor fue aconsejado con entusiasmo. "Pero primero, comemos. ¡Tengo hambre otra vez! "Pero los peces ya no están. "El hombre mayor se rascó la cabeza. "¡Entonces ve a pescar! "Sugirió el perro. "¡Bueno, Bowley, trae el Internet! "Desafortunadamente, cuando el hombre mayor lanzó la red al Mar Negro, sólo atrapó unas pocas caballas pequeñas. Y al día siguiente, volvió a ocurrir lo mismo. Sólo que es peor. Por lo tanto, día tras día, los peces se hicieron cada vez menos, el hombre mayor y el perro tenían cada vez más hambre, y el mar seguía siendo oscuro. Una mañana, el pobre hombre mayor se negó a tirar la red porque había estado vacía durante los últimos días. Se ha vuelto tan desesperado y débil porque le falta comida que llega al mar y se arrodilla en la playa, "¿Por qué? "¡Porque perdió la fe en la bondad!" "

Una gaviota de arenque aterrizó en la casa quemada Respuesta en la madera. "¡Sin embargo, Serina no tiene ningún beneficio! "Todo el mundo es bueno o malo, pero depende de ti, ¡te lo creerás!" "El hombre mayor se quejó de que era su culpa y mi casa se quemó. "¡Sí, aunque antes de eso, ella te salvó la vida! "¿Qué pasa? "Pescador, ¿estás seguro de que la píldora se cayó accidentalmente del armario? "Una persona comenzó a pensar, pero la gaviota continuó diciendo: "Como dije, todo depende de si crees que es bueno o malo. "Poco después, el viejo pescador escuchó el fuerte grito de Paul. Y cuando se dio la vuelta, volvió a ver al gatito negro con su cola curvada. El pobrecito estaba encogido como una pelota, sin atreverse a moverse, porque Bowley se negaba a ladrar, el viejo se acercó, Gritando Bowley: "¡Quiere robar nuestro último pez! "Porque tiene hambre. "Maestro, ¿no se acuerda? ¡Gato negro, gato malvado! "El perro gritó aún más enojado.

"No, Bowley, con tanta hambre como nosotros. Mira lo pequeño y delgado que es. "Aunque el perro siguió gruñendo al gatito, el hombre mayor dividió el último pez en tres segmentos. "Bowley, esto es para ti. Esto es para mí, para ti, de niño. "El viejo pescador le dio al gatito negro la carne y empezó a estropearla. El gatito se irritó inmediatamente y lo arañó con garras afiladas. "Bowley gritó. "¡No digas eso! "El hombre mayor lo regañó. "Eso es porque no sabía que estábamos asustados. "Los tres comieron pescado y miraron al mar, pero después de un rato, el viejo Pescador volvió a decir tristemente: "No tenemos nada más que comer. Ahora tendremos hambre y moriremos. "El perro lloró con tristeza, pero el gatito negro saltó al techo ardiente.

En este momento, Herring dijo: "¡Tira la red al mar! "¡Pero es negro, no hay peces! El hombre mayor respondió. Como el pájaro no dijo nada, el gran hombre decidió probarla. Y tiró la red al mar, y la red ya estaba llena cuando la sacó. Estaban encantados, justo antes de que la gaviota se fuera volando, dijo: "¡Pescador, recuerda una cosa! ¡Y una persona sin fe es como una red sin peces! Una vez más, crees en la bondad, y otra vez, ¡tu red está llena! "En los días siguientes, el viejo Pescador reconstruyó la cabaña con la energía fresca de la rica comida. Después de eso, vivió durante mucho tiempo, pero, aunque el mar estaba oscuro, nunca perdió la fe en la bondad.

Crazy Goose y Tigerwood

Hu Lin es una pequeña esclava. Cuando apenas llegó a su bebé, fue vendida por su padre y vivió en una pobre casa flotante con muchos otros niños durante cinco años. Su cruel amo la maltrató. Le pidió que mendigara en la calle para ganarse la vida con las otras niñas que compró. Este tipo de vida es especialmente difícil para Hu Lin. Y ella anhelaba jugar en los campos de arriba. Grandes cometas navegaban por el aire como pájaros gigantes. Le gustaba ver cuervos y pasteles volando por ahí. Era emocionante verlos construir un nido de palos en los altos álamos. Sin embargo, si su amo aprovecha su tiempo ocioso de esta manera, vencerá. Ella es la más cruel y no ha comido en todo el día. Era tan malvado y malvado que todos los niños le llamaban Corazón Negro. Temprano en la mañana, cuando Hu Lin se sintió muy triste por su tratamiento, decidió huir, pero ¡ah! Cuando vio a Corazón Negro siguiéndola, no estaba a cien metros de la casa flotante.

La atrapó y la regañó más. El miedo era tan grande que la golpeó tanto que se desmayó. Estuvo tendida en el suelo durante unas horas sin mover los músculos, gimiendo como si se le rompiera el corazón. "¡Ah! ¡Mientras alguien pueda salvarme! Pensó: "¡Qué bien he pasado el resto de mi vida!"

"Ahora, no lejos del río, hay un hombre mayor en una cabaña destartalada. Su único compañero era un ganso, que le guardaba la puerta por la noche, y si un extraño se atrevía a mirar alrededor, gritaba. Hu Lin y este ganso son amigos íntimos. Aunque la esclava a menudo se detenía a charlar con la gallina inteligente cuando pasaba por delante del hombre mayor. De esta manera, se enteró de que el dueño de Bird era un mentiroso y escondió mucho dinero en el patio. El cuello de Chang es inusualmente largo, así que. Capaz de explorar la mayoría de los asuntos de su amo.

Debido a que las aves de corral no tenían familiares para hablar con él, le dijo a Hu Lin todo lo que sabía. Esa mañana, cuando Corazón Negro golpeó a Hu Lin e intentó escapar, Zhang Zhen hizo un fantástico descubrimiento. Su amo y señor no son viejos, sino un joven disfrazado. El cielo estaba hambriento, y Zhang Gang se deslizó en la casa al amanecer para ver si quedaba algún residuo en la comida de anoche. La puerta de la habitación se abrió en la oscuridad, donde un joven estaba tumbado, y se quedó dormido en lugar de la barba blanca que el Gander llamaba su maestro. Entonces, frente a sus ojos, el joven cambió repentinamente a su forma anterior y se convirtió en un hombre mayor otra vez. El aterrado ganso, excitado, olvidó su estómago vacío y se apresuró a entrar en el patio para pensar en el misterio. Sin embargo, cuanto más tiempo estaba confundido, más extraño parecía todo.

Luego pensó en Hu Lin, esperando que ella pudiera venir y que él pudiera exponer sus opiniones. Le dio gran importancia al conocimiento de la esclava y creyó que ella entendería completamente lo que pasó. Zhang fue a la puerta. Como de costumbre, estaba cerrada con llave, y no tuvo más remedio que esperar a que el amo se levantara. Dos horas después, el miserable entró en el patio. Miró hacia arriba y le dio a Chang más de lo habitual. Después de fumar el primer cigarrillo en la calle frente a la casa, se paseó por la casa para mantener abierta la puerta principal. Esto es precisamente lo que Gander esperaba. Se deslizó silenciosamente por el camino y giró hacia el río, donde pudo ver las casas flotantes alineadas en el muelle. En la playa cercana se encuentra una forma accesible. "Hu Lin", gritó mientras se acercaba.

"Despierta, porque tengo algo que decirte. "No estoy dormida todavía", respondió, volviendo su rostro lloroso a su amiga. "¿Qué es esto? ¿Qué es lo que pasa? ¿Lloraste otra vez y el viejo corazón negro te golpeó?" ¡Silencio! Me golpeó en el barco." No dejes que oiga tu voz", respondió Chang con una sonrisa. "Sin embargo, creo que es mejor estar siempre del lado seguro, así que susurraré algo que quiero decir." Puso la factura cerca de su oído, le dijo a Hu Lin el último descubrimiento, y finalmente dejó que ella le dijera lo que significa. El niño olvidó su dolor cuando escuchó su increíble historia. "¿Estás seguro de que no tienes al amigo que perdió la noche con él?" ella preguntó seriamente. "Sí, sí, seguro, porque no tiene amigos", respondió Gander. "Además, estuve en la casa justo antes de que le cerraran el paso por la noche. No pude ver mi cabello ni la figura de nadie más. "¡Y entonces debe ser un hada disfrazada! " Hu Lin anunció sabiamente.

¿"Hada"? ¿Qué es eso?" Chang preguntó, cada vez más excitado. "¿Por qué, viejo ganso, no sabes lo que es un hada? "Hu Lin sonrió completamente. Para entonces, había olvidado sus problemas y estaba cada vez más feliz con el sonido que escuchaba. "¡Huck! "susurró, hablando lentamente. "Un hada es eso"; bajó su voz a un susurro. Mientras ella continuaba explicando, Gander asintió violentamente. Después de hablar, se sorprendió silenciosamente un momento después, "Bien", dijo finalmente, "Si mi amo es una persona así, supongamos que te escabulles y te vayas conmigo, porque, si hablas de un hada, él puede salvarte de Todos los problemas me hicieron feliz por el resto del día. "Quiero saber si te atreves. "Ella respondió, mirando alrededor de la casa flotante con miedo, y un sonido profundo salió de la portilla abierta. "¡Sí, por supuesto! Coaxial. "Te dio un golpe tan grande; no se preocupará de que vuelvas a sucumbir pronto. "Se apresuraron al patio del hombre miserable.

Hu Lin trató de decidir cuándo pararse frente al hada y qué decir, su corazón latía rápidamente. La puerta estaba todavía parcialmente abierta, y los dos amigos entraron audazmente. Chang dijo. "Debe cavar en el jardín del patio trasero. "Pero cuando llegaron al huerto, nadie lo vio. Gander dijo en voz baja, "Esto es muy extraño. "No lo entiendo, porque no sabía que estaba cansado de trabajar tan temprano. Ciertamente no puede entrar a descansar. "Bajo el liderazgo de su amiga, Hu Lin inclinó los dedos de los pies y entró en la casa. La puerta del dormitorio del guardián estaba abierta, y vieron que no había ninguna. Una de esa habitación o cualquier otra habitación de esa trágica choza. "¡Correcto! Veamos en qué tipo de cama duerme", dijo Hu Lin, que estaba lleno de curiosidad. "Nunca he estado en la habitación de las hadas. Y debe ser diferente de las habitaciones de otras personas. "Cuando cruzaron el umbral, Chang respondió: "¡No, no! Es sólo una cama de ladrillos ordinaria, como las otras. "

"¿Tiene fuego en tiempo fresco? "Hu Lin se inclinó para comprobar el pequeño agujero de fuego en el ladrillo y preguntó. "Oh, sí, hay un incendio todas las noches. Incluso en primavera, cuando otros detienen el fuego, la cama de ladrillo se quema todas las noches. "Bueno, esto es extraño para un perdedor, ¿no crees? "Dijo la chica. "El costo de mantener un fuego es más que alimentar a una persona. "Sí, es cierto. "Chang dijo, recortando sus plumas. "No me lo esperaba. Muy extraño. "Hu Lin, eres tan sabio. ¿Dónde aprendiste tanto? "En ese momento y cuando escuchó un fuerte golpe en la puerta, Ganda se puso pálido, y la barra se colocó en su lugar. "¡Hospitalidad! ¿Qué debemos hacer?" Hu Lin preguntó. "Si nos encontrara aquí, ¿qué diría? "La otra persona se estremeció y dijo: "No, pero, mi querido muchacho, nos deben haber atrapado, porque si no nos ve, no podemos escapar. "¡Sí, hoy ya he tenido un golpe! "Y fue tan doloroso que no podía creer que pudiera tener otro momento.

El niño derramó lágrimas y suspiró. "¡Allí, pequeña, no te preocupes! Escondámonos en el rincón oscuro detrás de la cesta." Gander sugirió, al igual que escuchar los pasos del maestro en la puerta principal. El asustado compañero pronto se puso en cuclillas en el suelo y trató de esconderse. Sin embargo, para su gran alivio, el perdedor no entró en su dormitorio. Pronto oyeron que estaba trabajando duro en el jardín. Durante todo el día, los dos se escondieron en el escondite y no se atrevieron a salir por la puerta. Chang dijo: "No puedo imaginar que si encontrara su viejo ganso para poner uno que el desconocido trajo a la casa, que diría? tal vez pensaría que estábamos tratando de robar algo de su dinero escondido." Respondió con una sonrisa porque cuando Hu Lin se acostumbró a su estrecha vivienda, sus temores se calmaron. En cualquier caso, apenas temía algo peor de lo que pensaba. "Bien", reflexionó.

"No puede ser tan malo como el viejo corazón negro. "Un día así pasó, y la oscuridad cubrió la tierra. Esta vez, la niña y el ganso se durmieron en el rincón de la habitación del esclavo guardián y no sabían nada. Al filtrarse por la ventana, Hu Lin comenzó a despertarse. Al principio, no sabía dónde estaba. Los amplios ojos asustados parecían preguntar, "¿Qué significa todo esto? " Esto no es sólo lo que mi cerebro de ganso puede pensar. "Porque en la cama, no es una persona trágica, sino un joven, sus alas de cuervo del pelo son negras. Una leve sonrisa iluminó su bello rostro como si estuviera disfrutando de un agradable sueño. Hu Lin, apurado, escapó. Los ojos del durmiente se abrieron al instante, mirándola fijamente. La chica estaba tan asustada que no podía moverse. Cuando vio los cambios en su maestro, Gander tembló violentamente.

El joven estaba más sorprendido que los invitados. Se quedó sin palabras durante dos minutos. "¿Qué significa esto? "Finalmente preguntó, mirando a Zhang. "¿Qué estás haciendo en mi habitación, ¿quién es este niño que se ve tan asustado? "Por favor, perdóneme, señor, pero ¿qué le hizo a mi maestro? "Gander preguntó, haciendo una pregunta. "No soy tu amo, ¿estás loco? "El hombre dijo con una sonrisa. "Esta mañana eres más estúpido que nunca. "Aunque mi amo es viejo y feo, tú todavía eres joven y guapo. "Zhang Xiang respondió rotundamente. "¿Qué?" gritó la otra persona, "¿Dijiste que aún era joven? "Por qué, sí. Pregúntale a Hu Lin si no me crees. "El hombre se volvió hacia la niña. "Sí, en efecto, señor. "Ella respondió cuando él respondió a su expresión. "Nunca he visto a un hombre tan hermoso. "¡Por fin!" Lloró y sonrió y dijo felizmente: "Soy libre, libre, libre de todas mis preocupaciones, pero la realización de las cosas está más allá de lo que puedo decir.

Unos minutos más tarde, se paró en una oscura sala de estudio y se movió con su dedo índice, como si tratara de resolver algunos problemas graves. Finalmente, su sonrisa iluminó su rostro. "Zhang", preguntó, "¿Cómo te llamas? "¿Tu invitada habló de ella hace un minuto? "Yo soy Hu Lin", el niño dijo simplemente, "Hu Lin, chica esclava." Aplaudió. "¡Sí! ¡Sí!" Lloró. "Todo lo que veo ahora es tan simple como durante el día. "Entonces, noté la extraña expresión en su cara, "Me debo la libertad de un hada malvada, y si quieres, te contaré mi desafortunada historia. "Por favor, señor", respondió con entusiasmo. "Le dije a Chang que eres un hada, y quiero saber si tengo razón." Bien, comenzó, "mi padre es un hombre rico que vive en un condado remoto. Cuando era niña, me dio todo lo que quería. He sido gracioso y malcriado desde que era un niño. Hasta el final, empecé a pensar que no hay nada en el mundo que pueda proponer.

Si quiero, no puedo hacerlo. Y regañarme. Me dijo que hay un proverbio: "El hombre muere por el beneficio, las aves perecen por el alimento". "Él piensa que esa gente es estúpida. Me dijo que el dinero ayudará significativamente a hacer feliz a un hombre, pero siempre termina diciendo que Dios es más fuerte que los hombres. Y dijo que siempre debo tener cuidado de no hacer enojar al diablo. A veces me reía en su cara y le decía que era rico y que podía comprar el favor de un hada. Un buen hombre sacudirá la cabeza y dirá: "Ten cuidado, hija mía, de lo contrario te arrepentirás de estos discursos apresurados". "Un día, después de que me diera un discurso tan largo, caminamos en el jardín del recinto de mi padre. Me atreví a arriesgarme más de lo normal y a decirle que no me importan las reglas que siguen los demás. "Tú dijiste", yo dije, "Este pozo en el jardín de mi padre está regido por un espíritu. Si quiero saltármelo para enfadarlo, se sentirá molesto y me causará problemas. "Dijo. "Sí, esto es lo que dije, lo repito. Los jóvenes deben tener cuidado, alardeando y violando la ley. "¿Tengo que cuidar de un espíritu que vive en la tierra de mi padre? "Le respondí con una mueca de desprecio. No creo que haya un espíritu en este tono. En todo caso, era sólo otro esclavo de mi padre. Así que, antes de que mi mentor me detuviera, salté sobre la boca del pozo. Tan pronto como toqué el suelo, no pude sentir la extraña contracción de mi cuerpo. Mi fuerza me hace fugaz. Los huesos se acortaron y mi piel se volvió amarilla y arrugada. Miré mis trenzas y descubrí que mi pelo se volvió repentinamente fino y blanco. De todos modos, me convertí en un hombre completamente viejo. Mi maestro me miró sorprendido. Cuando le pregunté qué significaba, mi voz era tan áspera como cuando era un niño. "A, mi querido alumno", respondió, "Ahora me creerás para contarte. El espíritu de Jing se enfadó con tu mal comportamiento y te castigó. Te dijeron cien veces que estaba mal saltarse un pozo, pero lo hiciste", "Pero no hay nada que hacer", grité. "¿No hay manera de restaurar mi juventud perdida?" Y me miró con tristeza y sacudió la cabeza. "Cuando mi padre se enteró de mi trágica situación, se agitó.

Hizo todo lo posible para encontrar una manera de que yo recapturara a la juventud. Quemó incienso en doce templos, y rezó a varios dioses. Soy su único hijo; no será feliz sin mí. Finalmente, cuando todo lo demás estaba hecho, mi digno maestro pensó en pedirle a un adivino famoso en la ciudad. Después de preguntarle todo lo que me causaba dolor, el sabio dijo que el espíritu de Jing, como castigo, me convirtió en una persona trágica. Y dijo que sólo cuando estaba durmiendo podía permanecer en un estado natural. Incluso si alguien entraba en mi habitación o me veía la cara en ese momento, inmediatamente me volvía a convertir en una barba gris. "Buenos días", gritó Gander. "Eres joven y guapo, y luego ante mis ojos, ¡te conviertes en un viejo otra vez! " dijo el joven: "Continuando con mi historia, el adivino finalmente anunció que sólo tenía una oportunidad de recuperarme, y la oportunidad de recuperarme era muy pequeña.

Si estoy en un estado adecuado, entonces en cualquier momento, como puedes ver ahora, debería ser un ganso loco, sacando al bosque de los tigres de la esclavitud, el encanto se romperá, y el espíritu maligno ya no me controlará. Mi padre perdió la esperanza, y yo también, porque nadie puede entender el significado de este aburrido acertijo. "Esa noche, dejé mi pueblo natal, decidido a dejar de vivir con ellos. Avergonzar a mi pueblo. Vine aquí, compré la casa con el dinero que mi padre me dio, e inmediatamente empecé una vida miserable. Nada puede satisfacer mi codicia por el dinero. Todo debe convertirse en dinero en efectivo. Durante cinco años, he estado ahorrando dinero mientras me mataba de hambre, en cuerpo y alma. "Poco después de llegar aquí, recordé el acertijo de la adivina. Decidí tener un ganso en lugar de un perro como vigilante nocturno.

De esta manera, comencé mi investigación sobre el enigma. "Pero no soy un ganso loco", dijo Hissed enfadado. "Si no fuera por mí, entonces todavía serías un perdedor de las arrugas. "Así es, querido Chang, muy bien. "El joven dijo tranquilamente. "No estás enfadado, así que te di el nombre de Chang (Zhang), que significa enfadado, y por lo tanto te vuelve loco. "Oh, ya entiendo", dijeron Hu Lin y Chang juntos. "¡Qué inteligente! "Así que, verás, he estado tratando pacientes aquí en el patio trasero, pero a pesar de mis mejores esfuerzos, no se me ocurre ninguna manera de asegurarme de que Chang haya llevado a un bosque de tigres a entrar en mi habitación cuando estaba dormido. Esta cosa se ve ridícula, rápidamente dejé de intentar estudiarla. Hoy, por accidente, llegó. "Entonces, soy un Tigre de Bosque, ¿cierto? "Hu Lin sonrió. "Sí, en efecto, y tú eres, mi querida niña, un pequeño tigre del bosque, porque Hu significa tigre, y el bosque debe ser un chino boscoso.

Entonces, también me dices que eres un esclavo. Así que Chang te saca de la esclavitud. "¡Oh, estoy tan feliz!" dijo Hu Lin, olvidando su pobreza, "Me alegro de que no tengas que ser un terrible viejo avaro. "En ese momento, en la puerta principal se oyó un fuerte ruido. "¿Quién puede llamar a la puerta de esta manera? "preguntó el joven sorprendido. "¡Ah! Debe ser un corazón negro, mi maestro," Hu Lin comenzó a llorar. El joven dijo, "No tengas miedo." Acariciando la cabeza del niño. "Me has salvado, y por supuesto, haré mucho por ti. Si este Sr. Corazón Negro no está de acuerdo con una propuesta justa, tendrá ojos oscuros para recordar su visita. "El agradecido joven se tomó un corto tiempo para comprar la libertad de Hu Lin, especialmente porque le dio la libertad con lo que su amo quería, y su amo obtuvo la libertad cuando tenía catorce o quince años. Cuando Hu Lin se enteró del trato, se alegró. Bajó la cabeza frente al nuevo dueño, luego se arrodilló en el suelo y se tocó la cabeza nueve veces. Ella gritó y gritó: "Oh, qué feliz soy, ahora, siempre te perteneceré para siempre, y el bueno de Chang será mi compañero de juegos. "Sí, claro", le aseguró, "Cuando seas mayor, te haré mi esposa". Por el momento, irás a la casa de mi padre conmigo y te convertirás en mi pequeña persona de compromiso. "¿Y ya no tendré que mendigar en la calle? Le preguntó, con los ojos llenos de sorpresa. "¡No, nunca! ", respondió él con una sonrisa, "y no tendrás que preocuparte nunca más por los golpes. "

Pulgarcito

Érase una vez un caballero y su esposa tuvieron siete hijos. El mayor sólo tiene diez años, y el menor tiene siete años. Algunos se preguntarán cómo este artesano fabricante de sombreros puede dar a luz a tantos niños en tan poco tiempo, pero esto se debe a que su esposa está muy interesada en su negocio. Dos niños nacen cuando normalmente nace un niño. Aunque eran indigentes, y sus siete hijos los sorprendieron porque ninguno de ellos podía hacer pan. Lo que les inquieta aún más es que el niño más pequeño está enfermo y enfermo, y las escasas palabras no se pronuncian, lo que les hace pensar que es sabio ser estúpido. Es diminuto, no más que un pulgar al nacer, lo que lo hace conocido como el Pulgarcito. Lo que el pobre niño hace en la casa culpa al pecador, y la culpa o la inocencia siempre está mal.

A pesar de esto, es más astuto y más inteligente que todos sus hermanos juntos. Si no habla, oirá y pensará más. Ahora que ha ocurrido un año terrible, la hambruna es tan grande que esta pobre gente está decidida a deshacerse de sus hijos. Una noche, cuando estaban todos acostados en la cama, y el hombre con el nombre falso estaba descansando junto al fuego con su esposa, le dijo que su corazón estaba lleno de tristeza: "Ya ves que no podemos mantener nuestras vidas. Niños, no puedo verlos morir de hambre delante de mí; estoy decidido a dejarlos en el bosque mañana, lo cual es fácil de hacer; por un tiempo, están ocupados probando estos pequeños, podemos huir y dejarlos No les prestes atención. "¡Ah!" Su esposa gritó: "¿Puedes deliberadamente llevarte a los niños y tirarlos? "Su marido representa su extrema pobreza en vano, pero en vano; no está de acuerdo; ella es, en efecto, imperfecta, pero es su madre.

Sin embargo, considerando el dolor que le habría causado verlos morir de hambre, finalmente aceptó y derramó lágrimas. El Pulgarcito escuchó cada palabra que se dijo. Como observó que estaban ocupados hablando mientras estaba en la cama, se levantó suavemente y se escondió bajo el taburete de su padre para poder escuchar lo que decían. Y se acostó de nuevo pero no parpadeó en toda la noche, pensando en lo que debía hacer. Y se levantó temprano en la mañana y fue al río, donde se llenó de bolsillos llenos de guijarros blancos, y luego regresó a casa. Y todos se fueron al extranjero, pero Pulgarcita nunca le dijo a su hermano una sílaba que supiera. Caminaron por un denso bosque, donde no podían verse a diez pasos de distancia. El fabricante de sombreros empezó a cortar madera, y los niños recogieron ramas para hacer títeres. Sus padres vieron que estaban ocupados con el trabajo, pasaron algún tiempo con ellos, y luego huyeron de todos inmediatamente por un camino a través de los arbustos sinuosos.

Cuando los niños los vieron solos, empezaron a llorar a gritos. El pequeño Pulgarcito les hizo llorar, sabiendo cómo volver a casa porque cuando venía, siempre dejaba caer cuidadosamente los guijarros blancos en su bolsillo. Y entonces les dijo: "No tengáis miedo, hermanos, los padres nos han dejado aquí, pero os llevaré a casa otra vez, seguidme. "Así lo hicieron, y los llevó por el camino en el que entraron en el bosque. Vuelvan a casa. No se atrevieron a entrar, pero se sentaron en la puerta, escuchando la conversación de sus padres. En el momento en que el hombre con el nombre falso y su esposa regresaron a casa, el dueño de la casa les dio diez coronas, que les debía desde hacía mucho tiempo, y esto era algo que nunca habían imaginado. Esto les dio una nueva vida porque los pobres casi se morían de hambre.

El impostor envió inmediatamente a su esposa al carnicero. Como habían comido durante mucho tiempo, ella compró carne para tres personas. La mujer tenía el estómago lleno y dijo: "¡Ah! ¿Dónde están nuestros pobres niños ahora? Estarán felices por todo lo que nos han dejado aquí, pero William Williams quiere perderlos, es decir, a ti; te digo que te arrepientas de esto: ¿qué están haciendo ahora en el bosque? ¡Ah! Querido Dios, los lobos pueden habérselos comido: eres muy inhumano y por lo tanto has perdido a tus hijos. "Crecimiento paciente significativo, porque repitió más de 20 veces para hacerlos arrepentirse, tiene razón en decirlo. Y amenazó con pegarle si no insistía. No es que el mentiroso esté más preocupado que su esposa, pero ella se rió de él, y él es tan gracioso como muchos otros; les encanta hablar de la esposa correcta, pero piensan que esas esposas importantes siempre tienen razón.

Estaba medio abrumada por el llanto, los gritos: "¡Ah! Hija mía, ¿dónde está el pobre niño ahora? "Habló tan fuerte que los niños de la puerta empezaron a gritar: "Estamos aquí, estamos aquí. Abre inmediatamente la puerta y los abraza y dice: "Estoy encantada de veros, queridos niños; estáis hambrientos y cansados; mi pobre Pedro, estáis admirado; entrad y dejad que os lo limpie. "Ahora, deben saber que Pedro es su hijo mayor, y ella lo ama más porque es un poco como una zanahoria. Se sentaron a cenar, y después de comer tan bien, los padres están contentos con sus apetitos, saben que están en el bosque. Qué miedo, casi siempre hablando juntos; los chicos buenos están felices de ver a sus hijos de nuevo, y la alegría continúa cuando las diez coronas duran. Sin embargo, cuando el dinero se acaba, vuelven a caer en la anterior inquietud, estaban decididos a perder su dinero de nuevo; y, podrían ser convencidos de hacerlo y llevarlos a una distancia más lejana que antes.

Esto es tan secreto, pero fueron escuchados por Pulgarcito, que es como él para deshacerse de esta dificultad; pero, aunque se levantó por la mañana, pero fue a recoger algunos pequeños guijarros, todavía estaba decepcionado; porque se encontró con que la puerta de la casa tenía doble cerradura y en un estado sólido, qué hacer cuando su padre les dio. Cuando todos estaban haciendo el desayuno, se imaginó que podría reemplazar las piedras con este pan y tirarlas poco a poco. Así que se lo metió en el bolsillo. Sus padres los llevaron a la parte más densa y oscura del bosque. Cuando robaron un pequeño sendero, se fueron de allí. El pequeño Pulgarcito no estaba muy inquieto por ello, porque pensó que podría usar fácilmente su pan para encontrar una salida, y el pan había sido esparcido a su alrededor. Pero cuando se dio cuenta de que no tenía tantas migas, se sorprendió. El pájaro vino y se lo comió.

Ahora están sufriendo terriblemente, porque cuanto más lejos van, más no pueden detenerlos y están llegando al bosque, más confundidos. Llegó la noche, y los violentos vientos los hicieron sentir aterrorizados. Fantaseaban con que escuchaban aullidos de lobos que venían de todas las direcciones para comérselos. No se atrevieron a hablar ni a girar la cabeza. Después de eso, llovía mucho, lo que les hacía mojarse. Cada paso que daban se resbalaba y caía en un pantano fangoso. Sus manos estaban en un estado de arrepentimiento. El meñique subió a la copa de un árbol para ver si encontraba algo más, se volvió después, finalmente vi una luz tenue, como una vela, pero aún quedaba mucho camino por recorrer desde el candelabro. El bosque. Cayó, y en el suelo, ya no podía ver, lo que le entristeció. Sin embargo, después de caminar un rato con sus hermanos, vio la luz, y cuando salió del bosque, la sintió de nuevo.

Finalmente llegaron a la casa donde estaba la luz de las velas, no sin miedo. A menudo no lo vieron; esto es lo que sucede cada vez que caen en un abrevadero. Llaman a la puerta, y una buena mujer viene a abrir la puerta. Les pregunta qué es lo que quieren. El pequeño Pulgarcito le dice que son niños pobres, y que están en el bosque Perdidos, esperando vivir allí por el amor de Dios. La mujer los vio tan hermosos y comenzó a llorar, diciéndoles: "¡Ah! Pobrecito, ¿todavía estás aquí? ¿Sabes que esta casa pertenece a un ogro cruel, que está devorando niños? "¡Qué! Querida señora", respondió Pulgarcita (él y sus hermanos temblaban en todas las articulaciones): "¿Qué debemos hacer? Si te niegas a mentir, el lobo del bosque nos devorará aquí esta noche, así que en su lugar nos comerán los caballeros. Tal vez se apiade de nosotros, especialmente si le pides que le suplique. "La esposa del Ogro cree que puede esconderlas delante de su marido hasta la mañana, dejarlas entrar y calentarlas con un fuego perfecto porque toda la oveja en la saliva se está asando para la cena del Ogro. Cuando empiezan, cuando hace un poco de calor, oyen tres o cuatro golpes en la puerta.

Este es el Ogro volviendo a casa. Después de eso, los escondió bajo la cama y abrió la puerta.

El Ogro preguntó si la cena estaba lista, sacó el vino y se sentó a la mesa. Las ovejas todavía están ensangrentadas, pero le gusta hacerlo. Olfatea a izquierda y derecha, diciendo: "Huelo carne fresca. "Su esposa dijo: "Lo que huele debe ser el ternero que acabo de matar y despellejar. "Te repito que huelo carne fresca", le dijo el Ogro a su esposa, "No entiendo algo aquí. "Cuando dijo estas palabras, se levantó de la mesa y se fue directamente a la cama. "¡Ah!" Dijo: "Mujer maldita, sé cómo me vas a engañar; no sé por qué no te voy a comer, pero tu viejo y duro cadáver es el adecuado para ti. Buen juego, excitante y afortunado de recibir a los tres ogros que conozco, me visitarán en un día o dos. "De esta manera, los sacó de la cama uno por uno. Los pobres niños se arrodillaron y le rogaron que los perdonara.

Sin embargo, están relacionados con uno de los ogros más crueles del mundo. El Ogro no se compadeció de ellos, sino que los devoró con sus ojos. Le dijo a su esposa que cuando se mezclaran con salsas deliciosas, serían platos deliciosos. Entonces, sosteniendo un gran cuchillo, se acercó a estos pobres niños y lo limpió con una considerable piedra de afilar sostenida en su mano izquierda. Cuando su esposa le dijo, "¿Qué necesitas ahora? ¿Hay suficiente tiempo mañana? "Ya ha atrapado a uno de ellos. El Ogro dijo:

"Esperándote, comerán tiernamente. "Su esposa respondió: "Pero ya tienes tanta carne que no tienes ninguna posibilidad. Así que aquí hay un ternero, dos ovejas y medio cerdo." El ogro dijo: "Sí, dales un estómago lleno, para que no se caigan y se acuesten." Las buenas mujeres se alegraron mucho de esto y les dieron la cena, pero les preocupaba no poder comer nada más.

En cuanto al Ogro, se sentó a beber de nuevo y estaba muy contento de tener dinero para curarse. Sus amigos, bebieron más de doce vasos de vino, que le pasaron por la cabeza y le obligaron a acostarse. Los ogros tienen siete hijas, todas hijas. Estos jóvenes ogros tienen un tono de piel agradable porque solían comer carne fresca como sus padres. Sin embargo, sus ojos eran todavía grises, redondos. Se engancharon. Boca llena, y dientes largos y afilados, manteniendo una distancia razonable entre ellos, aunque no traviesos, pero bastante buenos. La promesa es justa porque han mordido a algunos niños y pueden chupar sangre, se acuestan temprano y todos llevan una corona dorada en la cabeza. Hay una cantimplora de cama igualmente grande en la misma cama. Después de que la esposa del diablo tomara los siete Xiaobo, se fue a la cama con su marido.

Observando que la hija de Ogro llevaba una corona dorada en la cabeza, le preocupaba que Ogro no se arrepintiera de haberlos matado, así que se levantó a medianoche. Después de quitarse el sombrero y el sombrero de su hermano, se quitó la corona de oro que llevaba en su cabeza y en la de su hermano para que el Ogro pudiera llevarlas en las cabezas de los siete pequeños Ogros para su hija y para el niño que quería matar. Todo esto tuvo éxito según sus deseos. Como los ogros se despertarían a medianoche y se disculparían por retrasarlo hasta que hubiera podido hacerlo toda la noche, se lanzó rápidamente de la cama y cogió su gran cuchillo: "Veamos", dijo, "El gamberro hizo esto, pero no hizo dos cosas. "Luego, siguió buscando a tientas en la habitación de su hija. Al llegar a la cama, el niño estaba tendido allí, y cada uno de ellos estaba casi dormido.

Excepto Pulgarcita, encontró a los ogros asustados mientras andaban a tientas en su mente, como lo hizo con su hermano. El Ogro sintió la corona de oro y dijo: Debería hacerla hermosa. Anoche me sorprendió mucho. "Luego se fue a la cama donde estaba la chica y encontró el sombrerito del chico: "¡Ah!" Dijo: "Mis muchachos, ¿están ahí? "Después de esto, mató a las siete hijas. Fue feliz con todo lo que hizo y se fue a la cama con su esposa otra vez. Después de la pelea, despertó a su hermano y les pidió que se vistieran y lo siguieran inmediatamente. Se colaron en el jardín suavemente y por encima del muro. Corrieron casi toda la noche, temblando sin parar, sin saber a dónde iban.

Cuando el Ogro se despertó, le dijo a su esposa: "Sube y viste al joven pícaro que vino aquí anoche. "El Ogro se sorprendió por este gesto amable de su marido y no soñó con la forma en que planeaba vestirlas; pero pensó que le ordenó que las vistiera y subiera cuando se dio cuenta de que sus siete hijas estaban muertas y hirviendo en la sangre, se desmayó; esta fue casi la primera medida expeditiva que todas las mujeres descubrieron en esta situación. El Ogro se preocupó de que su esposa había estado recibiendo sus órdenes demasiado tiempo. Fue a ayudarla. Bajo esta terrible escena, se sorprendió tanto como su esposa. "¡Ah! ¿Qué he hecho? Lloró. "El Mago maldito debe pagar inmediatamente. "Luego arrojó una olla de agua en la cara de su esposa. Se dijo a sí mismo: "Date prisa", salió; y pasó mucho terreno en este campo y en aquel lugar, y finalmente llegó al camino que los pobres niños recorrieron, a no más de cien pasos de la casa de su padre.

Espiaban a los ogros, iban de montaña en montaña paso a paso, y cruzaban el río como el más estrecho. Pulgarcita vio una roca hueca cerca del lugar donde vivían, escondiendo a sus hermanos en su interior, apiñado en su interior, y se preguntaba en qué se convertirían los ogros. El Ogro está cansado del largo e infructuoso viaje (porque las botas de estas siete leguas hacen que el portador esté extremadamente cansado), tiene una gran mente para descansar, sentado en la roca por accidente, los chicos se esconden. Cuando estaba agotado, se quedó dormido. Después de descansar un rato, empezó a olerlo con horror, y los pobres niños no le tuvieron menos miedo que cuando levantó su espada para cortarle el cuello. El pequeño Pulgarcito no estaba tan asustado como sus hermanos y les dijo que mientras los ogros estuvieran tan dormidos, debían escapar inmediatamente de su casa. Y que no se preocuparan por él. Aceptaron su sugerencia y se fueron a casa inmediatamente.

El Pulgarcito se acercó a los ogros, le quitó suavemente las botas y se las puso en las piernas. Las botas son muy largas y anchas, pero como son hadas, se hacen cada vez más grandes según las piernas de la persona que las lleva. De esta manera, se ajustan a sus pies y piernas, o pueden ser diseñadas especialmente para él. Inmediatamente fue a la casa del Ogro, donde vio a su esposa llorando de dolor por haber perdido a su hija asesinada. El Pulgarcito dijo: "Su marido está en peligro y se lo ha llevado un grupo de ladrones. Si no les da todo el oro y la plata, juran matarlo. Justo cuando le meten el puñal en la garganta, tened conciencia de mí y esperad que os diga en qué está metido, y debéis darme todas las cosas de valor que tiene, sin guardar nada; de lo contrario, lo matarán sin piedad; y como es muy urgente, espera que pueda usar sus botas (ya veis que me las pongo) para poder ir más rápido y deciros que no os lo impongo. "La buena mujer se quedó tristemente sorprendida. Todo lo que tenía se lo dieron a él: porque este Ogro era un marido perfecto, aunque solía comer niños. Así, Pulgarcito recibió todo el dinero de los ogros y regresó a la casa de su padre, donde tuvo una gran alegría.

Cueva y Cóctel

Edmund es un niño. La gente que no lo quiere dice que es el chico más molesto de la historia, pero su abuela y otros amigos dicen que es curioso. Y su abuela a menudo añadía que era el mejor entre los chicos. A Edmund le gusta encontrar cosas. Tal vez piense que en ese caso, su tasa de asistencia es constante, porque si acaso, podemos aprender algo para determinar. Edmund no quiere aprender cosas: quiere descubrir cosas que son completamente diferentes. Su curiosidad le llevó a fragmentar los relojes para ver qué los hacía funcionar, cerrar la puerta y ver qué los unía. Edmund cortó la bola de goma india para ver qué la hacía rebotar y nunca vio nada más que cuando intentó el mismo experimento. Edmund vive con su abuela. A pesar de sus pensamientos, ella todavía le quería mucho. Cuando él lamía el peine de su concha con ansiedad para saber si era una concha real o algo quemado, ella casi nunca lo regañaba. Por supuesto, Edmund va a la escuela de vez en cuando. A veces no puede evitar aprender algo, pero nunca lo hizo a propósito. Decía que era una pérdida de tiempo. Sólo saben que todo el mundo lo sabe.

"Quiero encontrar cosas nuevas en las que nadie piense excepto yo. "No creo que puedas encontrar nada que todos los sabios del mundo no hayan pensado en este milenio. "Pero Edmund no estaba de acuerdo con ella. Hizo todo lo posible por faltar a la escuela porque era un chico amable y no podía evitar pensar que el tiempo y la energía de su maestro se dedicaban a un chico como él, que no quería aprender, sino que sólo quería saber cuándo había un chico así. Chicos buscando orientación en historia, lectura y encriptación, y la "auto-ayuda" del Sr. Smills. "Por supuesto, otros chicos también faltan a clase, y estos chicos están jugando, recogiendo moras o ciruelas silvestres, pero Edmund nunca ha estado en el pueblo de los arbustos. Siempre subía a la montaña, donde había altas rocas, altos y oscuros pinos, y nadie se atrevía a ir por el extraño sonido que salía de la cueva.

Edmund no tenía miedo de estos sonidos, aunque eran inusuales y aterradores. Quería averiguar qué los causaba. Un día lo hizo. Él solo inventó una nueva linterna hecha de rábanos y vasos. Cuando tomó la vela del candelabro del dormitorio de la abuela y la puso dentro, brilló con fuerza. Y tenía que ir a la escuela al día siguiente, y estaba sufriendo por la ausencia de vacaciones. Sin embargo, explicó directamente que había estado ocupado llevando linternas y no tenía tiempo para ir a la escuela. Pero al día siguiente, se levantó temprano y almorzó. La abuela estaba lista para ir a la escuela, dos huevos hervidos y un pastel de manzana, tomó la linterna y se fue directo a la montaña como un dardo para explorar la cueva. Las cuevas son oscuras, pero sus luces las iluminan. Son las cuevas más emocionantes con estalactitas, estalagmitas y fósiles, y todo lo que se lee en la guía del joven. Pero a Edmund no le importaban estas cosas en ese momento. Quería averiguar qué es lo que asustaba a la gente, y no había nada que decirle en la cueva.

Actualmente, se sienta en la cueva más crítica y escucha con mucha atención. En su opinión, puede distinguir tres sonidos diferentes. Un fuerte estruendo sonó como si un viejo caballero se hubiera dormido después de la cena. Al mismo tiempo, hubo un pequeño estruendo, un sonido fuerte y chirriante, como un pollo grande como un pajar. "En mi opinión", se dijo Edmund, "el susurro está más cerca que otros bichos". "Así que se levantó y volvió a explorar estas cuevas. Viendo una cueva, de niño, subió y se metió en ella; esa era la entrada a un pasaje de roca. "Eventualmente, algo tiene que ser encontrado." Edmund dijo, entonces, se fue. El canal está enredado, retorcido, retorcido, girado, retorcido, pero Edmund continúa avanzando. Dijo, "Mi linterna se está poniendo cada vez mejor. "Pero entonces, vio que no toda la luz provenía de su linterna. Era una luz amarilla pálida, que brillaba en el hueco de su puerta, y que brillaba en el pasillo delante de él.

"Espero que sea el fuego de la tierra. "Edmund dijo que no ha podido ayudar a aprender en la escuela. De repente, las luces delante de ellos parpadearon y cayeron. La risa se detuvo. En un segundo, Edmund dobló una esquina y se encontró frente a la puerta sólida. La puerta está abierta. Entró. Y había una cueva redonda y como la cúpula de la catedral de San Pablo. Hay un agujero en el medio de la cueva, como un enorme lavabo. En medio de la piscina, Edmund vio a un hombre blanco bastante pálido sentado allí. La cara de este hombre es la cara de un hombre, el cuerpo de un león riff, las alas de grandes plumas, la cola de una serpiente, el peine de un gallo y las plumas del cuello. "¿Qué eres? " Edmund dijo. "Soy una pobre persona hambrienta", respondió el hombre pálido con voz débil, "Moriré, ¡oh, sé que lo haré! ¡Mi fuego se ha apagado! Y no puedo saber lo que está pasando. Debo estar dormido.

Tengo que revolverlo con la cola siete veces cada 100 años para mantenerlo encendido, y mi reloj debe estar mal. Ahora, me estoy muriendo. Creo que lo dije antes que Edmund, el chico amable. "Anímate", dijo. "Encenderé un fuego para ti. "Luego se fue, y después de unos minutos cogió una rama grande del pino de fuera, llevando estas cosas y un libro o dos libros de texto que había olvidado perder, en su bolsillo por negligencia está seguro aquí, encendió el fuego. La madera se quemó, y ahora las cosas de la piscina estaban en llamas. Edmond vio que era un líquido, ardiendo como el brandy en el dragón. Sus alas lo hicieron salpicar un poco en Egipto. La mano de Edmund y la quemó gravemente. Pero la cresta se puso roja, sana y feliz, su peine se volvió escarlata, y las plumas eran suaves, se levantó por sí misma, y luego se puso a llorar. "¡Trice-a-doodle-doo! "Muy alto y claro.

Su salud mejoró y dijo: "No lo mencione, lo sé". Me emocioné cuando el pájaro comenzó a darle las gracias. "Pero, ¿qué puedo hacer por usted? "La criatura dijo, "Cuéntame un cuento", dijo Edmund. "¿Y?" dijo el pájaro. Edmund dijo. "Así empezó la taberna, le habló de minas, tesoros y formaciones geológicas, gnomos, hadas y dragones, glaciares y edades de piedra y el origen de Ciudad del Cabo. Este mundo, sobre unicornios y fénix, y la magia, en blanco y negro. Edmund comía huevos y su volumen de negocios, escuchen. Cuando volvió a tener hambre, se despidió y se fue a casa. Al día siguiente, al día siguiente, al día siguiente, al día siguiente durante mucho tiempo, les contó a los chicos de la escuela las historias y sus maravillosas historias reales. A los niños les gustaban estas historias, pero cuando se las contó al maestro, Edmund dijo: "Pero esto es verdad.

Siempre y cuando veas dónde el fuego me ha quemado las manos. "El maestro dijo que gritó por la travesura como de costumbre. Está más decidido que nunca por Edmund. El maestro es un tonto e ignorante, pero me dijeron que algunos maestros de clase no son así. Un día, Edmund hizo un nuevo farol con un producto químico que sacó a escondidas del laboratorio de la escuela. Con ella, fue a explorar de nuevo para ver si podía encontrar algo que causara otros sonidos. En otra parte de la montaña, encontró un oscuro pasadizo, todo revestido de latón, como el interior de un enorme telescopio. Al final del mismo, encontró una puerta verde brillante. Había una placa de latón con MRS escrito en ella. D. TOCA Y SUENA, y una etiqueta blanca con "Llamada de tres puntos para mí". "

Edmund tiene un reloj: el reloj fue entregado en su cumpleaños hace dos días. Por suerte para él, no ha tenido tiempo de romperlo en pedazos para ver qué lo hizo funcionar, así que sigue funcionando. Lo está mirando ahora. Dice un cuarto para tres puntos. "¿Eres un chico amable, Edmund? "Se sentó en la puerta de latón y esperó hasta las tres. Entonces llamó a la puerta con un ruido y un jadeo. La puerta se abrió y cuando un enorme dragón amarillo salió, Edmund tuvo tiempo de esconderse detrás de él. Como un largo y traqueteante gusano, el dragón, o más bien un centavo, se arrastró desde el agujero de latón. Edmund, arrastrándose lentamente, viendo que el dragón se extendía en la roca al sol, cruzó esta magnífica criatura, arrancó de la montaña, entró en la ciudad, corrió hacia la escuela y gritó: ¡Un gran dragón se acerca! ¡Alguien debería hacer esto!

"Haz algo, o todos seremos destruidos. "Fue tratado cruelmente sin demora. Su amo nunca fue el que pospuso el trabajo. "Pero esto es cierto", dijo Edmund. "Ya verás si no lo es. "Señaló por la ventana, y todo el mundo pudo ver una enorme nube amarilla que se elevaba sobre la cima de la montaña. "Era sólo una tormenta", dijo el propietario, y Edmund estaba más desolado que nunca. Este maestro no es como algunos maestros que conozco: es muy testarudo, y si le dicen algo diferente de lo que dijo, no creerá lo que ven sus ojos. Por lo tanto, cuando el maestro escribe, mentir está muy mal y debe mentir. Para ir a la pizarra, Edmund copió 700 veces. Edmund se escabulló de la escuela y corrió por todo el pueblo para avisar a su abuela, pero no estaba en casa.

Luego salió por la puerta trasera de la ciudad, subió corriendo a la montaña para avisar a la taberna y pidió ayuda. Nunca pensó que la taberna no le creyera. Verán que escuchó muchas historias hermosas de él, y todos pensaron que cuando se consideran todas las historias de una persona, deben creer su historia. Esto es justo. Edmund se detuvo sin aliento en la boca de la cueva del berberecho y miró hacia el pueblo. Cuando corrió, sintió que le temblaba la pantorrilla, y la sombra de la gran nube amarilla cayó sobre él. Ahora, se encuentra de nuevo entre la cálida tierra y el cielo azul, mirando hacia abajo a las verdes llanuras salpicadas de árboles frutales, granjas de tejados rojos y campos de maíz dorados. En medio del pueblo gris, la sólida pared hizo un agujero para el arquero, y su torre cuadrada tenía un agujero para el plomo fundido que caía sobre la cabeza del desconocido. Sus puentes y agujas; los sauces y los árboles crecen a lo largo del tranquilo río. Y el agradable jardín verde en el centro del pueblo, donde la gente toma vacaciones, fuma y escucha la banda. Edmund lo vio todo. También lo vio, arrastrándose por la llanura, marcando su camino con una línea negra, todo marchito por su toque, el enorme dragón amarillo, y la vio mucho más grande que todo el pueblo de Times. "Oh, mi pobre y querida abuela", dijo Edmond, porque tenía un sentimiento interior como debería haberle dicho antes.

Un dragón amarillo se acercaba cada vez más, lamiendo sus labios codiciosos con su larga lengua roja. Edmund sabía que su maestro seguía enseñando en serio en la escuela, y aún no creía en la historia de Edmund. Edmund se dijo a sí mismo: "En cualquier caso, pronto creerá en esto", se dijo Edmund a sí mismo. Sin embargo, era un chico muy amable, creo que decir esto es justo, me temo que no lo siente mucho. Debería haber pensado que su maestro aprendería a creer en lo que Edmund decía. Entonces, el dragón abrió su boca, cada vez más amplia. Edmund cerró los ojos, porque, aunque su amo estaba en la ciudad, Edmund, el amado, no vio el terrible espectáculo. Aunque cuando volvió a abrir los ojos, no había ninguna ciudad allí, sólo un lugar desnudo, el dragón se lamió los labios, se acurrucó y se durmió, igual que Kitty acababa de comerse al ratón. Edmond tomó un respiro o dos, luego corrió a la cueva y contó cuentos. "Bien." Cuando la historia terminó, la taberna dijo pensativamente.

"¿Entonces qué? "No creo que lo entiendas", dijo Edmund en voz baja. "El dragón engulló a todo el pueblo." ¿Importa eso? "La cacatúa dijo: "Pero yo vivo allí", dijo Edmund en voz baja. "Está bien", dijo la polla, girando en el estanque de fuego para calentar el otro lado. Hacía frío porque Edmund estaba como siempre. Olvidó cerrar la puerta de la cueva. "Puedes vivir aquí conmigo. "Me temo que no lo tengo. "Mi significado no está claro. Edmond dijo pacientemente. "Mira, mi abuela está en la ciudad, y no puedo soportar perder a mi abuela así. "No sé lo que la abuela podría ser", dijo la cacatúa que parecía aburrirse del problema. "Pero si te lo tomas en serio, entonces, "por supuesto", dijo Edmund, la pérdida de paciencia continuó. "Oh, ayúdame. ¿Qué debo hacer? "Si yo fuera tú", dijo su amigo, estirándose en el charco de llamas, para que las olas lo cubrieran bajo su barbilla, "debería encontrar la noche y traerla aquí". "¿Pero por qué? "Dijo Edmund. Ha desarrollado el hábito de preguntar por qué en la escuela, y el maestro siempre se siente duro.

En cuanto a la taberna, no soportará este tipo de cosas por un tiempo. ¡No me hables! "dijo enfadado. "Te doy un consejo. Acéptalo o déjalo, no me preocuparé más por ti. Si me traes cosas oscuras, te diré qué hacer a continuación. Si no, no es así. "Puso el fuego en su hombro, se escondió en él y se durmió. Esta es la forma correcta de manejar a Edmund, pero nadie pensó en intentarlo. Se paró un rato y miró la botella de vino; la botella de vino miró a Edmund por el rabillo del ojo y empezó a hociquear fuerte, Edmond lo supo de una vez por todas. Las botellas de vino no soportarán ninguna tontería. A partir de ese momento, respetó mucho a la cacatúa e inmediatamente siguió sus instrucciones, lo que puede ser la primera vez en su vida.

Aunque a menudo se salta la escuela, sabe una o dos cosas que tal vez no sepas, aunque siempre has sido excelente y vas a la escuela a menudo. Por ejemplo, sabe que el inframundo es el hijo del dragón, y está seguro de que todo lo que tiene que hacer es buscar la tercera de las tres voces que la gente ha escuchado de las montañas en el pasado. Por supuesto, el sonido de la risa es el, y el gran caballero como un sonido fuerte que se duerme después de la cena es el gran dragón. Por lo tanto, el ruido más pequeño debe ser oscuro. Saltó a la cueva audazmente, buscando, vagando, buscando, y finalmente, llegó a la tercera puerta de la montaña, que decía "El bebé está muriendo". "Justo antes de que los cincuenta pares de zapatos de cobre estuvieran en la puerta, nadie los miró durante un rato pero no sabía de qué tipo de pies estaban hechos, porque cada zapato tenía cinco agujeros para cinco patas de patito.

Había cincuenta pares, porque el hombre de negro tomó a su madre y tenía cien pies, ni más ni menos. En los libros que aprendió, era el que se llamaba Draco Ciempiés. Edmond se asustó mucho, pero recordó la fría expresión de los ojos de la cacatúa. A pesar de la oscura lucha, su firme determinación de jugar así seguía en sus orejas, que eran bastante grandes en sí mismas. Reunió el coraje, sacudió la puerta y gritó: "Hola, estás oscuro. Levántate ahora mismo. "El hombre oscuro ya no resopló y dijo somnoliento: "No es demasiado tarde." De todos modos, tu madre también te lo dijo; y para estar entusiasmado con esto, más importante," dijo Edmund, porque la noche no le había comido, reunió coraje. El hombre oscuro suspiró, y Edmund pudo oírlo salir de la cama. Al momento siguiente, empezó a salir de la habitación y a ponerse los zapatos. No es tan grande como su madre, sólo del tamaño de una iglesia bautista. "Date prisa", dijo Edmund, buscando a tientas el decimoséptimo zapato. "Mamá dijo que nunca me pondría zapatos para salir", dijo el hombre de negro. Por lo tanto, Edmund debe ayudarle a ponérselo. Llevó algún tiempo; esta no es una profesión cómoda. Al final, la mafia dijo que estaba listo, y olvidó que el sorprendido Edmund dijo, "Entonces ven. "Entonces volvieron a la taberna.

Esta cueva es bastante estrecha para los negros, pero la hace más delgada, al igual que se puede ver a un gusano gordo cuando quiere pasar por una estrecha grieta en un suelo duro. "Aquí", dijo Edmund, dijo que el pájaro se despertó inmediata y educadamente le pidió al pequeño que se sentara y esperara. "Tu madre estará aquí ahora, el pájaro, se incendió. El hombre oscuro se sentó y esperó, pero miró fijamente al fuego con ojos hambrientos. Al final, lo siento, "Pero, siempre estoy acostumbrado a poner una olla de fuego justo después de levantarme, y me siento desmayado. ¿Puedo hacerlo? "Extendió sus garras y la estiró hacia la olla de Feng. "Por supuesto que no", dijo Feng Cock bruscamente. "¿Dónde creciste? ¿Nunca te enseñaron "Nunca debemos pedir que veamos todo"? "¿Um? "Te lo ruego", dijo humildemente el hombre oscuro, "Pero tengo mucha hambre". "La cacatúa convocó a Edmund a un lado de la cuenca y le susurró tan seriamente en sus oídos que el pelo del chico muerto se quemó.

Por cierto, nunca se molestó en el pub y preguntó por qué. Pero cuando los susurros terminaron, Edmund-puede que mencionara que su corazón le dijo suavemente al hombre oscuro: "Si tienes mucha hambre, pobrecita, puedo decirte dónde hay un fuego. "Luego caminó por la cueva, y luego por la noche. Cuando Edmund llegó al lugar correcto, se detuvo. Hay una cosa redonda de hierro en el suelo, igual que esa gente que dispara carbón a tu sótano, sólo que más grande. Edmund apiló el carbón con un gancho en un lado, y una ráfaga de calor casi lo detuvo. Edmund dijo: "Sí, es muy fragante, ¿no? "Sí", el fuego de la tierra.

Hay muchas cosas, todas vueltas. Será mejor que bajes y empieces a desayunar, ¿no? "Así que la mano negra se retorció en el agujero y comenzó a arrastrarse más y más rápido a lo largo del eje inclinado, lo que provocó un incendio en el medio de la tierra. Y Edmund, siguiendo exactamente sus instrucciones, un milagro, agarró la pequeña cola Poner el gancho de hierro a través de ella, de modo que la noche se agarre firmemente, no puede darse la vuelta y mirar hacia arriba de nuevo para cuidar su pobre cola, porque es bien sabido que el camino que conduce al fuego de abajo es muy fácil de caer, pero es casi imposible Reignite. Y hay algo sobre esto en latín, empezando por: "¡propósito conveniente!" Así que había un hombre oscuro, apoyado fuertemente en su estúpida cola, donde Edmund estaba muy ocupado, importante y satisfecho consigo mismo.

Vuelve rápido al teatro de la ópera. Ahora", dijo. "Bien", dijo la cacatúa, "ve al hoyo y ríete del dragón para que escuche tu voz". "Edmund casi dijo: "¿Por qué?" Pero se detuvo a tiempo. Al contrario, dijo: "No puede oír mi voz…" Oh, bueno. "No hay duda de que usted sabe más. "Empezó a apretarse de nuevo en el fuego, así que Edmund consiguió su deseo. Cuando empezó a reír, su risa resonó por el agujero hasta que sonó como la risa de todo el castillo del Gigante. El dragón yacía al sol. Me quedé dormido, me desperté y dije en tono cruzado: "¿De qué te ríes? "De ti", dijo Edmund y continuó riéndose. El dragón lo había soportado, pero como todos los demás, no podía evitar que se burlaran de ella, así que ahora se arrastraba muy despacio hasta la montaña porque acababa de comer, se paró fuera y dijo: "¿De qué te ríes? "Haz que Edmund sienta que nunca más se ríe. Entonces, la excelente cacatúa gritó: "¡Además de ti! "Te comiste el chocolate negro que tragaste en el pueblo. ¡Tu bebé! ¡He, he, he! ¡Ja, ja, ja! "Edmund reunió el coraje y gritó:" ¡Ja, ja! "Sonaba como una enorme risa en el eco de la cueva. "Querida mía", dijo Long. "Creía que este pueblo estaba atascado en mi garganta. "Debo sacarlo y mirarlo más de cerca. "Así que tosió y tragó, y había un pueblo en la ladera.

Edmund corrió a la taberna y le dijo qué hacer. Así que, cuando el dragón tuvo tiempo de volver a caminar por el pueblo para encontrarla la noche anterior, la propia noche sonó un grito amargo desde la montaña, porque Edmund se esforzaba por pellizcar su cola en la puerta redonda de hierro, como una persona que echa carbón de un saco en el sótano. Durante mucho tiempo se oyó la voz que decía: "¿Por qué hay algo malo en el bebé? ¡No está aquí! "Adelgaza, sube a la colina para encontrar su noche. La cafetería se ha reído mucho, Edmund ha estado pellizcando, y ahora, un enorme, largo y estrecho dragón le ha hecho encontrar su cabeza, que tiene un agujero redondo cubierto de hierro. Su cola está a una o dos millas de la montaña. Cuando Edmund la oyó llegar, dejó el último hueco en la cola del hombre oscuro y levantó la tapa y se puso detrás de ella, para que el dragón no pudiera verlo.

Luego, soltó la cola oscura del anzuelo, y el dragón se asomó por el agujero a tiempo para ver que la cola de su cola negra clara desaparecía suavemente, y en el eje inclinado, había un sonido de hormigueo al final. No importaba cuáles fueran las otras faltas del pobre dragón, era una madre excelente. Primero extendió su cabeza en el agujero y la deslizó hacia abajo después de dar a luz. Edmund miró su cabeza y luego al resto de ella. Era tan larga, que se puso delgada y pasó toda la noche. Era como mirar un tren de carga alemán. Cuando la última articulación de su cola desapareció, Edmund cerró de golpe la Puerta de Hierro. Como era de esperar, era un chico amable, y se alegraba de pensar que el dragón y el inframundo tendrían ahora mucho que comer para siempre. Agradeció a la cresta del gallo por su amabilidad, volvió a casa a tiempo para desayunar, y se fue a la escuela a las nueve en punto. Por supuesto, si el río ubica el pueblo en medio de la llanura, no lo haría en ese viejo lugar, pero ya estaba arraigado en el dragón dejándolo en la ladera. El maestro dijo: "Bueno, ¿dónde estuviste ayer? "Edmund explicó que el dueño le frustró inmediatamente porque no dijo la verdad.

"Pero esto es verdad", dijo Edmund. "Por qué, el pueblo entero fue tragado por el dragón. "Sabes que es…" Tonterías.

"El capitán dijo: "Hay tormentas y terremotos. Eso es todo. "Él ama a Demand más que nunca. "Pero", dijo Edmund, incluso en las situaciones más desfavorables, siempre discutía: "¿Qué piensas de este pueblo en las laderas ahora, en vez de en la orilla del río como antes?" Siempre en la ladera. Gran Maestro. Los estudiantes de todas las clases dicen lo mismo porque tienen más sentido que discutir con la persona en muletas. "Pero mira el mapa", dijo Edmond, no importa dónde estuviera, no se le discutiría. El anfitrión señaló el mapa en la pared. ¡Hay un pequeño pueblo en la ladera de la colina! Por supuesto, nadie más que Edmund pudo ver la conmoción devorada por el dragón destruyendo todos los mapas y haciéndolos mal. Entonces el dueño mató a Edmund otra vez, explicando que no era por deshonestidad, sino por su molesto hábito de hablar. Esto le mostrará al dueño de Edmund, una persona ciega e ignorante cuán diferente del respetable y destacado director de la escuela, donde sus buenos padres son suficientes para enviarle.

Al día siguiente, Edmund pensó en mostrar el gallo a la gente y convencer a otros de ir a la cueva con él para probar su historia. Sin embargo, el gallo ya se había cerrado en sí mismo y no abría la puerta. Edmund no tiene más que regañar. Lleva a la gente a perseguir gansos salvajes. Dijeron.: "Los gansos salvajes no son para nada como las cacatúas. "El pobre Edmund no dijo nada, aunque sabía lo equivocados que estaban. La única persona que creía en él era su abuela. Pero en ese momento ella era vieja y amable, siempre diciendo que él era el mejor chico. Sólo hay una cosa buena en estas largas historias. Desde entonces, Edmund nunca ha sido un niño idéntico. No tuvo una discusión tan grande. Aceptó el aprendizaje de cerrajero para que un día pudiera quitar la cerradura de la puerta principal de la taberna y aprender más cosas que nadie más sabía. Pero ahora es un hombre grande; ¡no ha abierto esa puerta!

Las Piedras de Plouvinec

En el pequeño pueblo de Plouvinec, un pobre cantero llamado Bernet vivió una vez. Bernet es un joven honesto y trabajador, pero nunca parece tener éxito en el mundo. Tanto como puede, siempre es pobre. Esto le entristeció mucho, porque se enamoró de la bella Madeleine Pornec, la hija del hombre más rico de Plouvinec. Madeleine tiene muchos pretendientes, pero no le importa excepto por Bernet. A pesar de su pobreza, estaba feliz de casarse con él, pero su padre era codicioso y lujoso. No quería un yerno pobre. Madeleine era tan hermosa que quería que se casara con algún rico en negocios o un granjero rico. Sin embargo, si Madeleine no puede proveer a su marido con Bernet, se asegurará de no tener a nadie. El invierno está aquí, Bernet se encuentra más doloroso que nunca.

Pocas personas parecen necesitar taladros de piedra, e incluso si hace tal trabajo, su salario es muy bajo. Aprendió a no comer, tenía frío y hambre. Se acerca la Navidad, el propietario del Hotel Plouvinec decide hacer una fiesta para toda la gente buena de este pueblo, e invita a Bernet y a todos los demás. Estaba muy contento de asistir a la fiesta porque sabía que Madeleine estaría allí. Incluso si no tenía la oportunidad de hablar con ella, podía al menos mirarla, lo que era mejor que nada. La fiesta es muy buena. Hay muchas comidas aquí, y son las mejores, y los invitados tienen una comida completa, se vuelven más felices. Si Bernet y Madeleine comen menos y hablan menos, nadie se dará cuenta de esto. La gente está demasiado ocupada llenando sus estómagos y riéndose de los chistes. Cuando la puerta se abrió a empujones, la diversión llegó a su punto máximo, y un mendigo andrajoso se deslizó en la habitación. Cuando lo vio, la risa y la alegría desaparecieron. Este mendigo es bien conocido por toda la gente del pueblo, aunque nadie sabe a dónde va y por dónde deambula.

Era astuto y astuto, tenía miedo y le disgustaba porque se decía que tenía malos ojos. Lo sea o no, es bien sabido que nadie lo ha ofendido antes de tiempo sin sufrir ninguna desgracia. He oído que hay una gran fiesta aquí esta noche", susurró Qibe, "Todo el pueblo se siente atraído por ella". Tal vez, después de que todos hayan terminado de comer, haya algunos escombros que pueda recoger. "Hay muchos escombros", respondió el propietario, "pero nada que haya desperdiciado para nadie esta noche. Ponga una silla en la mesa y coma algo de manera informal. Lo que dijo el casero no lo hizo muy feliz. Es realmente desafortunado que mendigar en su casa toda la noche para malcriar a los invitados. Qibe le pidió al casero que negociara con la mesa, pero la diversión y la alegría llegaron a su fin, y ahora los invitados empezaron a dejar la mesa. Después de dar las gracias al anfitrión, volvieron a su casa. Satisfecho, empujó la silla de la mesa. Comí muy bien.

"Le dijo al propietario. "¿Puedo pasar la noche en un rincón ahora? "Hay un caballo en el establo", respondió amargamente el propietario. "Y todas las habitaciones de la casa están llenas, pero si eliges dormir en un pajar limpio, no soy yo quien te lo niega. "Bien, estoy satisfecho con esto. Llegó al establo de los caballos, donde se durmió en un heno blando y pronto se durmió. Llevaba varias horas durmiendo, era medianoche, y de repente se despertó y sintió que no estaba solo en el caballo. En la oscuridad, dos extrañas voces hablaban juntas. "Bueno, hermano, ¿cómo ha sido desde la Navidad del año pasado?" Preguntó una voz. El otro hermano respondió, lamentable, lamentable, pero lamentable. Dijo: "Creo que el trabajo de los últimos doce meses es más pesado que nunca. "Qibe se acostó en el heno y escuchó, preguntándose quién podía hablar allí esa noche durante una hora, y encontró la voz que venía del puesto cercano; la vaca y el burro estaban hablando juntos.

Begging se sorprendió tanto que casi gritó. Aun así, mantuvo la compostura, y recordó una historia que a menudo escuchó pero que nunca oyó. Se creía que cada noche de Navidad, las bestias tontas del establo utilizarían a los humanos en poco tiempo. Hablando en lenguaje. Se dice que esas personas afortunadas a veces aprenden extraños secretos de este conocimiento. Suplicar el ahora yace en todos sus oídos, apenas atreviéndose a respirar para no molestarlos. Este también es un año difícil para mí. "El ganado respondió a lo que el burro acababa de decir. "Mi amo tendrá algunos tesoros escondidos bajo las piedras de Plouvinec. Entonces podrá comprar más vacas y más burros, para nosotros, este trabajo será más fácil. "¡Bebé! Preguntó el burro. La vaca parecía sorprendida. "¿Nunca has oído hablar de ella? Creía que todo el mundo conocía el tesoro escondido bajo la piedra. "

"Cuéntame", dijo el burro, "porque me gusta mucho una historia. "La vaca no quería hacerlo. De repente, empezó: "¿Conoces la tierra yerma de las afueras de Plouvinec y esa enorme piedra, tan grande que hace falta más que un equipo de ganado para arrastrarla de su lugar?" Sí, el burro también conocía las tierras baldías y las piedras. A menudo las pasaba en su viaje a los pueblos vecinos. Se dice que enormes tesoros de oro están escondidos bajo estas piedras. "Esa es una historia; es bien conocida. Pero nadie vio el tesoro; celosamente, la piedra lo protegió. Sin embargo, una vez cada 100 años, la piedra fue al río a beber agua. Y sólo caminaron durante unos minutos; luego, frenéticamente volvieron a su lugar original para cubrir su oro de nuevo, pero si alguien pudiera estar en el páramo durante unos minutos, sería un espectáculo maravilloso estar allí. Ver cuando la piedra se fue. Durante cien años, sólo pasó una semana antes de que la piedra bebiera. "Entonces, el tesoro será descubierto de nuevo en una semana a partir de la noche… " "Pregúntale al burro. "Sí, exactamente dentro de una semana, a medianoche. "Ah, si nuestro amo lo supiera", el burro suspiró pesadamente.

"¡Si podemos decírselo! "Entonces podría ir a la salud, no sólo a ver el tesoro, sino también a recoger un saco para sí mismo. "Sí, pero incluso si lo hiciera, nunca volvería con vida. "Como le dije, estas piedras están muy celosas de sus tesoros, a sólo unos minutos de distancia. Cuando recogía el oro y estaba a punto de escapar, la piedra volvía y lo convertía en polvo. "El saco que estaba muy emocionado por la historia y se estremeció ante estas palabras. "Entonces, ¿nadie puede quitárselo?" Pregúntele al burro. "Yo no he dicho eso. La piedra está encantada. Si alguien puede encontrar el trébol de cinco hojas y llevárselo al páramo, la piedra no le hará daño, porque el trébol de cinco hojas es una poderosa planta mágica. De todas las cosas encantadas, esas piedras están encantadas. Entonces, todo lo que necesita es tener un trébol de cinco hojas. "

"Si lleva la piedra con él, la piedra no le hará daño. "Puede escapar a salvo con el tesoro, pero no le sirve de mucho. A menos que haya vida humana, el tesoro se derrumbará con los primeros rayos de sol. Fue dedicado a la piedra en el páramo antes del amanecer. "¿Quién más daría una vida humana por el sacrificio? "El burro lloró. "Estoy seguro de que no nuestro amo. "La vaca no respondió, y ahora los burros están en silencio. Ya pueden hablar con voces humanas. En un año más, se convertirán en bárbaros estúpidos de nuevo. En cuanto a la bolsa, se acostó en el heno y sacudió la cabeza con entusiasmo. La vista de la riqueza incontable brilla delante de mí. ¡El tesoro de Plouvinec! Si lo consigue, se convertirá en el hombre más rico del pueblo. ¿En el pueblo? No, en todo el país. Sólo míralo y ocúpate de él durante unas horas. Pero, era imposible y seguro hasta entonces, era necesario encontrar el trébol de cinco hojas.

El primer amanecer se asomó de mendigar de rodar en el heno, y luego lo envolvió en harapos, escabulléndose del establo y caminando hacia el campo. Allí, empezó a buscar un montón de tréboles. Estos no eran difíciles de encontrar. Estaban por todas partes, aunque la mayoría de ellos estaban ahora marchitos. Encontró y revisó si había grupos de tréboles. Aquí y allá, encontró que había un tallo, había cuatro hojas en el tallo, pero ninguno de ellos tenía cinco hojas. Al caer la noche, la oscuridad le hizo dejar de buscar, pero al día siguiente empezó de nuevo. Volvió a fracasar. Por lo tanto, día tras día, un día pasó, y hasta ahora, todavía no ha encontrado lo que quiere desesperadamente. Perdió los estribos y se decepcionó. Se escabulló durante seis días. Al amanecer del séptimo día, ya estaba desanimado y sólo cazó unas pocas horas. Entonces, aunque todavía amanecía, decidió dejar de buscar. Su cabeza caída se dirigió a la aldea. Cuando pasó junto a un montón de rocas, notó un trébol creciendo en la brecha.

Perezosamente, sin esperanza de éxito, se inclinó y comenzó a estudiarlo paso a paso. De repente lloró felizmente. Sus piernas temblaban bajo él y le obligaron a arrodillarse. Los últimos tallos tenían cinco hojas. ¡Encontró su hierba de cinco hojas! Cuando la planta mágica se escondió a salvo en sus brazos, Qibe se apresuró a volver a la aldea. Descansaría en el hotel hasta la noche. Entonces se fue al páramo, si la historia contada por la vaca era cierta, él miraría a una vista inusual. Su camino le hizo cruzar el páramo. A medida que se acerca el anochecer, el crepúsculo está cayendo. Beg se detuvo de repente y escuchó. Hubo un extraño golpe entre las piedras. Se acercó con cuidado, mirando entre las rocas. Entonces vio una escena tan extraña para un lugar y un momento tan especial para él. Ante la piedra más grande, Bernet estaba de pie, ocupado trabajando con un martillo y un cincel. Barrió a través de la superficie de la roca. Bernet se acercó a él tan silenciosamente que no lo notó. Cuando empezó, hubo un sonido repentino cerca de sus oídos. Rogando dijo: "Esto es algo extraño para ti. "

"¿Por qué perder el tiempo caminando en un lugar tan solitario? "Bernet respondió: "La señal de la cruz nunca aparecerá; no importa que esté en el Dónde. "En cuanto a perder mi tiempo, nadie parece estar usándola en este momento. Debería gastarlo de esta manera en vez de perderlo. "Una extraña idea apareció de repente en la bolsa, y la idea era tan extraña y terrible que le hizo palidecer. Se acercó al cortador de piedras y se puso la mano en el brazo. "Escucha, Bernet", dijo. "Eres un trabajador inteligente y honesto, pero todo tu trabajo difícilmente te puede dar suficiente vida. Supongamos que quiero decirte que puedes hacerte rico de la noche a la mañana, mejor que este pueblo. El hombre más rico es más rico, así no habrá deseos que no puedas satisfacer; ¿qué pensarías? No creo que esto sea cierto, porque sé que no lo es. Te digo que es verdad," "Escucha, te lo diré. "

Se acercó a Bernet, haciendo que su boca casi tocara el oído del cantero y le susurró. La vaca cuenta la historia de un burro, la historia de un tesoro enterrado bajo la piedra de Plouvinec. Sin embargo, él es sólo una parte de la historia después de todo porque no le dijo a Bernet que alguien estaba ansioso por buscar, a menos que llevara un trébol, el tesoro sería apedreado aplastado; no le dijo que si la riqueza es quitada del páramo, se convertirá en cenizas a menos que la vida humana sea entregada a la piedra. Cuando Bernet escuchó la historia, se puso serio. Cuando miró fijamente la cara de Qing, sus ojos brillaron débilmente: "¿Por qué me dijiste esto? " él preguntó. "¿Por qué estás dispuesto a compartir ese tesoro, tal vez el tuyo propio? Si me haces rico, ¿qué esperas que haga por ti? "¿No lo ves? "Qing respondió. "Eres más fuerte que yo. Sé que soy una persona débil y me muevo lentamente. Cuando la piedra desaparezca, los dos podremos reunir más del doble que yo.

A cambio de contarte este secreto, creo que si vamos allí a recoger todo lo que podamos llevarnos, y se lo llevamos, compartirás conmigo por igual, es decir, me darás la mitad de lo que me toca. "Parece justo", dijo Bernet Lentamente, "Si esta historia del tesoro escondido resulta ser cierta, será extraño. De todos modos, iré al páramo contigo esta noche. Llevaremos algunas bolsas grandes si conseguimos una pequeña parte de oro, nunca dejaré de agradecerte lo que has dicho. "Suplicar". No puedo responder. Le temblaban los dientes, medio asustado y medio excitado. Los canteros honestos rara vez adivinan que la planificación de la mendicidad es para dedicarlo a la piedra para que se haga rico. Hasta la medianoche, Bernet y Baby lo llevaron de vuelta al páramo. La luna brilló con fuerza, su luz brilló sobre sus altísimas y sólidas piedras, y parecía imposible creer que se hubieran movido de su lugar, o que nunca más lo hicieran.

Bernet pudo ver la cruz que talló en la piedra más grande. Él y Qing yacían en un matorral de arbustos. Aparte del débil sonido del río no muy lejos, nada había pasado. El desierto, el violín en seis Plouvinec, sonaba el primero de doce. Y en ese momento, los dos vieron una cosa extraña y maravillosa. Las rocas inmóviles se mecían y se agitaban en su lugar. Hicieron un ruido penetrante, arrancándose de la casa que había estado en pie durante tanto tiempo. Luego rueda por la ladera del río, cada vez más rápido, y en el páramo, enormes tesoros brillan a la luz de la luna. "¡Rápido! ¡Rápido! "El bebé lloró con una voz aguda. "¡Volverán! No tenemos tiempo que perder. "Se dedicó con avidez al tesoro. Lo recogió con un puñado y lo metió rápidamente en un saco. Bernet siguió su ejemplo. Trabajaron frenéticamente, y pronto los dos bolsillos más fuertes estaban casi llenos. En un apuro, todo excepto el oro se olvida. Bernet buscó algunos sonidos, incluyendo ruidos y choques.

Saltó de miedo inmediatamente. "¡Mira!", gritó. "Las piedras han vuelto. Están casi sobre nosotros. Nos aplastarán. "El suplicante respondió: "Tú, tal vez, pero no. "Deberías darte un trébol. Es una hierba mágica. La piedra no tiene el poder de acariciar a la persona que la sostiene. "Aunque suplicara hablar, la piedra casi cae sobre ellos. Estaba temblando, pero seguro y levantó un trébol de cinco hojas delante de ellos. Mientras lo hacía, el equipo de la piedra se dispersó y pasó por alto un rango a cada lado de él. Luego se reunieron y se dirigieron hacia Bernet. El pobre cantero pensó que estaba perdido. Intentó rezar en voz baja, pero su lengua se le pegó a la boca por el miedo. De repente, la piedra más pesada (aquella en la que cortó la cruz) fue separada de las otras piedras. Rodando delante de ellas, se colocó delante de él como un escudo. Gris e indestructible, de pie sobre él. Por un momento, los otros parecían dudar en detenerse, mientras Bennet se apretaba contra la piedra protectora.

Luego se dieron la vuelta sin tocarlo y se acomodaron en su lugar hoscamente. Qing ya está empacando el saco. Él cree que está a salvo, pero espera dejar el páramo tan pronto como sea posible. Miró su hombro con horror. Entonces gritó, se dio la vuelta y levantó el trébol. La piedra más grande rodó hacia él. Se está muriendo. Pero la poción no tenía poder sobre la piedra marcada con una cruz. Rodó sobre el hombre triste, entrando en un lugar donde tenía que quedarse quieta durante otros cien años. Fue esa mañana cuando Bernet entró tambaleándose en el hotel de Plouvinec, el sol estaba alto. Una enorme batería fue lanzada sobre un hombro. Arrastró el segundo saco. Están llenos de oro y son tesoros bajo la piedra de Plouvinec. Desde entonces, Bernet ha sido el hombre más rico de Plouvinec. El padre de Madeleine tuvo el placer de llamar a su hijo mujer y darle la bienvenida para que se uniera a su familia. Se casó con Madeleine y vivió la vida más cómoda y feliz de su vida. Pero mientras viva, Bennett nunca estará tentado de acercarse al páramo o ver las piedras que casi lo matan.

Queendom Anait

Érase una vez, el único hijo del rey, el príncipe Vatchagan, y su valiente y confiable sirviente Nazar y el fiel pastor Zanz hicieron muchos viajes de caza. El Príncipe Vatchagan y su fiel sirviente, Nazar, caminaron hasta el pueblo de Izik y se sentaron a descansar en la primavera. En ese momento, las chicas del pueblo vinieron a buscar agua. El príncipe tenía sed y les pidió que bebieran algo. Una de las chicas llenó una jarra y una fuente y se la dio a Vatchagan, pero la otra chica sacó una jarra de su mano y derramó el agua en el suelo. Y luego llenó la jarra una y otra vez y la vació. La garganta de Vatchagan estaba seca, pero la chica continuó burlándose de él. Llenó la jarra y la vació seis veces, y finalmente se la dio.

Bebió y le preguntó a la chica: "¿Por qué no me dejas beber inmediatamente? ¿Estás jugando conmigo y burlándote de mí o qué? "La chica respondió: "No, no nos burlamos de los extraños en nuestro pueblo, pero estás cansada y con calor, y el agua fría puede haberte hecho daño. Te di tiempo para que te calmes. "Las palabras de la chica sorprendieron a Vatchagan, y su belleza lo fascinó. Preguntó: "¿Cómo te llamas? "Anait", dijo la chica. "¿Quién es tu padre? "Es Zanz, el pastor. Aunque, ¿por qué quiere saber nuestro nombre? "¿Es malo preguntar? "No lo creo. Pero eso te dice que necesitas decirme tu nombre y que de dónde vienes no es tan malo. "¿Debo decirte la verdad o mentirte? "Si crees que es más valioso. "Creo que debería ser la verdad, pero la verdad es que no puedo revelar mi nombre todavía. "

"Muy bien, pero al mismo tiempo, por favor, devuélveme mi jarra. "Adiós al hijo del rey, Anait tomó la tetera y se fue. El príncipe, su sirviente de confianza y su perro regresaron a casa. El corazón de Vatchagan está pesado. Su madre, la reina, se acercó a él y le preguntó: "Querido Vatchagan, ¿estás enfermo? "Madre, la alegría de la vida ya no me atrae. Estoy ansioso por ir a Irak en el desierto. El pueblo de Chik está casado con la pastora Anait. "La reina se sorprendió ante la perspectiva de que su hijo se casara con la hija del pastor, y su marido, el Rey, estaba sinceramente de acuerdo con ella. Pero Vatchagan no tendrá noticias de otras novias. Al final, el rey y la reina aceptaron a regañadientes su elección. Enviaron al fiel camarero de su hijo, Nazar, y a dos nobles a Izik para pedirle ayuda al pastor Zanz. Alan recibió a los visitantes con hospitalidad.

Los invitados se sentaron en la alfombra que Alain pavimentó para ellos. "¡Qué hermosa alfombra! Nazar dijo: "¿Tal vez la hizo tu esposa? "El viejo pastor dijo: "No tengo esposa, murió hace unos diez años. "Mi hija Anait teje alfombras. "Uno de los nobles dijo: "¡Incluso en la tienda de nuestro rey, ninguna alfombra es más hermosa que ésta! Nos alegra saber que su hija es una artista. "Sus virtudes se rumorean en el palacio. Hemos sido enviados aquí para discutir esto con usted. ¡Espera que casen a su hija con su único hijo, el heredero del trono, el príncipe Vatchagan! "Los nobles esperan que Alan se levante de la alegría cuando oiga esta inesperada noticia, al menos al principio. Pero Zanz no lo hizo.

Bajó la cabeza, siguió el diseño de la alfombra con los dedos y se quedó en silencio. Nazar le dijo: "Hermano Zanz, ¿por qué estás tan triste? Te trajimos noticias alegres, no tristes. No nos llevaremos a tu hija por la fuerza. Si estáis de acuerdo, la echaréis; si no, os la quedaréis. "Querido invitado", dijo Alan, "el hecho es que no tengo derecho a decidir con quién se casa mi hija. Ella debe decidir por ella. Si ella está de acuerdo, entonces yo no tengo derecho a objetar. "En ese momento, Anait entró, llevando una cesta de fruta madura. Se inclinó ante los invitados, puso la fruta en la bandeja, la sirvió y se sentó en el telar. Los nobles la observaron de cerca y se sorprendieron de la velocidad de sus dedos que volaban de un lado a otro, tejiendo el diseño. "Anait, ¿por qué trabajas sola? "preguntó Nazar. "Hemos oído que has enseñado a muchos estudiantes a tejer. "Ella dijo: "Sí". "Pero les dejo recoger uvas. "También escuché que enseñaste a los estudiantes a leer y escribir… "Sí, así es. Los pastores leen mientras crían sus rebaños y se enseñan unos a otros.

Los troncos de todos los árboles de nuestro bosque están cubiertos de texto, las paredes de la fortaleza, la piedra y alguien tomó un trozo de carbón y escribió una palabra, otros continuaron. "Está escrito, así que nuestras colinas y valles están llenos de texto. "Nazar, el sirviente del príncipe suspiró: "Con nosotros, el aprendizaje no está tan desarrollado. "Los habitantes de la ciudad son perezosos. Pero si vienes a nosotros tal vez puedas enseñarnos a todos a leer y escribir. ¡Simula, deja de trabajar! Tengo cosas importantes que discutir contigo. ¡Mira lo que te ha dado el rey! Sacó vestidos de seda y joyas preciosas. Anait los miró con indiferencia y luego preguntó: "¿Por qué es el rey tan cortés conmigo? "El príncipe Vatchagan, el hijo de nuestro rey te ve en la primavera. "Le das agua, le gustas. El rey nos ha enviado para invitarte a ser la esposa de tu hijo. Si estás de acuerdo, este anillo, este collar, estos brazaletes... ¡son todos tuyos!

"Entonces el cazador en el pozo es el hijo del rey? "Sí. Es un joven muy hermoso. "Pero déjeme preguntarle una cosa: ¿hará negocios? "Anait, es el hijo del rey. "Todos los ciudadanos son sus sirvientes. No necesita saber la transacción. "Sí, pero a veces incluso el amo puede verse obligado a convertirse en un sirviente. "Todos deben saber un trato, ya sea un rey, un sirviente o un príncipe. El noble se sorprendió mucho con las palabras de Anait: "¿Así que te niegas a casarte con el hijo del rey porque no entiende de comercio? "El noble preguntó. Recupera todos los regalos que has traído. ¡Dile al hijo del rey que me gusta bastante, y espera que me perdone! Juro que nunca me casaré con un hombre que no entienda de comercio. "Vieron que la decisión de Anait era firme, así que no insistieron. Se fueron a casa y le informaron de todo al rey.

Cuando el rey y la reina escucharon la experiencia de Anait, se sintieron aliviados después de responder, y estaban convencidos de que Vatchagan cambiaría la idea de casarse con una campesina. Al contrario, dijo: "Anait tiene razón. Tengo que dominar algunas artesanías como todos los demás. "Por lo tanto, el rey no tuvo más remedio que convocar a sus nobles a una reunión parlamentaria, y anunciaron unánimemente que el hijo del rey aprendería la artesanía más adecuada es el arte de tejer telas de oro. Enviaron a alguien a Persia para contratar a un artesano experto, y en un año, Vatchagan aprendió a tejer telas con habilidad. Tejió un trozo de tela para Anait con un precioso hilo de oro y se lo envió. Cuando Anait la recibió, dijo: "Dime.

Mi rey aceptó que me casara con el hijo del rey y le diera esta alfombra como regalo. "La boda duró siete días y siete noches. Poco después de la boda, el amigo de Vatchagan y camarero de confianza Nazar desapareció repentinamente. Después de una extensa búsqueda, no se encontró ningún rastro de él. Al final, toda esperanza de volver a encontrarlo fue abandonada. Unos años más tarde, el rey y la reina vivieron hasta una edad madura y ambos murieron. Anait se convierte en la reina. Un día, Anait le dijo a su marido: "Rey mío, he notado que la gente dice que todo en nuestro reino está bien, pero ¿qué pasa si no lo dicen todo? Tal vez deberías revisar todo de vez en cuando. El país, a veces disfrazado de mendigo de ocasiones, a veces vestido de obrero o de empresario. "Tienes razón, Anait", dijo el rey Vatchagan. "En los pasados viajes de caza, conocía mejor a mi gente. ¿Pero cómo salgo ahora? ¿Quién puede gobernar el reino sin mí? "Anait dijo: "Yo lo haré, nadie te conocerá. No aquí. "Entonces empezaré mañana.

Si no he regresado en veinte días, sabrás lo que me ha pasado, o ya no estaré vivo. "Por lo tanto, el rey Vatchagan, disfrazado como un simple granjero, se dirige a su reino. Finalmente, se acercó a la ciudad de Perodj. En las afueras de Perodj, un grupo de ladrones lo atacó de repente. El ladrón le arrebató todo su dinero y lo arrastró a una cueva en lo profundo del bosque. La entrada está fijada con una puerta de hierro. El ladrón sacó una llave enorme, abrió la puerta y tiró a Vatchagan dentro. Luego entró y golpeó la puerta de hierro detrás de ellos. El ladrón arrojó a Vatchagan a la pared. Gruñó: "¿Qué oficio (si es que lo hay) conoces? "¡Puedo tejer una tela de oro tan preciosa, que es cien veces más valiosa que un simple hilo de oro! "

"¿Tu ropa vale tanto dinero? "No estoy mintiendo. Además, ¡puedes verificar el precio en cualquier momento! "Está bien, lo haré. Dime qué instrumentos y materiales necesitas, y entonces podrás empezar a trabajar. Pero, si tu trabajo no vale tanto como dices, no sólo te enviaré al matadero, sino que primero te torturaré. "Los ladrones salieron de la puerta y cerraron la puerta tras él. Al descubrir que estaba cortado, Vatchagan se adentró en la cueva. Caminó durante un rato. De repente, una luz tenue apareció frente a él. Caminó hacia ella, llegó a una depresión en la cueva, y cantó y lloró desde allí. De repente la sombra lo envolvió. A medida que la distancia se acercaba, la sombra parecía tomar la forma de un hombre.

Vatchagan dio un paso al frente y gritó: "¿Quién eres? ¿Un hombre o una bestia? ¡Si eres un hombre, por favor dime dónde estoy! "La sombra se acercaba cada vez más y la vieron como un hombre. Pero estaba tan delgado y deshuesado que parecía más bien un esqueleto viviente. Tartamudeó y gritó: "Ven conmigo. Te lo contaré todo. "Guió al rey por el amplio corredor. Mucha gente pálida se sienta y trabaja allí. Algunos cosen, otros tejen y otros bordan. El mago, que parecía un cráneo, le explicó entonces: "Ese monstruo, el ladrón que te trajo aquí, nos atrapó hace mucho tiempo. No sé cuánto tiempo hace, porque aquí no tenemos ni día ni noche, sólo la eternidad del Crepúsculo. Los que no conocen los oficios son robados y asesinados y los que conocen los oficios deben trabajar como esclavos hasta la muerte.

Vatchagan mira más de cerca al hombre y reconoce a su amable y fiel Nasa el sirviente. Pero no le dijo nada porque temía que el choque matara al hombre débil. Un miembro de la banda de bandidos, un hombre alto, rápidamente proporcionó los materiales solicitados, y entonces Vatchagan comenzó a trabajar. Tejió una maravillosa tela de oro cubierta con varios patrones y escribió una completa descripción de todo lo que pasó en la cueva. Sin embargo, no todos pueden entender el verdadero significado del diseño. Cuando Vatchagan le dio la tela terminada, el alto ladrón estaba muy contento. Vatchagan dijo, "Le dije a su líder que mis ropas valen menos de cien veces el peso del oro. Entre tú y yo, esta cosa en particular es el doble de valiosa, porque he tejido algunos amuletos mágicos en ella, es una lástima. No todos entenderán su verdadero valor.

¡Sólo la sabia Reina Anait puede conocer el verdadero valor de este trabajo! "Al escuchar esta noticia, el gran ladrón decidió no decir nada a nadie, ni siquiera a su jefe de ladrones. En cambio, el ladrón decidió vender un trozo de tela a la reina en secreto, y luego poner todo el dinero en su bolsillo. Durante este período, el gobierno de la Reina Anait en el país era tan bueno que todo el mundo estaba satisfecho, y nadie sospechaba que el rey estaba allí. Pero Anait estaba muy preocupado. Habían pasado tres veces desde que su marido dejó el cargo. Diez días, lo que significa que su marido lleva ahora un retraso de diez días. En su sueño, vio todas las desgracias que le sucedieron. El perro pastor Zanzi seguía llamando, y el caballo de Vatchagan no tocaba su comida, pobremente, como un pequeño pony abandonado por su madre.

Incluso el río había hecho sonidos ominosos, pero ningún sonido. Todos estos malos presagios aterrorizaron a Anait. Incluso temía a su sombra. Una mañana, le dijeron que un hombre de negocios era de un país extranjero y quería mostrarle algunas mercancías. Ella se lo llevó. El hombre de negocios se inclinó ante la reina y le entregó una tela de oro doblada en una bandeja de plata. Ella no miró el diseño que yo miré y dijo, "¿Cuál es el precio de su tela? "Amable Reina, el valor del oro es trescientas veces el del oro. Sólo se cuenta el material y la calidad del oro. "En cuanto a mis esfuerzos por obtener esta riqueza y traérsela, creo que la obtendrá. "¿Qué, esa tela es tan cara? "Querida Reina, este trozo de tela contiene un poder misterioso. "¿Ha visto estos diseños?

No sólo son diseños convencionales, sino también amuletos mágicos. Los que los llevan siempre serán felices. "¿En serio? "Anait sonrió y extendió la tela. Vio que no había amuletos en ella, sino una serie de diseños hechos con letras. Los leyó en silencio, y este es el mensaje que este libro le transmite:

"Simulación", estoy en una situación horrible. La persona que le trajo esta tela es uno de los monstruos que nos hizo cautivos. Nazar está a mi lado. Al este de la ciudad de Perodj, en el cartel de la Puerta de Hierro, cerca de un lago creciente que nos busca en la cueva. Date prisa, porque sin tu ayuda, pronto pereceremos. Vatchagan. Anait leyó el mensaje dos veces y fingió apreciar el diseño. Luego dijo: "Tienes razón. No me sentí abatida hasta esta mañana, pero al ver estos diseños, me sentí feliz y alegre de nuevo.

Sus ropas no tienen precio, y estoy dispuesto a pagar medio reino por ellas. Pero como sabes, ninguna creación es más valiosa que el creador. "¡Larga vida a la sabia reina que dice la verdad! "Entonces tráeme a la persona que hizo esta tela. ¡Debería ser pagado tanto como sea posible en reconocimiento de su trabajo! "El hombre alto y codicioso respondió: "Amable reina, no sé quién tejió esta tela. Se la compré a un hombre de negocios en la India. Él se lo compró a otro hombre de negocios. ¿De dónde ha salido? Lo sé. "Pero estás hablando solo, y los materiales y la mano de obra cuestan trescientas veces el peso del oro. "Si no haces la ropa tú mismo o no sabes quién la hace, ¿cómo sabes cuánto costará? "Amable Reina, sólo le digo lo que me dije a mí mismo en la India, pero yo… "¡Basta! "Anait lloró. "¡Sé quién eres! "¡El guardia, agarra a esta persona y mándala a la cárcel! "Después de que el hombre se fue, Anait ordenó una alarma.

Los ciudadanos se susurraron ansiosamente entre sí y se reunieron en el palacio. Nadie supo lo que pasó. Anait salió al balcón de pies a cabeza. "¡Ciudadano! "Lloró. "La vida de tu rey está en grave peligro. Todos los reyes que lo aman deben seguirme. Al mediodía, debemos estar en Perodj. "En una hora, todos estaban armados y cabalgando. Anait montó en el caballo y ordenó: "¡Adelante! ¡Venid conmigo! "A Perodj, la multitud le siguió. Sólo ató su caballo cuando llegó al lago creciente al este de la ciudad. Anait pronto se dio cuenta de la puerta de la cueva que entraba por la orilla del lago. Aunque estaba hábilmente escondida por arbustos y ramas caídas, brillaba al sol. Se acercó a la puerta y ordenó que se abriera, que se callara. Hizo un fuerte ruido y repitió sus órdenes.

Todavía no hay respuesta. Cuando supo que no podía forzar la puerta de hierro cerrada, Anait distribuyó docenas de herramientas y ordenó a todos los ciudadanos que cavaran lejos de la piedra alrededor del agujero. Con tantas manos trabajando, pronto, un agujero emergió de la piedra, luego uno tras otro, y luego el agujero se expandió. Finalmente, el caballo de Anait pasó por la piedra más débil entre los agujeros. Entonces, es fácil quitar la puerta por completo. Los ciudadanos observaron todos estos esfuerzos con asombro. Anait gritó: "¡Cierren, vean lo que se esconde detrás de estas puertas! "La terrible visión vio los ojos de los ciudadanos. La gente que se arrastra fuera de las terribles mazmorras se parece más a fantasmas que a criaturas. Estaban cegados por la luz y andaban a tientas sin rumbo. Lo último que apareció fue Vatchagan y Nazar, apoyándose mutuamente y protegiendo los débiles ojos de la luz del sol. Los soldados de Anait llevaron a cabo una operación que no podía caminar. Anait sabía que la banda de bandidos y su líder debían esconderse en lo profundo de la cueva.

Nazar sugirió dónde podría encontrarlos. Poco después, ella y sus luchadores salieron de la cueva, arrastrando a los miembros de la banda de bandidos detrás de sus caballos, y todos fueron atados fuertemente con una cuerda. Anait se apresuró a la tienda que había montado a toda prisa y llevó a Vatchagan y a Nazar allí. Luego se sentó junto a su amado esposo. El fiel servidor Nazar lloró, besó la mano de la reina y dijo: "¡Oh, gran reina, hoy nos has salvado! "Te equivocas, Nazar. " Vatchagan dijo. "Hace años, cuando le preguntó al hijo de tu rey si conocía el trato, ¡nos salvó! "La historia de las aventuras de Vatchagan se extendió por todas las ciudades y pueblos del reino. Incluso en otros países, la gente habla de ellas y alaba a Vatchagan y a Anait. Los bardos populares escriben canciones en su honor y cantan de pueblo en pueblo. Así es como las historias de Vatchagan y Anait pasan a través de los tiempos y continúan hasta hoy.

El Festival de los Lamentos

Érase una vez un bosque compuesto de pequeños árboles que crecían todos juntos. Habían sido plantados por un trabajador excepcionalmente viejo que se ocupó de que todos crecieran rectos y sólidos. Sea como fuere, la zona estaba azotada por brisas sólidas, y los pequeños árboles preferían mantener una distancia estratégica de las ráfagas de viento, así que torcieron sus troncos y ramas para protegerse.

El anciano, al darse cuenta de que nunca se desarrollaría bien de esta manera, se puso a arreglarlos, y pasó muchas horas atando sus delgados troncos a los postes de apoyo, confiando en que sus adorados árboles comprenderían que estaba haciendo esto en su beneficio.

En cualquier caso, esos árboles retorcidos querían soportar ese viento. No les importaba que el anciano les garantizara que cuando fueran altos y erguidos, el aire no les molestaría ni un garabato. Siempre se las arreglaban inclinándose y curvándose, evitando la brisa. Sólo uno de esos árboles, que se encuentra justo en el centro del bosque, se limitaba a crecer erguido, soportando con calma las irritantes ráfagas.

Pasaron los años, y el anciano pateó el balde. Además, a partir de ese momento, los árboles pudieron desarrollarse; en cualquier caso, amaban, retorciéndose y encorvándose por la brisa de forma similar; sin embargo, querían, que nadie les molestara por ello. Todos, es decir, con excepción del único árbol consecutivo en el punto focal del bosque, que permaneció resuelto a crecer de manera similar a como debería hacerlo un árbol.

En cualquier caso, a medida que el bosque se desarrolló, y los árboles se hicieron más gruesos y aterrizados, comenzaron a escuchar las divisiones desde el interior. Sus ramas y troncos esperaban seguir desarrollándose. Los árboles se doblaron hasta tal punto que el desarrollo inflexible que estaban encontrando sólo les trajo tormento y perdurabilidad, incluso más que la perdurabilidad de la que habían mantenido una distancia estratégica al mantenerse alejados de la brisa. Cada día y cada noche, en las profundidades del bosque, se podía oír el rompimiento y el chasquido de los árboles, y parecía como si fueran gemidos y llantos. También, alrededor de esa zona, el lugar se conoció como el bosque de los lamentos.

Además, era un lugar con un encanto extraordinario ya que, directamente en su interior, rodeado por un gran número de árboles cortos, nudosos y doblados, se alzaba un árbol notable que era largo y recto como ningún otro. Además, ese árbol, el que nunca chirrió ni se partió, siguió desarrollándose y desarrollándose, sin preocuparse por la caprichosa brisa.

Un Niño Pequeño como Sam

Sam vivía en un pueblo donde el clima cambiaba con las estaciones, así que cada otoño, su familia reunía todas sus pertenencias y se trasladaba al sur, donde hacía calor en invierno.

A Sam no le importaba mudarse al sur en otoño y volver en primavera, así que un día, mientras su familia estaba presionando, le dijo a su madre: "Preferiría no mudarme al sur por el invierno". Quiero quedarme en casa."

Su madre le respondió: "No, no podemos quedarnos porque nos congelaríamos hasta morir. "

Sea como fuere, Sam no confiaba en ella porque nunca había estado allí cuando hacía mucho frío afuera.

Sam intentó persuadir a su madre de que está bien que se quede.

Declaró: "Generalmente no hace frío. Eso es sólo una fantasía, similar a los unicornios junto con los dragones. "

Su madre le preguntó: "¿Qué te hace pensar que los unicornios y los dragones son una leyenda? "

"Lo dijeron los ancianos de la plaza del pueblo", respondió Sam.

"Considerando todo, los hombres de la plaza del pueblo no siempre tienen ni idea de lo que están discutiendo. Los unicornios y los dragones son genuinos, y en invierno hace mucho frío", dijo la madre de Sam.

Sam concluyó que se quedaría en casa de todos modos, así que cuando el pueblo comenzó su viaje hacia el sur, se cubrió, para que nadie viera que no estaba con ellos.

En el momento en que empezó a hacer frío, Sam lamentó no haber estado con su madre.

Se puso más y más frío… y estaba casi congelado cuando oyó abrirse la puerta principal.

Creyendo que sus padres habían regresado a buscarlo, corrió a la habitación delantera… y casi corrió directamente sobre el pequeño dragón que había entrado.

Sam nunca había visto un dragón, así que no entendía lo que era.

Sam preguntó: "¿Quién eres y qué haces en mi casa? "

El dragón respondió: "Mi nombre es Freness. Soy un dragón, y siempre me quedo aquí cuando los humanos van al sur por el invierno. ¿Por qué razón no fuiste al sur con el resto del pueblo? "

Sam declaró: "No confiaba en ellos sobre el invierno, así que me quedé. Ojalá los hubiera convencido. Tengo frío y no tengo esperanzas y lamento haberme quedado."

Considerando todo, Freness se sintió frustrado por Sam e inhaló un poco de aliento caliente sobre él, para ayudarlo a calentarse.

Esto hizo que Sam se sintiera mejor, por eso eligió ser amigo de Freness.

Ambos se quedaron en la casa durante todo el invierno e hicieron juntos algunos recuerdos inolvidabless.

Sam se quedó con Freness, y Freness mantuvo a Sam caliente.

Cuando llegó la primavera, Freness le dijo a Sam que tenía que irse.

Declaró: "La gente regresará, y no comprenderán de que se trata ser amigo de un dragón.

Considerando todas las cosas, creen que los dragones son sólo una leyenda."

Considerando todo, Sam no quería que Freness se fuera, así que declaró: "Podríamos fabricarte una casita en el sótano, y así nadie se daría cuenta de que estás aquí". "

Así que tomaron algo de metal y construyeron una pequeña casa.

En el momento en que los padres de Sam regresaron a casa, se sorprendieron al ver que no se había solidificado hasta la muerte durante el invierno.

En el momento en que aclaró cómo había soportado el invierno, sus padres quisieron conocer a Freness. En este sentido, Sam los llevó al sótano para que lo conocieran.

De hecho, el invierno siguiente, toda la familia de Sam quería quedarse en casa, así que le pidieron a Freness que subiera y los mantuviera calientes.

Sea como fuere, a Freness no le gustaría dejar su impresionante casita en el sótano.

Les dijo: "Si conectan grandes embudos a mi pequeña casa y los extienden a cada habitación de su gran casa, puedo mantenerlos a todos calientes. "

A lo largo de estas líneas, hicieron lo que él pidió, y eso los mantuvo cómodos y cálidos durante todo el invierno.

Cuando el resto del pueblo regresó, exigieron conocer el misterio de cómo mantener el calor durante todo el invierno, y cuando la familia de Sam declaró, cada uno quería un dragón para su propia casa.

Así que Freness se acercó a los diferentes dragones y les dio la bienvenida para venir a vivir en pequeñas casas en los sótanos de la gente y mantenerlos calientes en el invierno, y pronto, toda la gente de la ciudad tuvo su propio dragón.

En poco tiempo, se corrió la voz de que el pequeño pueblo se quedaba en casa en el invierno, y no mucho después, los dragones aumentaron y fueron invitados a la casa de todos. Considerando todo, los hombres del pueblo exigieron que los dragones fueran una leyenda. Llamaron a las casitas de los dragones "calentadores", para no tener que conceder lo que realmente eran.

Sea como fuere, sabemos que no es así… ¿no es así?

La Reina de las Hadas

Ese día Rose se sintió muy triste. Su madre estaba muy enferma, y fue admitida en el hospital hace un par de días atrás. Echaba mucho de menos a su madre, aunque su padre la cuidaba bien. Vivir sin el afecto y el cuidado de su madre era, después de todo, difícil para una niña de sólo siete años. Quería ir al hospital a ver a su querida madre, abrazarla y hablar con ella, pero su padre le dijo que los niños pequeños no podían entrar en el hospital. Así que lloraba mucho.

Se fue a la cama esa noche, extrañando a su madre y llorando por ella, ya que estaba tan acostumbrada a las historias y canciones de su madre antes de dormirse cada noche. Cuando finalmente se durmió, la pequeña Rose vio en su sueño a una hermosa hada. El hada le dijo, "Rose, soy la Reina de las Hadas. Si puedes ser justa con alguien mañana, curaré a tu madre y ella volverá a casa. "La pequeña Rose se despertó y buscó a la Reina de las Hadas, pero no había nadie a su alrededor.

Mientras caminaba hacia la escuela a la mañana siguiente, Rose notó una mujer mayor parada junto al camino y mirando alrededor como si estuviera buscando a alguien. Rose fue a ver a la anciana y la interrogó: "¿Qué estás buscando? ¿Hay alguna forma en que pueda ayudar? "

La anciana le sonrió y le dijo: "Pobre chica, ¿puede decirme dónde está esta casa? Me dijeron que sólo está en este lugar. "Ella envió un papel a Rose, donde se escribió la dirección de un edificio cercano.

"Déjame traerte aquí, porque conozco muy bien esta casa", dijo. Luego tomó la mano del adulto mayor y la guió al edificio cuya dirección estaba inscrita en el papel. Para llegar al lugar, tuvieron que atravesar la transitada carretera; pero Rose ayudó cuidadosamente al adulto mayor a caminar por el camino hasta llegar a su destino. La anciana estaba encantada y bendijo de todo corazón a Rose: "¡Dios te bendiga, dulce niña! ¡Que todos tus deseos se hagan realidad! "dijo.

Una vez más esa noche, la Reina Hada apareció en su sueño y le dijo a Rose, "Sé feliz ahora, Rose, porque pronto, tu madre volverá a casa contigo. "Cuando Rose se despertó por la mañana, se sintió feliz, pensando en su sueño.

¡Cuando Rose volvió de la escuela esa noche, vio a su madre de pie en la puerta para darle la bienvenida! No podía creer lo que veía y corrió a abrazarla, mamá. "¡Te ves tan delgada, mi pequeño bebé!" dijo su madre y besó a su pequeña hija. En su vista, Rose agradeció a la Reina de las Hadas, y vivió feliz para siempre con sus amigos. Pero siempre recordó ayudar a los necesitados, cuando tenía la oportunidad de hacerlo.